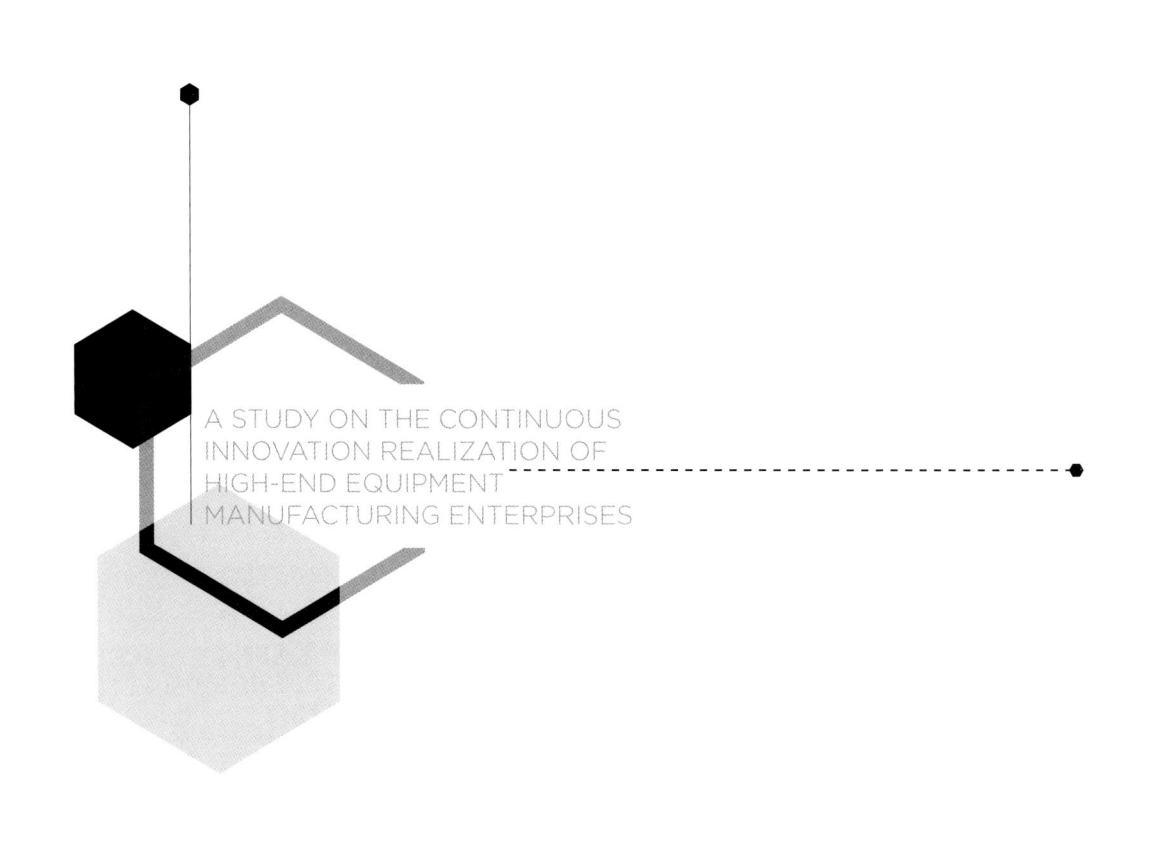

A STUDY ON THE CONTINUOUS
INNOVATION REALIZATION OF
HIGH-END EQUIPMENT
MANUFACTURING ENTERPRISES

A STUDY ON THE CONTINUOUS INNOVATION REALIZATION OF
HIGH-END EQUIPMENT MANUFACTURING ENTERPRISES

高端装备制造企业
持续创新 实现研究

肖蘅 著

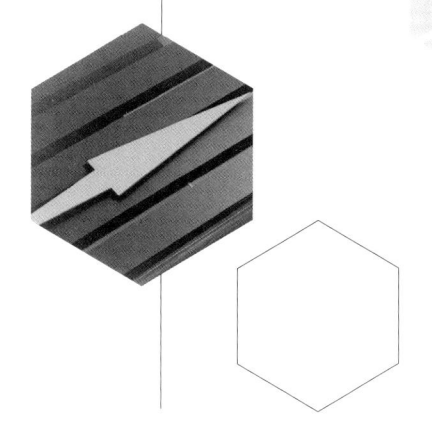

中国财经出版传媒集团
经济科学出版社
Economic Science Press

图书在版编目（CIP）数据

高端装备制造企业持续创新实现研究/肖蘅著.
—北京：经济科学出版社，2018.11
ISBN 978-7-5141-9998-7

Ⅰ.①高… Ⅱ.①肖… Ⅲ.①装备制造业-工业企业-企业创新-研究-中国 Ⅳ.①F426.4

中国版本图书馆 CIP 数据核字（2018）第 270681 号

责任编辑：李　雪
责任校对：王肖楠
责任印制：邱　天

高端装备制造企业持续创新实现研究
肖　蘅　著
经济科学出版社出版、发行　新华书店经销
社址：北京市海淀区阜成路甲 28 号　邮编：100142
总编部电话：010-88191217　发行部电话：010-88191522
网址：www.esp.com.cn
电子邮件：esp@esp.com.cn
天猫网店：经济科学出版社旗舰店
网址：http://jjkxcbs.tmall.com
北京季蜂印刷有限公司印装
710×1000　16 开　18 印张　260000 字
2019 年 2 月第 1 版　2019 年 2 月第 1 次印刷
ISBN 978-7-5141-9998-7　定价：66.00 元
（图书出现印装问题，本社负责调换。电话：010-88191510）
（版权所有　侵权必究　打击盗版　举报热线：010-88191661
QQ：2242791300　营销中心电话：010-88191537
电子邮箱：dbts@esp.com.cn）

前　言

在目前激烈的市场竞争环境下，持续创新已经被看作是企业获得并保持持续竞争优势的核心因素。我国的高端装备制造企业面临着来自国内外市场激烈竞争的严峻形势，其持续创新现状中存在着高端装备和关键核心零部件大多依赖进口、高端装备产品质量与稳定性能不高、高端装备配套产品发展滞后、缺乏总承包能力、高端装备制造企业创新投入不足等诸多问题，导致了我国高端装备制造企业的持续创新行为不理想，持续创新实现的成果也远远落后于发达国家。因此，对于我国高端装备制造企业来说，如何促进自身的持续创新实现，增强自身核心竞争力就成为目前亟待解决的问题。因此，深入分析高端装备制造企业持续创新实现的形成机理、关键影响因素、实现机制、实现的绩效评价、实现的路径，对于促进我国高端装备制造企业持续创新实现有重要的作用。

第一，本书依据前人对企业持续创新实现构成要素的研究基础，构建了高端装备制造企业持续创新实现的形成机理框架，从高端装备制造企业的持续创新动力、持续创新能力、持续创新机遇，以及这三者间的耦合作用关系角度阐释其功能和作用，并对高端装备制造企业的持续创新动力、持续创新能力、持续创新机遇，以及这三者间的耦合度分别进行了实证测度。

第二，本书运用扎根理论识别影响高端装备制造企业持续创新实现的关键因素，构建其理论模型，通过问卷调查收集数据，运用 AMOS 方法进行模型分析，验证了该理论模型，得出：企业组织学习、企业合作、企业持续创新意愿是直接正向影响高端装备制造企业持续创新实现的。另外，企业持续创新意愿还分别通过正向影响企业组织学习和企业合作来间接影响企业持续创新实现，企业持续创新态度通过正向影响企业持续创新意愿，进而影响企业持续创新实现。

第三，本书从高端装备制造企业持续创新实现的过程出发，来研究决策机制、激励机制和风险防范机制对高端装备制造企业持续创新实现的作用功能。首先，基于和谐管理理论角度对高端装备制造企业持续创新实现的过程进行分析；其次，分别对决策机制、激励机制和风险防范机制的内容和作用展开详细阐述说明；最后，构建了高端装备制造企业持续创新实现的机制模型。

第四，本书依据高端装备制造企业持续创新实现的概念特征，从经济绩效、科技绩效、社会绩效和生态绩效四个方面着手收集评价指标，运用模糊粗糙集方法筛选指标，构建了高端装备制造企业持续创新实现的绩效评价指标体系，运用极差最大化组合赋权方法对指标赋权，结合灰色定权聚类——证据理论构建了高端装备制造企业持续创新实现的绩效评价模型，并进行实证分析，保障了评价结果的客观性、科学性和有效性。

第五，本书从文中识别的影响高端装备制造企业持续创新实现的关键要素入手，构建了基于持续创新意愿视角下的高端装备制造企业持续创新实现路径，即从完善企业组织学习过程，保障知识转移实现；增加企业合作关系数量、增强企业合作效果方面构建了该实现路径，并对其中保障知识转移实现、增强企业合作效果两个关键环节进行了实证验证。

第六，本书从营造持续创新实现的良好政策环境、加强持续创新实现的基础平台建设、完善持续创新实现的企业举措、重点支持科技重大项目四个方面给出了促进我国高端装备制造企业持续创新实现的政策措施。

肖 蔚

2018 年 8 月 8 日

目录

第1章 绪论 / 1
  1.1 本书的研究背景、目的和意义 / 1
    1.1.1 本书的研究背景 / 1
    1.1.2 本书的研究目的 / 3
    1.1.3 本书的研究意义 / 4
  1.2 国内外研究现状 / 5
    1.2.1 国外研究现状 / 5
    1.2.2 国内研究现状 / 10
    1.2.3 国内外研究现状评述 / 14
  1.3 本书的总体思路、主要内容和研究方法 / 15
    1.3.1 本书的总体思路 / 15
    1.3.2 本书的主要内容 / 16
    1.3.3 本书的研究方法 / 20
  1.4 本书的创新之处 / 21

第2章 高端装备制造企业持续创新实现的研究基础及现状分析 / 23

- 2.1 企业持续创新实现的相关理论基础 / 23
  - 2.1.1 持续创新理论 / 23
  - 2.1.2 知识观理论 / 25
  - 2.1.3 和谐管理理论 / 26
- 2.2 高端装备制造企业持续创新实现的相关概念界定 / 28
  - 2.2.1 装备制造业与高端装备制造业 / 28
  - 2.2.2 高端装备制造企业的界定与特征 / 32
  - 2.2.3 企业持续创新实现的含义及特征 / 36
  - 2.2.4 高端装备制造企业持续创新实现的界定与特征 / 38
- 2.3 我国高端装备制造企业持续创新现状分析 / 40
  - 2.3.1 我国高端装备制造企业持续创新的现状 / 40
  - 2.3.2 我国高端装备制造企业持续创新存在的问题及原因 / 44
- 2.4 国外高端装备制造企业持续创新的概述与启示 / 48
  - 2.4.1 国外高端装备制造企业持续创新的概述 / 48
  - 2.4.2 国外高端装备制造企业持续创新对我国的启示 / 51
- 2.5 本章小结 / 53

第3章 高端装备制造企业持续创新实现的形成机理 / 54

- 3.1 高端装备制造企业持续创新实现的形成机理与功能分析 / 54
  - 3.1.1 高端装备制造企业持续创新实现的形成机理框架 / 54
  - 3.1.2 高端装备制造企业持续创新实现形成机理要素的功能分析 / 56
- 3.2 高端装备制造企业持续创新动力 / 58
  - 3.2.1 持续创新动力要素识别 / 58
  - 3.2.2 持续创新动力对企业持续创新实现的作用分析 / 62
  - 3.2.3 持续创新动力的测度 / 66

3.3 高端装备制造企业持续创新能力 / 77

    3.3.1 持续创新能力要素识别 / 77

    3.3.2 持续创新能力对企业持续创新实现的作用分析 / 78

    3.3.3 持续创新能力的测度 / 80

3.4 高端装备制造企业持续创新机遇 / 87

    3.4.1 持续创新机遇要素识别 / 87

    3.4.2 持续创新机遇对企业持续创新实现的作用分析 / 88

    3.4.3 持续创新机遇的测度 / 89

3.5 高端装备制造企业持续创新动力、能力和机遇的综合作用 / 93

    3.5.1 动力、能力和机遇的耦合关系 / 93

    3.5.2 动力、能力和机遇的耦合度测度 / 94

3.6 本章小结 / 97

第4章 高端装备制造企业持续创新实现关键影响因素分析 / 99

4.1 高端装备制造企业持续创新实现关键影响因素扎根理论分析的文献基础 / 99

4.2 高端装备制造企业持续创新实现关键影响因素扎根理论分析方法和研究设计 / 101

    4.2.1 研究方法 / 101

    4.2.2 研究设计 / 102

    4.2.3 研究实施 / 103

4.3 高端装备制造企业持续创新实现关键影响因素扎根理论分析过程 / 104

    4.3.1 开放式编码 / 104

    4.3.2 主轴式编码 / 106

4.3.3　选择式编码 / 107

　　　4.3.4　理论饱和度检验 / 108

　4.4　高端装备制造企业持续创新实现关键影响因素
　　　理论模型与相关假设 / 109

　　　4.4.1　高端装备制造企业持续创新实现关键影响因素理论模型 / 109

　　　4.4.2　高端装备制造企业持续创新实现关键影响因素相关假设 / 111

　4.5　高端装备制造企业持续创新实现关键影响
　　　因素实证分析 / 115

　　　4.5.1　变量测度 / 115

　　　4.5.2　问卷设计 / 118

　　　4.5.3　数据收集 / 120

　　　4.5.4　数据分析和检验 / 122

　　　4.5.5　实证结果分析 / 132

　4.6　本章小结 / 133

第5章　高端装备制造企业持续创新实现机制研究 / 134

　5.1　高端装备制造企业持续创新实现的机制框架 / 135

　5.2　基于和谐管理理论的高端装备制造企业持续
　　　创新实现过程分析 / 136

　　　5.2.1　基于和谐管理理论的高端装备制造企业持续创新
　　　　　　实现过程要素 / 136

　　　5.2.2　基于和谐管理理论的高端装备制造企业持续创新实现过程 / 138

　5.3　高端装备制造企业持续创新实现的决策机制 / 143

　　　5.3.1　高端装备制造企业持续创新实现的决策机制框架 / 143

　　　5.3.2　高端装备制造企业持续创新实现的决策机制分析 / 144

　5.4　高端装备制造企业持续创新实现的激励机制 / 148

　　　5.4.1　高端装备制造企业持续创新实现的激励机制框架 / 148

　　　5.4.2　高端装备制造企业持续创新实现的激励机制分析 / 151

5.5 高端装备制造企业持续创新实现的风险防范机制 / 155
　　5.5.1 高端装备制造企业持续创新实现的风险防范机制框架 / 155
　　5.5.2 高端装备制造企业持续创新实现的风险防范机制分析 / 156
5.6 高端装备制造企业持续创新实现的机制模型构建 / 167
5.7 本章小结 / 169

第6章 高端装备制造企业持续创新实现的绩效评价 / 170

6.1 高端装备制造企业持续创新实现绩效评价的基本概念 / 170
　　6.1.1 高端装备制造企业持续创新实现绩效的概念特征 / 172
　　6.1.2 高端装备制造企业持续创新实现绩效的构成要素 / 173
　　6.1.3 高端装备制造企业持续创新实现绩效评价的流程及方法 / 174
6.2 高端装备制造企业持续创新实现绩效评价
　　指标的体系及权重 / 175
　　6.2.1 评价指标体系设计原则 / 175
　　6.2.2 国际权威机构典型观点高频指标的海选 / 176
　　6.2.3 模糊粗糙集（MC）法筛选指标 / 177
　　6.2.4 组合赋权法（ZF）确定评价指标权重 / 178
6.3 高端装备制造企业持续创新实现绩效评价模型的构建 / 180
　　6.3.1 评价模型原理 / 180
　　6.3.2 灰色定权聚类法（HD）聚类 / 180
　　6.3.3 证据理论（DS）综合评价 / 182
6.4 高端装备制造企业持续创新实现绩效评价的实证研究 / 184
　　6.4.1 高端装备制造企业持续创新实现绩效评价指标的海选 / 184
　　6.4.2 基于模糊粗糙集的指标筛选 / 186
　　6.4.3 组合赋权确定绩效评价指标权重 / 187
　　6.4.4 基于灰色定权聚类的绩效聚类 / 188
　　6.4.5 基于证据理论的绩效评价 / 190
　　6.4.6 评价结果分析 / 192

6.5 本章小结 / 194

第 7 章 高端装备制造企业持续创新实现的路径构建 / 195

7.1 基于持续创新意愿视角下的企业持续创新实现路径框架 / 195

    7.1.1 持续创新意愿的内涵作用 / 195

    7.1.2 持续创新意愿视角下的高端装备制造企业持续创新实现路径构建 / 196

7.2 基于知识转移的关键环节验证分析 / 200

    7.2.1 知识转移的相关理论基础 / 200

    7.2.2 知识转移环节的理论模型与相关假设 / 201

    7.2.3 知识转移环节的实证分析 / 207

7.3 基于合作效果的关键环节验证分析 / 216

    7.3.1 合作效果的相关理论基础 / 216

    7.3.2 合作效果环节的理论模型与相关假设 / 217

    7.3.3 合作效果环节的实证分析 / 219

7.4 高端装备制造企业持续创新实现的路径分析 / 224

7.5 本章小结 / 227

第 8 章 促进高端装备制造企业持续创新实现的政策措施 / 228

8.1 营造高端装备制造企业持续创新实现的良好政策环境 / 228

    8.1.1 完善高端装备制造企业持续创新实现的政策体系 / 228

    8.1.2 落实高端装备制造企业持续创新实现的政策措施 / 230

8.2 加强高端装备制造企业持续创新实现的基础平台建设 / 231

    8.2.1 加强融资平台建设 / 231

    8.2.2 加强中介服务平台建设 / 233

8.3 完善高端装备制造企业持续创新实现的企业举措 / 234
　　8.3.1 加强企业持续创新观念建设 / 234
　　8.3.2 增加企业持续创新研发投入 / 234
　　8.3.3 完善企业知识管理体系建设 / 236
　　8.3.4 积极参与企业外部组织合作 / 236

8.4 重点支持科技重大项目 / 237
　　8.4.1 加大对高端装备制造企业科技项目资金支持 / 237
　　8.4.2 鼓励高端装备制造企业参与政府科技计划项目 / 238

8.5 本章小结 / 239

结论 / 240

附录1 高端装备制造企业持续创新实现关键影响因素调查问卷 / 243

附录2 高端装备制造企业知识转移调查问卷 / 247

附录3 高端装备制造企业合作效果调查问卷 / 251

参考文献 / 254

后记 / 275

第1章

绪　　论

1.1　本书的研究背景、目的和意义

1.1.1　本书的研究背景

高端装备制造业是被国务院《关于加快培育和发展战略性新兴产业的决定》认定为重点发展对象的战略性新兴产业之一，"十二五"规划更是提出要培育和发展战略新兴产业[1]。高端装备制造业本身具有高技术含量、高资本密度、高产业关联度等特点，主要以高精尖技术为引领，处于价值链的高端环节，决定了整个产业链的综合竞争力，能够带动我国装备制造产业的整体升级发展，是我国现代产业体系的脊梁。突出表现为三个方面：第一，高端装备制造业的能力水平能够直接反映出我们国家的整体实力[2]，国家综合实力具体体现在高端装备制造业的发展水平上，西方发达国家较高的现代经济发展水平和强大的综合经济实力正是得益于世界一流的高端装备制造业，因此高端装备制造业强弱事

关我们国家综合竞争力；第二，高端装备制造业在我们国家的现代化进程中具有关键性的驱动作用，欧美等工业发达国家不单单利用增加先进装备制造业来实现国家的工业化进程，同时在进入工业化成熟阶段和工业化之后，依旧非常重视先进的装备制造业对于国家综合发展的重要作用，并继续运用先进和强大的技术装备来稳固其在国际经济中的重要地位，因此我国想要实现工业、农业、科学技术等行业现代化的关键途径就是要增强高端装备制造业的综合实力；第三，高端装备制造业作为国民经济的主导产业，其发展在很大程度上决定产业的整体竞争力水平，产业的竞争力水平是整个国家综合竞争力水平的主要构成要素，同时高端装备制造业具有高产业关联度、高带动性的特点，因此促进高端装备制造业的整体发展，能够带动其他产业的联动发展。

我国高端装备制造业经过多年发展，已经进入了高技术领域，开发出大批具有知识产权的装备产品，尤其在载人航天、绕月、核能研究等重大工程中起到关键影响作用[3]，在过去的十年中，我国已经初步形成了高端装备制造业产业格局。截至2010年，整个高端装备制造业行业的销售收入达到1.6万亿元左右，约占整个装备制造业行业总体销售收入的8%，其产业规模已经初步形成[4]。但是与国外高端装备制造业的先进水平相比，我国高端装备制造业还是存在相当大的差距的，其创新能力不高、关键零部件进口、核心技术受制于人等问题突出，严重制约了我国高端装备制造业的发展[5]。例如，我国大约有80%的集成电路芯片制造装备、40%的大型石化装备、70%的汽车制造关键设备及先进集约化农业装备依靠进口，而且多数出口产品是贴牌生产，拥有自主品牌的不足20%。

伴随世界经济格局的变革调整和国际竞争的加剧，转变我国的经济发展方式，推动产业结构的调整升级、增强国家的国际竞争力，在世界经济范围内掌握主动权，就需要加速发展我国的高端装备制造业。首先，国外工业发达国家在金融危机以后开始重新注重国家实体经济的发展，分别提出了发展低碳经济、构建智慧地球、开发新一代能源、促进

"再工业化"等多种发展路径，将国家发展的重点集中到新兴产业、集中到高端装备制造业，开始寻求和塑造新的国际竞争优势，如此形成的更加激烈的国际竞争环境，在很大程度上挤压了我国已经形成竞争优势产品的市场空间。其次，国内注重培育和发展战略新兴产业、促进重点产业转型升级、加大科技重大工程建设，对高端装备制造业的服务化、智能化、持续化提出新的要求，同时也为高端装备制造业发展提供了更大的市场需求空间。

高端装备制造业的发展始终面临日趋激烈的市场竞争、急剧加速的技术变革、全球信息网络形成等复杂多变的外部环境。其想要充分应对国际高端装备制造业的激烈竞争，实现国内高端装备制造业的绿色化、智能化、服务化，拥有持续的核心竞争力，创新发展是其唯一的出路，而单项的、短期的创新并不能使该行业稳定持续的发展，只有持续创新才是我国高端装备制造产业经济效益稳定增长的可靠源泉和企业持续发展的坚实道路，而高端装备制造产业持续创新的核心主体是企业。作为高端装备制造产业主体的企业，唯有通过持续创新才能在日益激烈的竞争中处于不败地位，维持企业的竞争优势，而企业持续创新贵在持续，也难在持续，其最核心环节仍然是实现。因此，对高端装备制造企业持续创新实现展开详细的研究，是大力培育和发展我国高端装备制造业企业抢占未来经济和科技发展制高点的战略选择，是顺应当前对高端装备制造企业持续创新发展的趋势要求，能够加快我国实现由"中国制造"向"中国创造"转变。

1.1.2 本书的研究目的

高端装备制造企业持续创新实现研究是一项开创性的工作，具有丰富的研究内容。本书研究的目的是完成相应的基础研究，首先界定了高端装备制造企业持续创新实现的基本概念，阐述我国高端装备制造企业持续创新的现状、分析其不足及不足产生的原因，对比国外高端装备制造企业持续创新状况，总结出经验启示；从构成要素角度阐释高端装备制造企业持续创新实现的形成机理；探索识别影响高端装备制造企业持续创新实现的关键因素及影响作用；在阐述高端装备制造企业持续创新实现过程的基础上分析其实现机制；评价我国高端装备制造企业持续创新实现的绩效；构建出适应我国高端装备制造企业持续创新实现的有效路径；继而给出促进我国高端装备制造企业持续创新实现的对策建议。为促进我国高端装备制造企业持续创新实现提供新的研究思路和科学的方法，促进我国高端装备制造企业的持续创新实现。

1.1.3 本书的研究意义

在世界经济进入多元化发展的时代背景下，在当前中国所处的多变复杂的社会经济环境中，系统、深入地研究高端装备制造企业持续创新实现的形成机理、关键影响因素、作用机制、绩效评价和路径构建，科学、可行地提出相关对策建议，对于我国经济健康发展、高端装备制造企业技术的持续进步和企业的持续发展具有重要的意义和作用。

（1）有利于丰富高端装备制造企业持续创新方面的相关理论。

高端装备制造企业的持续创新发展，是实现中国制造业升级，实现由"中国制造"向"中国创造"的必由之路，全球化大背景与中国情境的大环境下，对高端装备制造企业持续创新实现的现状、不足及原因，实现的形成机理，关键影响因素、实现机制、实现绩效评价、实现路径构建及相关的对策建议这一系统性的研究有利于丰富企业持续创新中有关高端装备制造业企业这一类型企业的相关理论。

（2）有利于促进我国高端装备制造企业的可持续发展。

高端装备制造企业通过持续创新实现，使其能够持续推出新产品、新技术，增加新产品销售份额，增加市场规模；能够进行持续的工艺创新，降低产品的生产成本，增加企业产品价格的竞争优势；能够持续节约生产资源，优化企业内部的资源配置，提升企业综合经济效益，提高企业持续创新收益，并实现企业的可持续发展。因此，通过系统研究高端装备制造企业持续创新实现有助于为高端装备制造企业的持续创新活动提供相关理论依据，推动高端装备制造企业的持续创新实现和企业的可持续发展。

1.2 国内外研究现状

1.2.1 国外研究现状

1.2.1.1 装备制造业相关研究现状

1998 年我国中央经济工作会议最先提出"装备制造业"这一名词，截至目前，还没有任何一个国家和国际组织明确地提出"装备制造业"的概念[6]。尽管装备制造业在一个国家的制造业中有着重要地位，但是国内外对装备制造企业持续创新方面的专项研究文献相对较少。一个国家装备制造业的发达程度体现了该国家工业化的程度，对该国家的经济发展具有直接影响，尤其是在今天，一个国家的装备制造业对全球化的适应程度直接影响该国家整体制造业的发展方向。

美国的装备制造业在 20 年前领先世界，但是近些年却在多个领域处于落后地位。为抓住知识经济时代的发展机遇，也为了重振美国制造业，美国政府出台了一系列措施，并进行了大量研究。其中，美国麻省理工学院的教授们在 1986 年的《美国制造》中提出：如果一个国家的国防事业在技术上严重依赖外国，那么该国家无论是政治还是军事均是无力的，国家的国防军用装备应该依赖于本国制造业的所有基础部门；一个国家的制造业，其技术进步是经济增长的源泉；美国唯有参与世界市场范围内的制造业竞争[7]。美国里海大学在 1991 年的《21 世纪制造企业发展战略》报告中指出：经过对美国装备制造业的现状和潜力的研究分析，提出美国应该通过既要吸取日本制造业的成功经验，又要充分利用美国自身技术优势的途径，重新在世界装备制造业中获得领先优势。同时也提出了虚拟企业、敏捷制造等新的概念。以麻省理工学院为首的几十家学研机构的 500 多位专家、学者于 1996 年对美国几百家企业进行调查研究，提出《Resize produce advantage-decline and counter-measure of America manufacturing》的研究报告，为美国重振装备制造业的作用有了更高层次的认知[7]。2011 年 6 月，美国智能制造领导联盟提出的《实施 21 世纪智能制造》文献报告指出，美国未来的制造业发展是将信息技术与供应商、经销商、顾客和业务系统相互联系在一起，打造智能工厂的发展过程。2012 年 11 月，美国的 GE 公司的白皮书《工业互联网：突破智慧和机器的界限》提出，要将先进设备与 IT 技术融合，产生包括智能设备、智能系统和智能决策的第三次工业革命，强调推行制造业的智能制造和工业互联网建设。

欧洲各国间的装备制造业发展较为分散，各国学者在研究装备制造业的时候也主要关注本国优势行业，例如，德国发达的汽车制造和机床制造业，德国政府曾组织企业及科研院所等机构召开了一系列会议、对话等探讨活动，主题包括"21 世纪制造业""开发新产品"等，吸取了德国制造业界、科研机构及政府部门超过 1000 位专家学者的建议，最终形成了《制造技术 2000 框架方案》[8]。德国为了稳固其在全球制造业中的主体地位，于 2013 年 4 月在汉诺威工业博览会上推出"工业 4.0"战略计划，其学术界和产业界均认为"工业 4.0"是将物联网和服联网应用到制造业而引发的以"信息物理系统（CPS）"为核心的第四次工业革命，即将智能装备、生产系统、管理流程与生产基础设施融入信息物理系统当中，在德国制造业中推行 CPS 以提高生产效率，打造数字化智能工厂，在全球范围内牢牢占据 CPS 技术市场和产品市场，保障德国装备制造业在世界范围内的竞争优势。

日本在装备制造业发展方案方面也做了大量的研究，制定了许多振兴日本装备制造业的法案，并成功将日本装备制造业带入了世界先进行列，至今仍是世界领先；日本产业绩效委员会于 1990 年发布的《日本制造》中进一步强调：制造业是一个国家工业发展的核心基础产业，其重要程度在 21 世纪仍然不会下降。

另外，日本学者吉田茂认为现代制造业技术发展应该由多品种、设备密集型生产向知识信息密集型、批量生产，向柔性和智能自动化、向重视工艺装备及系统集成的方向上转变和发展[9]。玛琳赛可·D 认为制造企业具备对迅速变化环境的综合反应能力是非常重要的，其已经代替制造企业生产能力成为制造企业最重要的能力[6]。在全球经济的大变革环境下，经济增长的发动机就是创新，因此现代装备制造企业必须要考虑如何协调好经济、社会、生态环境与经济全球化、创新之间的关系这一战略性的问题。在大量研究优秀制造企业的基础上，运用类似自然界有机系统规律的角度对自有市场的经济运行方式进行研究，得出了公司进化理论，他认为把创新纳入企业有效的管理规划，明确有效的原则和方法，能促进企业持续地系统化创新，能够保持企业的长久竞争优势（Geoffrey，2007）[10]。通过详细论述企业持续创新的指标体系，认为环境、经济、社会和体制方面的创新均有助于促进企业的持续发展（Horbach，2010）[11]。

1.2.1.2 企业持续创新相关研究现状

20 世纪 80 年代，学者今井正明（Kaizen）深入研究了日本企业的技术创新，并首次提出了"持续改进（continuous improvement）"的概念，他提出，持续改进是指企业进行的不间断的、逐步推进的产品变革或者工艺变革[12]。它与持续创新的含义比较相似。低速增长的产业非常需要进行持续改进，低速增长的企业亦是需要对现有产业进行持续的改进（Robert，2002）[13]。

学者们的研究重点从 20 世纪 90 年代开始由持续改进变为持续创新。其中，日本的野中郁次郎教授（Ikujiro Nonaka）是最早研究企业持续创新的学者，他 1991 年发表的论文《知识创新型企业》，就是从知识管理视角研究企业持续创新，他认为持续创新是知识创新型企业的核心任务[14]。欧盟于1998年进一步探讨和研究了"21世纪的持续性技术创新政策研究"项目,1999年"POSTI"分别从两个不同方面对持续创新的概念进行了阐述,一方面指创新过程持续或者创新产出持续的创新,另一方面则是指创新过程和产出能够改进环境质量的创新[15];进入21世纪,欧盟围绕"企业技术持续创新和核心竞争力"议题开展了多次国际研讨会[16]。美国与加拿大政府联合国际绿色产业网络于2003年组织了以持续创新与持续发展相关的国际会议,获得了较多突破性的研究成果。

进入21世纪,学者们对于企业持续创新理论研究迅速升温,分别对持续创新的概念、模型、影响因素、绩效等内容进行深入的研究,取得了较为丰硕的成果。

(1)持续创新的概念界定研究。

创新是组织的一种基本的日常活动,持续创新是指组织中的每一个成员可以在任意的时间、任意的地点进行创新活动(Shapiro,2002)[17]。基于知识管理视角提出企业持续创新的概念和基本的原则,现代企业知识管理的核心是企业的持续创新(Mceiroy,2002)[18]。着重分析持续改进和持续创新之间的差异,并提出二者适用的经济体制不同,持续改进活动一般适用于增长速度较慢的经济体制,而持续创新则适用于增长快速的经济体制,并且持续创新活动可以触发新的产业博弈(Boer;Gertsen,2003)[19]。企业的持续创新是一个系统工程,主要体现为产品创新、服务创新、企业流程创新等,同时新产品、新流程和新服务也会为企业带来新的盈利,并获得相应的市场份额(Rodriguez,2003)[20]。持续改进和持续创新的区别与联系在于持续创新是持续改进的必要延伸,二者既有区别又有联系(Gorgensen,2005)[21]。企业的持续创新与企业有形资产和企业无形资产的增长变化有关,与企业的经营、学习、流程与人的相互作用有关(Davison;Hyland,2006)[22]。持续创新的核心要素在于持续改进、持续学习和持续创新,持续创新是企业运作、渐进改进、学习和创新之间不断作用,以实现经营效率和灵活性战略目标（Boer，2006）[23]。企业需要通过不断地整合技术和组织创新来获得持续的竞争优势地位（Lu，2007）[24]。

(2) 持续创新的模型研究。

持续创新模型是在企业持续创新过程中内部各个组成部分相互作用、不断推进创新的机制和方式，是研究持续创新不可缺少的内容。国外学者主要提出了五种主要的持续创新模型。其中，基于CIMA模型，在持续学习过程中建立包括组织能力、个体学习行为、组织控制机制等变量的产品持续创新框架，该模型适用于制造业的新产品开发研究（Boer，2001）[25]。在CIMA的基础上，发展出一个改进的持续创新管理模型，它提供了一个持续创新过程的投入和产出的有序框架，并将该模型作用于物流企业的持续创新研究（Soosay，2005）[26]。从实现组织卓越绩效的角度出发，创立了反映持续创新的"凳子"模型，着重强调了持续创新中企业的战略目标实现（Hyland；Boer，2006）[27]。通过深入研究创新、协作和经济发展之间的相互关系，认为协作创新具有重要意义，并建立了持续创新商业模型，提出协作创新是一种良好的模式，形成了协作创新模型（Raymond，2006）[28]。强调企业家精神和持续创新资源、能力在持续创新中的突出作用，并提出企业组织能力的整合是实现企业持续创新的必要条件，从动态角度构建了持续创新的DIM模型（Shari，2010）[29]。

(3) 持续创新的影响因素研究。

持续创新的实现是源自支持和巩固知识生命周期的相关学习策略和学习程序的自由选择（Mcelroy，2002）[30]。企业员工的积极参与是企业持续创新是否顺利进行的主要推动力量，在此基础上，给出了开发企业员工创新潜力的建议（Tonnessen，2005）[31]。企业导入合作网络，可以填补企业的创新劣势，并能平衡企业寻找创新机会和企业优势活动，有利于保障企业创新过程中所需的双重心态（David，2007）[32]。持续创新受到组织知识吸收能力的影响，即组织通过吸收知识可以开发出新的知识，促进组织创新能力的提升，并为企业管理者开展持续创新活动提供新的视角（Soosay；Hyland，2008）[33]。根据悖论和二元理论的研究成果，进一步实证分析了持续创新活动的可行性（Magnusson；Martini，2008）[34]。根据"从股东资本主义到客户资本主义"的观念，提出了企业领导者能够在持续创新过程中发挥激进管理的指导性作用，并提出了持续创新的七个原则，并指出这七个原则是被多行业实际运用的高效的商业实践（Stephen，2010）[35]。企业组织的构思能力能够影响企业的持续创新，即通过对 4 家瑞典企业的案例分析，得出企业拥有一些不同的构思方案，经过比较各个构思方案，企业能够获益，从而实现企业的持续创新（Jennie，2010）[36]。通过管理者角色转变、管理协调模式转变、公司目标转变、实践价值转变、管理沟通模式转变这五个转变重塑组织的管理，来促进组织的持续创新活动实践（Stephen，2011）[37]。

（4）持续创新的绩效评价研究。

通过对新加坡和澳大利亚的 10 家物流公司进行持续创新绩效评价的实证研究，认为战略绩效和经营绩效是测量持续创新绩效的主要内容，同时给出了一些具体的测度指标，但是没有对所给指标的具体测度方法进行详细阐述说明（Soosay；Chapman，2006）[38]。从经济社会收益、企业绩效、合作效率及社会资本四个方面构建了评级指标，主要针对评价中小企业集群的持续创新绩效，其评价比较粗糙，缺乏对评价指标权重的确定，以及对评价方法的选择研究（Luiz，2007）[39]。

1.2.2 国内研究现状

1.2.2.1 装备制造业相关研究现状

国内学者们在装备制造业方面展开了积极的研究。李京文、黄鲁成（2003）分析了我国制造业现状，并提出了创新基本目标和战略举措，认为我国的制造业应该走以模仿创新为主，以合作创新为辅，从而实现自主创新的方式[40]。张伟等（2006）认为通过大力发展制造企业绿色制造，从而能够实现制造企业经济和社会效益的均衡协调[41]。孙雅静

(2007)指出我国装备制造业亟须政策支持,从组织、财政、金融、外贸、法律及所有制构成的多元化方面给出了相应的政策措施[42]。张奇(2009)则是从技术进步的产生条件着手,认为技术进步的先决条件是资本的积累,促进技术进步的途径包括完善国家战略体系、优化自主创新等[43]。王玉荣、杨震宁(2010)通过对475家企业进行统计研究,得出在相对发达和宽松的外部环境下要提高制造企业的创新水平,唯有从增加企业创新动力入手,进而从制造业创新环境和创新体系建设角度做了详细阐述[44]。段一群、戴稳胜(2013)通过对2004~2010年我国装备制造产业内上市公司进行面板数据分析,探讨业内不同所有制企业所受的融资约束,以缓解该产业升级的资金短缺瓶颈[45]。

许多学者在高端装备制造业方面进行积极的研究。宦璐(2010)认为可以通过先进的适用性的技术和高新技术来对传统的产业进行改造,进而推动我国装备制造业的高端化改造和升级[46]。陆燕荪(2010)认为在面对全球化市场竞争加剧、资源环境约束严峻、高级人才缺乏等各类挑战过程中,高端装备制造业必须不断提高自身学习能力和自主创新能力,才能保障自身生存和发展[47]。叶猛(2011)认为我国的高端装备制造业正处于产业成长的初期阶段,极度需要在资源供给、能源供给等方面提供充足的保障[48]。王千里(2012)通过实证分析在华FDI对我国装备制造业技术创新的影响,得出促进我国高端装备制造业发展的根本出路不是依靠外商投资,而是必须以投资发展国内制造企业为主[49]。胡有成(2013)探讨了目前我国装备制造企业面临的宏观、中观和微观三个层面的技术创新方面的问题,提出了一些突破这些局限的建议[50]。马亮、张清辉(2013)提出了以R&3D为分析框架的高端装备制造业共性技术研发体制,明确了在不同阶段研发体系各主体的作用[51]。李坤、于渤、李清均(2013)认为高端装备制造业的成长发展取决于企业、大学和政府间的三维螺旋式技术协同创新的合作博弈行为[52]。陈旭升、钟云(2013)从企业创新能力、产品市场环境、中介机构、政府政策四个方面分析对高端装备制造业市场绩效的影响,采用结构方程模型得出各因素的影响程度[53]。吴雷（2013）通过分析三种知识来源投资模式对高端装备制造企业原始创新能力的影响，进而选择出高端装备制造企业原始创新的技术投资模式方案[54]。张云、王昕（2013）研究了ODI对我国高端装备制造业自主创新能力的影响机制，并以航空装备制造业为例，运用Engle－Granger两步法进行了实证研究[55]。李鹏、林迎星（2013）将技术创新分为两个过程三个阶段构建了高端装备制造业技术创新效率评价指标体系[56]。

1.2.2.2 企业持续创新相关研究现状

清华大学傅家骥教授是我国最早关注企业持续创新研究的学者，1991年他的著作《技术创新—中国企业发展之路》，详细论述了市场需求与企业持续创新之间的相互作用关系，明确提出唯有增加市场需求，实施市场创新，才能诱发企业的持续创新[57]。

昆明理工大学的向刚教授是国内研究企业持续创新的另一位代表人物，他及其团队依据政府、企业等组织的支持，克服各种困难坚持进行企业持续创新的系统研究。他们的研究主要包括企业持续创新的基本概念、影响因素、绩效评价、实现机制、运行规律等内容，获得了相对丰富的理论研究成果，初步形成了企业持续创新的研究框架，同时在研究过程中也积累了丰富的案例研究成果[58]~[60]。

夏保华（2001，2002，2003）在研究技术创新型企业概念的基础上提出了"企业持续技术创新"的概念，认为由于技术的兴衰更替和企业竞争原因，要求技术创新要不断开辟新的技术创新领域，而且不能将技术创新固定于某一特定的技术轨道上，由此构建了包含搜寻、探索、生产学习和文化等系统在内的持续技术创新体系[61]~[63]。

段云龙（2007，2008，2012）在分析企业持续技术创新概念的基础上，认为企业持续性技术创新实现的三个必不可少的要素是：企业持续性技术创新动力、企业持续性技术创新能力和企业持续性技术创新机遇，并以联想集团为例进行实证分析[64]；从制度结构入手，构建了包含企业持续创新动力、能力和机遇三个要素的企业持续创新实现模型[65]；

运用主成分投影法构建了企业持续创新实现效能模型,并以云南省19家创新型企业为评价样本,进行了效能实证评价[66]。

王大洲(1999)通过分析海尔、康佳等国内优秀企业的持续创新过程,从制度安排角度对企业持续创新的制度进行了总结说明[67]。殷建平(1999)在著作《大企业持续发展》中认为企业创新的基本内容包含技术创新、制度创新和管理创新,强调企业持续创新是企业持续发展的主要途径[68]。郑勤朴(2001)在向刚教授研究的基础上,将企业持续创新能力当成一个包含投入、生产、销售、财务、创新、产出和环境适应七个方面能力的综合性能力体系[69]。王文平、张燕(2002)以知识型企业为研究对象,从仿生学角度阐释其生命体特征,探索提升其信息处理能力和快速反应能力的生命体结构,得出强大信息处理能力和快速响应外界变化的能力是知识型企业进行持续创新发展所必备的能力要素[70]。汪应洛(2002,2004)的研究主要关注企业持续创新机制、机遇及提升企业持续创新能力的策略等方面[71]~[72]。孟庆伟等(2005)基于惯性对于企业持续创新的影响提出,通过明确企业阻性形成和惯性形成的认知根源,可以克服企业惯性,从而实现持续技术创新[73]。王文亮、冯军政(2006,2007)认为在动态市场竞争环境下,企业持续创新是企业维持长久竞争优势的唯一途径,其持续创新能力的强弱影响着企业持续发展的稳定性[74];从市场角度出发探讨企业持续创新能力的概念结构,从企业内部因素、外部因素及内外部转换因素三方面分析其对企业持续创新的影响[75]。李支东(2008)认为持续创新是一项系统的工程,是有机整合技术创新、管理创新、市场创新三个方面,进而推动动态市场环境下的企业持续创新[76]。吴炜炜(2008)基于持续创新的内涵,构建了企业持续创新的概念模型,从持续创新的投入能力、发展能力和产出能力三个方面构建了企业持续创新能力的评价模型[77]。郭爱民等(2008)在前人研究的基础上,构建了企业持续创新能力评价体系,其内容包含战略创新能力、组织创新能力、市场营销能力、技术创新能力、知识创新能力和激励能力六个方面[78]。索贵彬(2009)分别采用灰色层次分析方法和可拓物元模型方法对企业持续创新系统主导进行评价，探寻企业持续创新系统特征，为培育企业的持续创新系统主导力提供依据[79]~[80]。杨栩和周瑜（2011）运用和谐管理理论分析企业持续创新的实现模式，分析其运行的流程[81]。陈建军（2013）通过对促进模块化和集群式创新战略融合的界面规则设计研究，从具体的界面规则设计及知识共享机制两个方面获得企业持续创新能力培育的途径[82]。曹文才、单汨源（2013）通过分析科技型中小企业持续创新能力影响因素，建立了企业持续创新能力计量模型，并认为强化企业创新主体地位，建立技术创新激励机制是主要因素[83]。李水蓝（2013）通过企业内部资源的视角探讨中小企业缺乏持续创新能力的原因，从创新资金、企业家精神、创新人才、组织结构、企业文化和知识产权角度构建中小企业持续创新能力提升模式[84]。

1.2.3 国内外研究现状评述

综上所述，国内外学者对高端装备制造企业持续创新实现研究的相关理论进行了大量的有益探索，在一定程度上为本书的研究提供了相关借鉴。其中，对装备制造业、企业持续创新的现有研究为本书奠定了理论层面上的研究基础。突出表现为：①越来越多的学者认识到高端装备制造企业是推动我国高端装备制造业发展的重要主体，是振兴我国装备制造业的关键因素，高端装备制造企业的相关问题得到了学者们的日益关注；②从创新的角度对装备制造企业进行研究，是目前研究的热点，尤其是技术创新在装备制造企业发展升级中的作用、机理与效果评价分析等。但是从国内外研究现状看来还存在一些不足，集中表现为：

（1）理论研究不足，缺乏深入性。

用于指导企业持续创新实现的相关基础理论有待进一步的充实。现有的企业持续创新相关文献仅限于对企业持续创新概念特征、企业持续创新的重要性、企业持续创新的影响因素等单个方面的研究，缺乏企持续创新方面的系统性研究。同时在现有的国内外研究成果中,对于持续创新实现研究的文献较少,大多是作为企业持续创新结果的一种阐述,缺乏深入性和系统性。

(2)定性研究较多,定量研究较少。

通过对企业持续创新研究文献的总结可以看出,企业持续创新的研究成果大部分是运用定性的方法进行阐述分析的,运用定量分析的方法不多,大部分运用单一方法进行小样本数据的定量分析,缺乏实际调研数据的支撑、缺乏科学计量方法的支撑,其研究结果难以得到信服,并且在实际创新过程中发挥的作用有限。

(3)行业针对性不强。

在目前的研究成果中,可以看出目前在持续创新研究中存在行业针对性不强的特征,国内外学者们在企业持续创新研究中的主体大都是面向所有的企业,或者是面向不同规模大小的企业,而对于不同行业的企业持续创新研究成果较少,研究成果总体上缺乏行业说服力,没有很强的行业针对性,影响其实用价值。尤其是在高端装备制造行业的企业持续创新方面的研究成果很少,在高端装备制造企业持续创新实现方面的研究成果几乎没有。

因此,本书选取高端装备制造业这一特定行业,对该行业企业的持续创新实现进行系统全面的研究,具有重要的理论价值和实践指导意义。

1.3 本书的总体思路、主要内容和研究方法

1.3.1 本书的总体思路

本书的总体思路是解决"高端装备制造企业持续创新如何实现"

"实现绩效""实现的路径"三个核心问题；借鉴前人的研究基础，在对高端装备制造企业持续创新实现的概念进行界定的基础上，阐述我国高端装备制造企业持续创新现状，分析其严峻性，对比国外持续创新状况，探索经验启示；继而从高端装备制造企业持续创新实现的形成机理、关键影响因素、实现机制三个部分阐释高端装备制造企业实现持续创新的主要内容和方式；进而对我国高端装备制造企业持续创新实现的绩效进行实证评价；构建适应高端装备制造企业持续创新实现的路径，最后给出促进高端装备制造企业持续创新实现的政策措施。

1.3.2 本书的主要内容

本书按照"现状分析—形成机理—关键影响因素—实现机制—绩效评价—路径构建—政策建议"的具体思路进行研究，确保论文内容的严谨性、连贯性。具体内容如下：

(1) 高端装备制造企业持续创新实现的研究基础及现状分析。

从持续创新理论、知识观理论、和谐管理理论三个方面介绍了高端装备制造企业持续创新实现研究的相关理论基础；对高端装备制造企业进行界定，分析其特征，结合前人研究对企业持续创新实现的含义及特征进行阐述，进一步明确了高端装备制造企业持续创新实现的含义和特点；在分析我国高端装备制造企业持续创新现状的基础上，阐述其存在的问题和原因；对比美国、日本、欧盟的高端装备制造企业的持续创新特点，探索其经验与启示。

(2) 高端装备制造企业持续创新实现的形成机理。

从构成要素角度阐释了高端装备制造企业持续创新实现的形成机理，即包括持续创新动力要素（企业家持续创新意识、企业持续利益、企业激励制度、企业持续创新文化、市场、科学技术推动与政府政策支持）、持续创新能力要素（持续创新战略能力、项目集群集成能力及项目实现能力）和持续创新机遇要素（战略性机遇、非战略性机遇）三种要素，在具体阐释各要素基本内容及相互作用关系的基础上，分别对动力要素、能力要素、机遇要素，以及三要素间的耦合度进行实证测度。

(3) 高端装备制造企业持续创新实现的关键影响因素分析。

在高端装备制造企业持续创新实现形成机理的研究基础上，依据持续创新理论、知识观理论，运用扎根理论识别影响高端装备制造企业持续创新实现的因素，建立理论模型，运用结构方程模型进行实证验证，得到企业组织学习、企业合作、企业持续创新意愿均能正向显著影响高端装备制造企业持续创新实现，另外企业持续创新意愿可以通过正向影响企业组织学习间接影响企业的持续创新实现，还可以通过正向影响企业合作间接影响企业的持续创新实现，企业持续创新态度通过正向影响企业持续创新意愿，进而影响企业的持续创新实现。

(4) 高端装备制造企业持续创新实现机制研究。

高端装备制造企业持续创新实现机制研究是对高端装备制造企业持续创新实现过程中各个机制要素相互影响、相互作用共同促进高端装备制造企业持续创新实现的内容分析。首先依据和谐管理理论阐述高端装备制造企业持续创新实现的综合过程，其过程表现为：企业创新主题辨识—创新双规则—子创新实现—企业创新主题漂移—创新双规则—子创新实现—……—持续创新实现；其次分别分析了决策机制、激励机制、风险防范机制在高端装备制造企业持续创新实现过程中发挥的作用和功能；在此基础上构建了高端装备制造企业持续创新实现的机制模型。

(5) 高端装备制造企业持续创新实现的绩效评价。

依据高端装备制造企业持续创新实现的概念，参照企业持续创新评价的相关文献，建立高端装备制造企业持续创新实现绩效的评价指标集，运用模糊粗糙集方法筛选指标，确定高端装备制造企业持续创新实现绩效的评价指标体系，运用极差最大化组合赋权方法进行相关指标赋权,结合灰色定权聚类和证据理论构建了高端装备制造企业持续创新实现绩效的综合评价模型,选取典型的高端装备制造企业进行实证研究,保障了对高端装备制造企业持续创新实现绩效评价的科学性和实用性。

(6) 高端装备制造企业持续创新实现的路径构建。

基于前文识别的高端装备制造企业持续创新实现的关键影响因素,构建了基于企业持续创新意愿视角下的高端装备制造企业持续创新实现路径,即在持续创新意愿引导下,高端装备制造企业通过完善组织学习过程、保障知识转移实现;增加企业合作关系数量,增强企业合作关系效果两个主要环节来促进高端装备制造企业持续创新实现,同时分别对保障知识转移和增强合作关系效果两个关键环节进行相应的实证检验,保障了高端装备制造企业持续创新实现路径的科学性和有效性。

(7) 促进高端装备制造企业持续创新实现的政策措施。

基于前文的研究基础,从营造良好的持续创新政策环境、加强持续创新实现基础平台建设、完善企业持续创新实现的企业举措、重点支持科技重大项目四个方面提出促进我国高端装备制造企业持续创新实现的政策建议。其中,营造良好的持续创新政策环境包含完善政策体系和落实政策措施两个方面的内容;加强持续创新实现基础平台建设包含加强融资平台建设和加强中介服务平台建设两个方面的内容;完善企业持续创新实现的企业举措包括加强企业持续创新观念建设、增加企业持续创新研发投入、完善企业知识管理体系建设、积极参与企业外部组织合作四个方面的内容;重点支持科技重大项目包含加大对企业科技项目的资金支持、鼓励企业参与政府科技计划项目两个方面的内容。

技术路线图见图 1-1 所示。

第1章 绪 论

```
┌─────────────────────────────────────────┐
│      高端装备制造企业持续创新实现研究      │
└─────────────────────────────────────────┘
                    ↓
┌─────────────────────────────────────────┐
│  [相关理论基础] — [相关概念界定] — [国内外发展现状]  │
└─────────────────────────────────────────┘
                    ↓
┌─────────────────────────────────────────┐
│    高端装备制造企业持续创新实现的形成机理    │
└─────────────────────────────────────────┘
                    ↓
┌─────────────────────────────────────────┐
│ [企业持续创新动力]—[企业持续创新能力]—[企业持续创新机遇]—[动力、能力和机遇三者耦合] │
└─────────────────────────────────────────┘
                    ↓
┌─────────────────────────────────────────┐
│  高端装备制造企业持续创新实现的关键影响因素分析  │
└─────────────────────────────────────────┘
                    ↓
┌─────────────────────────────────────────┐
│  [企业持续创新意愿]—[企业组织学习]—[企业合作]  │
└─────────────────────────────────────────┘
                    ↓
┌─────────────────────────────────────────┐
│    高端装备制造企业持续创新实现机制研究    │
└─────────────────────────────────────────┘
                    ↓
┌─────────────────────────────────────────┐
│  [实现过程]—[决策机制]—[激励机制]—[风险防范机制]  │
└─────────────────────────────────────────┘
                    ↓
┌─────────────────────────────────────────┐
│    高端装备制造企业持续创新实现的绩效评价    │
└─────────────────────────────────────────┘
                    ↓
┌─────────────────────────────────────────┐
│ [评价目的流程]→[评价指标体系]→[综合评价模型]→[实证研究] │
└─────────────────────────────────────────┘
                    ↓
┌─────────────────────────────────────────┐
│    高端装备制造企业持续创新实现的路径构建    │
└─────────────────────────────────────────┘
                    ↓
┌─────────────────────────────────────────┐
│ [企业持续创新意愿视角下的实现路径框架]—[关键路径环节验证分析]—[高端装备制造企业持续创新实现路径分析] │
└─────────────────────────────────────────┘
                    ↓
┌─────────────────────────────────────────┐
│  促进高端装备制造企业持续创新实现的政策措施  │
└─────────────────────────────────────────┘
                    ↓
┌─────────────────────────────────────────┐
│ [营造持续创新良好政策环境]—[加强持续创新基础平台建设]—[完善企业持续创新实现举措]—[重点支持科技重大项目] │
└─────────────────────────────────────────┘
```

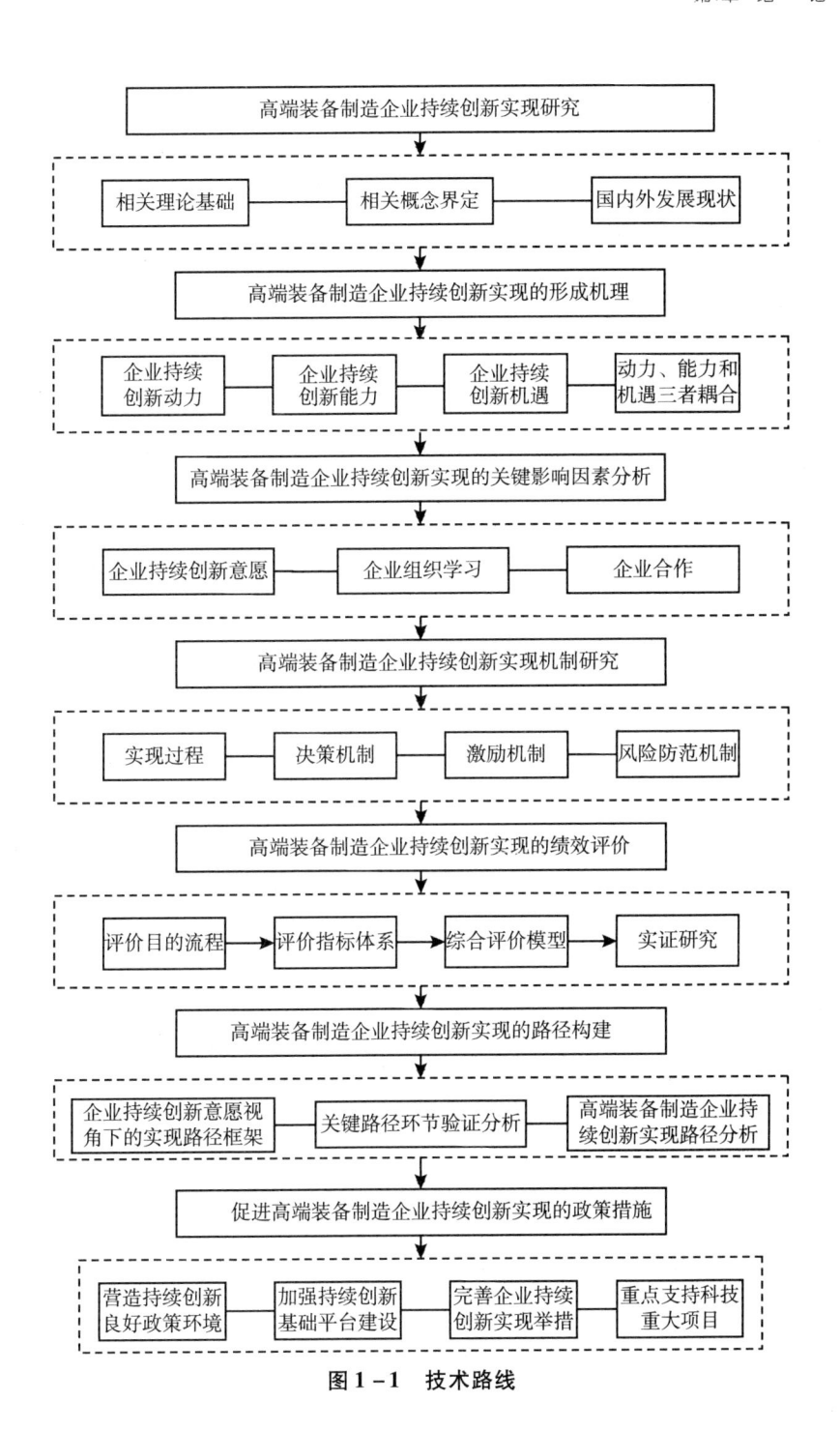

图 1-1 技术路线

1.3.3 本书的研究方法

为了能够从多角度、广范围地对我国高端装备制造企业持续创新实现进行深入透彻的分析研究，提出科学实用的促进高端装备制造企业持续创新实现的政策措施，并提高本书研究成果的实际应用意义。本书重点采用了如下方法：

（1）规范性研究。

本书运用规范性研究探讨高端装备制造企业持续创新实现的理论框架。规范性研究是在已有相关研究成果的基础上，通过整理、分类、比较与关联性研究，演绎推理得到结论的研究方法。由于高端装备制造企业持续创新实现研究缺乏完整的理论框架，本书利用规范性分析梳理国内外关于持续创新理论、知识观理论、和谐管理理论等领域的已有研究成果，为高端装备制造企业持续创新实现研究中的形成机理分析、关键影响要素分析、实现机制分析、绩效评价、路径构建奠定了理论基础。

（2）理论建模方法。

本书运用扎根理论识别高端装备制造企业持续创新实现的关键影响要素，构建理论模型，运用结构方程模型方法验证该理论模型，得到了高端装备制造企业持续创新实现的关键影响要素。从影响知识转移的因素入手构建了高端装备制造企业持续创新路径中促进知识转移环节的理论模型，验证了通过拓宽知识转移渠道，降低知识黏性可以促进知识转移的理论假设；从影响合作关系效果的因素入手构建了高端装备制造企业持续创新路径中增强合作关系效果环节的理论模型，验证了通过增加参与度、信任和承诺可以增强企业合作关系效果，从而保障了高端装备制造企业持续创新路径的有效性和科学性。

（3）MC‐ZF‐HD‐DS 的组合评价方法。

本书运用模糊粗糙集—极差最大化组合赋权—灰色定权聚类—证据理论的综合评价方法对高端装备制造企业持续创新实现的绩效进行评

价，即运用模糊粗糙集筛选评价指标，运用极差最大化组合赋权法对指标赋权，运用灰色定权聚类和证据理论构建评价模型进行综合评价，保障了高端装备制造企业持续创新实现的绩效评价的每一个环节的科学性和客观性，保障了评价结果的客观性和有效性。

（4）实证分析方法。

本书在高端装备制造企业持续创新实现的形成机理要素的测度、影响因素模型验证、路径关键环节验证内容中均是选取高端装备制造企业作为实证研究对象，通过发放调查问卷、企业调研和专家访谈方式获取相关实证数据进行相关研究。

1.4 本书的创新之处

本书界定了高端装备制造企业持续创新实现的概念，从企业持续创新动力、企业持续创新能力、企业持续创新机遇，以及三者间的耦合作用展开高端装备制造企业持续创新实现的形成机理分析，即从企业持续创新的构成要素角度对高端装备制造企业持续创新实现的形成进行分析，同时分别对企业持续创新动力、能力、机遇，以及三者间耦合度进行实证测度，具有一定的理论创新性。

本书运用扎根理论识别影响高端装备制造企业持续创新实现的关键影响要素，建立了关键影响因素理论模型，运用 AMOS 对该模型进行验证，得出：企业组织学习、企业合作、企业持续创新意愿均正向显著影响高端装备制造企业持续创新实现。另外，企业持续创新意愿还分别通过企业组织学习和企业合作间接影响企业的持续创新实现，企业持续创新态度通过正向影响企业持续创新意愿，进而影响企业的持续创新实现。

本书采用 MC - ZF - HD - DS 对高端装备制造企业持续创新实现的绩效进行评价。即在从经济绩效、社会绩效、科技绩效和生态绩效四个角度海选搜集高端装备制造企业持续创新实现的绩效评价指标基础上，通过模糊粗糙集法对高频海选评价指标进行筛选，采用极差最大化组合赋权法对已筛选出的指标体系进行赋权，运用灰色定权聚类对评价对象进行聚类，继而运用证据理论对聚类结果进行合成，形成最终评价结果，最后进行实证分析，验证了该评价模型、方法的可行性和有效性。

本书构建了基于企业持续创新意愿下的高端装备制造企业持续创新实现的路径，对路径中有关促进知识转移和增强企业合作关系效果两个关键环节建立了理论模型，并分别结合实际进行验证，保障实现路径的有效性。继而从营造持续创新实现的良好政策环境、加强持续创新实现的基础平台建设、完善持续创新实现的企业举措、重点支持科技重大项目四个方面给出了相关对策。

第 2 章

高端装备制造企业持续创新实现的研究基础及现状分析

2.1 企业持续创新实现的相关理论基础

2.1.1 持续创新理论

企业持续创新是指在较长时期内，企业通过持续的创新活动获得经济效益的过程，主要包括技术创新、工艺创新、产品创新、材料创新、管理创新、组织创新、制度创新等，由此持续获取经济效益的过程。企业持续创新与一般创新的区别在于增加了时间上的持续性、经济效益增长的持续性及企业发展的持续性三个突出的本质特征。其具体体现为：企业持续创新过程一般在 10 年以上；企业持续创新经济效益持续增长；企业持续创新促成企业的可持续发展。

企业持续创新一般包含特定企业家主导和机制主导两种类型。其中，特定企业家主导强调企业家是企业持续创新过程的主导力量，企家是企业持续创新的核心和灵魂；机制主导强调一套有效的管理体系和自动运行机制是企业持续创新的主导力量，机制可以超越个人的力量，保障企业离开了任何人还依旧可以正常运转。实践证明，在实施特定企业家主导企业持续创新过程中，如果缺乏有效的机制，就无法保障企业能够选拔出具有持续变革精神、符合企业持续创新发展核心价值观的企业家，导致企业持续创新发展取决于某个企业家，那么企业总会面对更换企业家的风险，可能就无法实现持续创新。也就是说，特定企业家主导企业持续创新会存在过度依赖某个特定企业家的持续创新精神和动力的情况，如果缺乏有效的创新机制，一旦该企业家离开，就可能使得企业的持续创新中断或者终止。机制主导企业持续创新使得企业持续创新摆脱了对于某个特定的企业家的创新依赖，企业持续创新由人治变为法治，从个人英雄主义向集体英雄主义转变。因此，在企业持续创新过程中，优秀的企业家往往不是一名"报时员"，而是一名"造钟师"，优秀的企业往往不是创新短期辉煌的企业，而是能够实现长期发展和效益持续增长的企业。

大量创新项目的动态集成形成了企业的整个持续创新过程。一旦企业开始持续创新过程，就必须持续推出和实施创新项目并持续获取创新经济效益才能实现企业持续创新的持续进行。一般情况下，一个企业持续创新的最初项目，是为了解决生产经营中的关键瓶颈问题，通过突破性创新获取显著的经济效益，能够激发企业经营者强烈的创新精神，伴随关键瓶颈问题的解决会打破企业原有的平衡状态，导致生产要素组合的失衡，由此产生新的瓶颈问题，此时由企业家的创新精神推动，企业会不断推出和实施新的创新项目来解决企业出现的新的瓶颈问题，由此形成企业持续创新的基本过程。企业持续创新过程是一个持续的包含产品、工艺、市场、原材料等多种创新类型的多个项目动态集群集成的复杂过程，而绝不是一个简单的依据时间顺序把多个创新项目进行叠加的过程。企业持续创新过程的复杂性突出表现为：首先，企业持续创新自最初的项目开始，包括后续的所有创新项目，它们之间必然有着紧密的联系和相互关系,已经完成实现的创新项目打破了现有企业要素均衡状态,即导致了后续创新项目的实施,同时也是后续创新项目开展的基础,整个企业的持续创新过程就是诸多创新项目的动态集群集成过程;其次,企业持续创新收益并非单个创新项目收益的简单叠加,还包括所有单个创新项目在集群集成过程中形成的综合效益,总之企业持续创新的整体效益要远大于企业所有单个创新项目的收益之和。

2.1.2 知识观理论

知识已经成为与土地、资源和劳动力一样的生产要素,但是知识与那些"看得见、摸得着"的要素不同,知识是没有明确的实体的。联合国经合组织(OECD)报告《以知识为基础的经济》将知识分为"是什么"的事实知识、"为什么"的原理知识、"怎么做"的技能知识、"是谁的"四个方面。其中"是什么"是指可以感知或者能够以数据呈现的知识;"为什么"是指公理、定理及自然法则等的知识;"怎么做"是指有关技术方面的知识;"是谁的"是指明确技能是属于谁的知识[85]。具体针对企业来讲,知识是了解企业有多少员工、企业的主要产品等事实方面的知识;是企业在研发、生产、销售等方面的方法和规律;企业员工的工作经验和技术技巧;是可以快速定位和掌握某技术专家的知识。知识是一个企业创新发展的核心资源。熊彼特于1912年发表的《经济发展理论》中提出:资本主义发展的根源是创新,生产、传播和使用知识是创新中最重要的部分。知识是当前及未来社会的最重要资源,对知识的应用就是创新(Drucker,1993)。知识分为可以拥有、量化、存储、处理、传播的知识,互动、学习和分享的认知过程两个类别(Addlesno,2000)。

许多学者认为知识是组织中被充分利用的资源,积累知识能够缩短企业的创新周期,能够提高企业的资源利用效率,另外还需要整合和利用知识,尤其是整合和利用隐性的知识。基于知识的企业能力理论视角,企业是一个动态的开放性系统,组织通过共同学习知识,能够保障其获取收益和拥有竞争优势(Prahalad,1990);企业唯有通过整合知识来发展产品、服务,才能在快速变化的市场环境中满足顾客需求(Boer,1999);同时,知识具有传递性、适用性及专有性的特征。知识是一个企业最重要的资源,也是一个企业拥有核心竞争优势的来源(Grant,1996)。

知识管理成为企业管理的重要组成部分,知识管理是一种通过利用组织无形资产进行价值创造的艺术(Sveiby,1990);知识创新和知识利用是知识管理最突出的作用(Dvaneport,1998)。对于知识的有效管理需要了解知识转移的方式,知识转移贯穿了知识管理的全过程。不同的学者对知识转移定义的侧重点各不相同,有部分学者强调组织知识传递和组织知识获取;有部分学者强调组织知识的共享和组织知识的应用;也有部分学者强调组织知识获取、组织知识共享、组织知识应用的综合作用。从综合作用的角度定义知识转移,是指从知识源发出知识开始,到知识的接受者完全吸收、整合、应用的全部过程(Dong – Gil Ko,2005)。左美云定义知识转移为知识势能高的主体向知识势能低的主体转移知识内容的过程。

2.1.3 和谐管理理论

1987年,西安交通大学的席酉民教授首次提出了和谐管理的概念,经过30年的实践与完善得到了相对完整的理论成果[86]。和谐,其中"和"的字面意思为融洽和睦,"谐"的字面意思是协调和配合;在和谐管理理论中,"和"即强调组织应该尽可能发挥人的主观能动性,"谐"则强调组织如何设计出适合系统内部要素相互协调和匹配的有关人的行为和物的配置的机制方案[87]。和谐管理正是运用"和""谐"两种机制来解决组织管理过程中的问题。和谐管理的对象就是组织在管理过程中出现的问题,被称之为"和谐主题",组织的管理者运用"和"

"谐"两种机制来解决"和谐主题"。和谐管理的基本内涵是：在内外部环境不确定的情况下，组织通过明确和谐主题，充分利用能动致变的演化机制和优化设计的控制机制来解决组织和谐主题的方案，促进组织系统逼近整体和谐状态。

和谐主题、和谐双规则是和谐管理理论的主要内容。其中，和谐主题是指组织在特定时期和情境下为实现组织长期目标而要解决的重大问题和迫切需要完成的核心任务[87]；当组织发展到一定阶段，组织需要通过了解多方面条件来分析和谐主题，对上一阶段和谐主题进行漂移，辨识确定新的和谐主题，作为新的阶段的核心任务。和谐双规则是在明晰"和谐主题"后关于如何解决问题的分析运用，运用"双规则"机制，即"和则"机制与"谐则"机制。其中，"和则"的研究主要针对人，旨在激发人的行为积极性，通过教化、诱导和激励等手段将人的行为嵌入到组织中去；"谐则"的研究对象是人或者物，目的在于通过管理、策划等方式优化和处理组织中的确定性要素与相对确定性要素。

和谐管理理论与其他管理理论相比，具有其独有的特征："发挥人的主观能动性"和"优化设计"两种规则的耦合互动是和谐管理的基本特征，能够有效克服运用单一机制进行局部性管理和普适性管理的局限性；面向解决具体问题的和谐管理理论能够有效克服其他管理理论研究一般现象中存在的针对性、操作性低的缺点；通过分析、归纳管理的作用机理使得和谐管理理论与其他管理理论只能提供零星的知识不同，管理者能够基于自身实际情况来选择能够整体性解决特定问题的适当的管理工具和管理方法；与单纯混合"人的主观能动性"和"设计优化"的简单混合型管理理论中的简单思维不同，和谐管理理论是围绕组织和谐主题，进而有意识地运用与之相匹配的和谐双机制及耦合互动机制来解决问题，能够验证管理实践中人们应对不确定性的各类策略。

2.2 高端装备制造企业持续创新实现的相关概念界定

2.2.1 装备制造业与高端装备制造业

2.2.1.1 装备制造业

装备制造业概念是我国社会主义市场经济体制下的特有概念。我国的中央经济工作会议在1998年明确提出要大力发展我们国家的装备制造业。《中国装备制造业发展研究报告》对装备制造业的定义为：装备制造业是指资本品制造业，也叫作装备工业，被称之为生产机器的机器制造业；即是为生产制造满足国民经济发展和国家安全需要的各种技术装备的产业总称，也是为生产制造适应国民经济简单再生产和扩大再生产的各种技术装备的工业总称。

依据我国现行的国民经济行业代码（GB/T 4754-2002）进行分类，装备制造业总共包含7大类，分别是大型专用设备制造类、机械制造类、交通运输设备制造类、仪器仪表设备制造类、金属制品类、电子通信设备制造类、电器机械制造类。依据技术的密集程度进行分类，装备制造业总共包含5大类，分别是通用类装备、基础类装备、成套类装备、安全保障类装备、高技术关键设备。其中，通用类装备主要是指以传统技术和一般应用为主的机械制造类装备，具有数量多、涉及面广的突出特征，如基础农业机械、运输机械、工程建工机械和机泵阀等；基础类装备是指以现代机床工业为代表的制造装备，在装备制造业中占据核心地位，被称为"国民经济的心脏"，如机床、仪器仪表、元器件、量具、工模具及其基础技术等；成套类装备是指通过集成工艺设备、集成软硬件设备等来形成的一种系统的功能，不是简单的某一项或者某几项技术的总和，是集各种人、财、物资源综合作用的结果，具有难度高、技术依存度高的显著特征，被称之为评价国家装备工业发展水平的最有效指标；安全保障类装备的主要目标是保障国家的国防安全和经济安全，其主要内容是指军事装备、尖端军事科研设备及关系国家国防和经济安全的重大技术关键性设备；高技术关键设备是指在高技术生产线中单机装备技术含量最高的少量的关键性机器设备，如重要纳米材料的生产设备、大规模集成电路生产中的单晶拉伸、电路光纤拉伸、镀膜生产光刻、集成电路封装测试等设备。

2.2.1.2　高端装备制造业

高端装备制造是装备制造的重要组成部分，是高技术高附加值的装备制造，是为了适应传统装备制造产业升级和战略新兴产业发展需要的装备制造。高端是相对低端而言的，其中低端装备制造业对应的是工业化发展的低级阶段，而高端装备制造业对应的是工业化发展的高级阶段。高端和低端两者间最大的区别就是：低端的传统装备制造业主要以资金密集型和劳动密集型产业为主，在制造过程中依赖传统工艺，其劳动率低下，科技水平不高；高端装备制造业则是以知识密集型和技术密集型产业为主，在制造过程中依赖于高精尖技术和高端装备优势[88]。《高端装备制造业"十二五"发展规划》中提到，我国高端装备制造业在2010年实现了1.6万亿元左右的销售收入，其在整个装备制造业销售收入中所占的比例约为8%；规划中明确预测我国高端装备制造业的产值，在2015年要达到6万亿元，在2020年其产值在整个制造业中所占比例要达到25%。

高端装备制造业是指生产制造高科技、高附加值的工业设施设备的行业。其内涵包括两个方面：一是行业方面，高端装备制造业是高技术含量、高附加值、强竞争力的行业，是能够带动我国装备制造产业整体升级的重要引擎；二是产业链方面，高端装备制造业是产业链的高端环节，处于价值链的高端部分，具有高技术集成的特点，突出表现为多领域、多学科的高、精、尖技术的交叉集成。高端装备制造业的发展水平决定了产业链的整体竞争实力。

自 2011 年国务院提出将高端装备制造业定义为七大战略新兴产业以来，国家工业部于 2012 年印发了《高端装备制造业"十二五"发展规划》（简称《规划》），该规划详细指明了我国高端装备制造业发展的五个重点领域和发展方向（见表 2-1）。

表 2-1　　　　　　　高端装备制造行业及重点发展方向

行业	重点发展方向
航空装备制造业	大型飞机研制、系列支线飞机、通用飞机和直升机、航空发动机重要机载系统、航空设备
卫星制造及应用产业	航天运输系统、应用卫星系统、卫星地面系统、卫星应用系统
轨道交通装备制造业	动车组及客运列车、重载及快捷货运列车、城市轨道交通装备、工程及养路机械装备、信号及综合监控与运营管理系统、关键核心零部件
海洋工程装备制造业	海洋矿产资源开发装备、海洋可再生能源和化学资源开发装备、其他海洋资源开发装备（半潜式钻井平台技术、自升式钻井平台技术、深水钻井船技术、大洋钻探船技术、海上风电装备技术、海水淡化装备技术）
智能制造装备产业	关键智能基础共性技术、核心智能测控装置与部件、重大智能制造集成装备、重点应用示范推广领域（数控系统、智能控制系统、自动化成套设备、工业机器人、传感器、电力电子器件）

依据《规划》中对高端装备制造业发展方向的定位，并参照国际贸易标准（SITC REV.4），依据中国进出口海关代码（四位代码）对装备制造业中属于高端装备制造业的子行业进行归类划分，界定高端装备制造企业主营业务范围主要包括五个大项下设的 32 个小项[89]（见表 2-2）。

表 2-2　　　　　　　　　高端装备制造企业主营业务分类

高端装备制造企业	主营业务行业分类 （四位代码为进出口海关代码）
航空装备制造企业	8801 气球及飞艇；滑翔机及其他无动力航空器（架） 8805 航空器发射及甲板停机装置等及其零件 8803 或 8801 所列货品的零件
卫星制造及应用企业	8802 航天器（包括卫星）及运载工具（架） 8802 所列货品的零件
轨道交通装备 制造企业	8601 铁道电力机车，由蓄电池、交流或者直流电机驱动（辆） 8602 其他（柴油电力）铁道机车；机车煤水车（辆） 8603 其他（外部供电）铁道及电车道机动客车、货/敞车（辆） 8604 其他铁道及电车维修或服务车，且不论是否机动（辆） 8605 铁道及电车道非机动客车及特殊用途车辆（辆） 8606 铁道及电车道非机动带篷及封闭、无篷货车（辆） 8607 其他铁道及电车道机车等车辆及制动器和零件 8608 轨道固定装置和机械交通管理等设备及零附件
海洋工程装备 制造企业	8901 巡航船、游览船、渡船、货船、驳船及客货运船（艘） 8902 捕鱼船；加工船及其他加工保藏鱼产品的船（艘） 8903 娱乐或运动用快艇及其他船舶；划艇及轻舟（艘） 8904 拖轮及顶推船（艘） 8905 灯船、消防船、起重船及其他不以航行为主的船（艘） 8906 未列明机动、非机动船舶，包括军舰及救生船（艘） 8907 其他浮动结构体，包含潜水箱、浮筒、筏、柜等 8908 供拆卸的船舶及其他浮动结构体
智能装备制造企业	8456 用激光等其他放电处理各种材料的特种加工机床（台） 8457 金属切削加工中心、单工位及多工位的组合机床（台） 8458 切削金属的车床（包括车削中心）（台） 8459 切削金属的钻床、镗床、铣床、攻丝机床（台） 8460 未列明魔石、磨料或抛光对金属进行精加工机床（台） 8461 未列明的金属刨床、插床、拉床、切齿机等机床（台） 8462 金属压力加工机床（台） 8424 喷涂机器人（台） 8428 搬运机器人（台） 8479 多功能工业机器人、其他工业机器人（台） 8515 电焊接机器人、激光焊接机器人（台）

2.2.2 高端装备制造企业的界定与特征

2.2.2.1 高端装备制造企业的界定

参照高端装备制造行业的定义、分类，依据会计师事务所审计的和平财务报表数据，将企业经营业务中营业收入比重最高的业务所属行业作为该企业的属类标准，得出：高端装备制造企业是指在其主营业务包含航空、卫星、轨道交通、海洋工程、智能装备五大行业内的一个或者多个领域的产品和服务的装备制造企业；同时，主营业务中"高端装备制造"部分的营业收入比重大于或等于50%，或者该部分业务的营业收入比重比其他业务营业收入比重均高出30%的企业。

依据对高端装备制造企业的清晰界定，充分利用电子网站信息，参考分析高端装备制造企业上市公司的相关数据，对企业主营业务及高端装备制造在企业营业收入中所占比例进行对照，筛选列举出了一批高端装备制造企业。

①在航空装备制造类企业中，最有代表性、最具权威、实力最为雄厚的当属中国航空工业集团公司[90]（中文简称：中航工业；英文简称：AVIC）。中航工业是由中央直接管辖授权投资的大型企业，总资产接近3000亿元，拥有200多家成员单位，拥有员工数量为45万人左右，规模遍布30多个省市地区[91]。其中航空装备制造类企业包含：哈飞航空工业股份有限公司、中国航空科技工业股份有限公司、江西洪都航空工业股份有限公司、中航机载电子股份有限公司、四川成发航空科技股份有限公司、东安捷豹股份有限公司、中航动力控制股份有限公司、西安飞机国际航空制造股份有限公司、中航重机股份有限公司、西安航空动力股份有限公司、湖北中航精机科技股份有限公司、贵州贵航汽车零部件股份有限公司、四川成飞集成科技股份有限公司、中航光电科技股份有限公司、中航三鑫股份有限公司、中航地产股份有限公司、深圳市飞亚达（集团）股份有限公司、深圳天马微电子股份有限公司、天虹商场

股份有限公司、深圳中航集团股份有限公司、中国航空技术国际控股有限公司、中航电测仪器股份有限公司、中航投资控股股份有限公司等其他子公司与下属企业。

②在航天、卫星及应用类企业中，领衔中国航天工业的两大企业集团为中国航天科技集团[92]和中国航天科工集团[93]。中国航天科技集团公司下的航天装备制造类企业包含：中国东方红卫星股份有限公司、上海航天汽车机电股份有限公司、陕西航天动力高科技股份有限公司、航天时代电子技术股份有限公司、中国航天万源国际（集团）有限公司、中国航天国际控股有限公司、亚太卫星控股有限公司、北京四维图新科技股份有限公司、乐凯胶片股份有限公司、航天长征化学工程股份有限公司，及相应的子公司与下属企业；中国航天科工集团公司下的航天装备制造类企业包含：航天信息股份有限公司、航天通信控股集团股份有限公司（下属企业有沈阳航天新乐有限责任公司、沈阳航天新星机电有限公司、成都航天通信设备有限公司、沈阳航天机械有限责任公司、绵阳航天通信设备有限公司等）、航天晨光股份有限公司、北京航天长峰股份有限公司、航天科技控股集团股份有限公司（下属哈尔滨分公司、北京航天益来电子科技有限公司和山东泰瑞风华汽车电子有限公司三家子公司）；贵州航天电器股份有限公司等其他子公司与下属企业。

③我国轨道交通装备制造类企业主要来源于原铁道部所属的企业。最突出的代表就是中国北车集团和中国南车集团，以上两个寡头企业在我国占据的市场份额已经超过95%[94]。中国北车集团现有21家主要子公司，其中轨道交通装备制造类企业包括：中国北车集团大连机车车辆有限公司、中国北车集团大同电力机车有限责任公司、北京二七轨道交通装备有限责任公司、北车兰州机车有限公司、天津电力机车有限公司、长春轨道客车股份有限公司、上海轨道交通设备发展有限公司、唐山轨道客车有限责任公司、北车齐齐哈尔铁路车辆有限责任公司、济南轨道交通装备有限责任公司、哈尔滨轨道交通装备有限责任公司、中国北车集团沈阳机车车辆有限责任公司、太原轨道交通装备有限责任公

司、永济新时速电机电器有限责任公司、西安轨道交通装备有限责任公司、天津机辆轨道交通装备有限责任公司、北京南口轨道交通机械有限责任公司、中国北车集团大连机车研究所有限公司、北车大连电力牵引研发中心有限公司、北京北车中铁轨道交通装备有限公司、北京清软英泰信息技术有限公司、北车建设工程有限责任公司。中国南车集团现有20家全资及控股子公司，分布在全国11个省市，其中，轨道交通装备制造类企业包括：南车长江车辆有限公司、南车株洲电力机车有限公司、南车资阳机车有限公司、南车戚墅堰机车有限公司、南车青岛四方机车车辆股份有限公司、南车四方车辆有限公司、南车南京浦镇车辆有限公司、南车眉山车辆有限公司、南车成都机车车辆有限公司、南车洛阳机车有限公司、南车二七车辆有限公司、南车石家庄车辆有限公司、南车株洲电力机车研究所有限公司、南方戚墅堰机车车辆工艺研究所有限公司、南车株洲电机有限公司、广州电力机车有限公司。

除此之外，轨道交通装备制造企业还包括广州铁道车辆厂、重庆重型铸锻厂、柳州机车车辆厂、内蒙古第一机械制造厂、沈阳局沈阳客车厂、晋西机器厂，以及各路局的车辆段、机务段等涉足轨道交通装备的企业。

④我国的海洋工程装备制造类企业，最具代表性的两个大集团是中国船舶工业集团和中国船舶重工集团，依托以上两大集团的基础上，我国拥有一批具备研发、生产能力的海洋工程装备制造企业，集中体现在环渤海地区、长三角地区和珠三角地区[95]。其中，中国船舶工业集团下属海洋工程装备制造类企业包括：中船黄埔文冲船舶有限公司、广州广船国际股份有限公司、中船西江造船有限公司、江南造船（集团）有限责任公司、中船钢构工程股份有限公司、沪东中华造船（集团）有限公司、中船桂江造船有限公司、上海船厂船舶有限公司、广州文冲船厂有限责任公司、广州中船龙穴造船有限公司、上海江南长兴重工有限责任公司等；中国船舶重工集团下属海洋工程装备制造类企业包括：大连船舶重工集团有限公司、渤海船舶重工有限责任公司、武昌造船厂、山海

关船舶重工有限责任公司、青岛北海船舶重工有限责任公司、大连船用柴油机厂、中国船舶重工国际贸易有限公司、中船重工船舶设计研究中心有限公司、中船重工科技投资发展有限公司和中船重工物资贸易集团有限公司等。

环渤海地区包括：大连中远船务有限公司、新船重工晒装分厂、大连大正船舶重工有限公司、韩国STX、新加坡万邦、大连船舶重工集团、青岛北海船舶重工有限公司、中石油海洋工程（青岛）有限公司、海洋石油工程（青岛）公司、青岛武船重工有限公司、烟站福士海洋工程有限公司；长三角地区包括：南通振华中性装备制造有限公司、江苏龙源振华海洋工程有限公司、惠生（南通）重工有限公司、江苏润邦重工有限公司、南通中远船务工程有限公司、南通中远川崎船舶工程有限公司、京华船舶、中船机械、南通宏强船舶重工有限公司、太平洋海工、南通韩通船舶重工、南通润邦海洋工程装备有限公司、上海船厂船舶有限公司、浙江造船有限公司、太平洋海洋工程舟山有限公司、舟山金财重工有限公司；珠三角地区包括：广州中远船务公司、招商局重工、深圳巨涛等等。

⑤在智能制造装备制造类企业中，最突出的代表企业有：沈阳新松机器人自动化股份有限公司、威海华东数控股份有限公司、青岛软控股份有限公司、浙江大立科技股份有限公司、湖北台基半导体股份有限公司、湖南中联重科股份有限公司、沈阳机床股份有限公司、江苏徐工集团工程机械股份有限公司、济南柴油机股份有限公司、湖北江汉石油钻头股份有限公司、山东潍柴重机股份有限公司、浙江天马轴承集团股份有限公司、深圳市远望谷信息技术股份有限公司、北京合康亿盛变频科技股份有限公司、沈机集团昆明机床股份有限公司、陕西秦川机床工具集团股份公司等。

2.2.2.2 高端装备制造企业的特点

高端装备制造企业不等同于一般的制造企业，高端装备制造企业具有其自身的特点：

①高技术含量，在高端装备制造企业中，高、精、尖技术被普遍的应用，由于高端装备制造企业的研发人才拥有较高的自主创新能力，其企业产品凝聚了非常高的科学技术含量。

②高资本投入，在高端装备制造企业中，工艺技术相对复杂，核心技术的开发难度相对较大，高资本投入是企业进行企业核心技术开发的保障；同时，高端装备制造企业生产过程中需要的设备、仪器、原材料等价值较高，需要有较高的投入。

③高产品附加值，高端装备制造企业生产的产品和服务，以及先进的生产设备和产品品牌都能够体现出高产品附加值的特征。

④高信息密集度，在高端装备制造企业参与市场竞争过程中，需要企业对有关政府政策信息、技术研发市场信息、相关竞争对手信息等各方面进行掌握，畅通高效的信息获取能直接影响高端装备制造企业的发展。

⑤高控制力，高端装备制造企业处于产业链的高端环节，以其所处的位置作为控制节点，能够制约其他企业的生产经营行为，具有一定程度的垄断性。

2.2.3 企业持续创新实现的含义及特征

2.2.3.1 企业持续创新实现的含义

所谓实现就是变为现实。之所以强调现实，是因为持续创新概念与其他许多概念一样，其含义可能是多方面的，即可以指一种理念，也可以指过程，还可以指目标和结果。对于企业的持续创新而言，实现是最为重要的，也是最为艰难的。

参考向刚教授提出的企业持续创新定义，并结合当前企业持续创新发展的实际特点，本书对企业持续创新实现的概念进行以下界定：企业为了实现自身的长期发展目标，在较长时间内（至少是5年）能够通过不断地推出和实施产品创新、工艺创新、管理创新、市场创新等创新项目，来增加企业的技术、经济实力，扩大企业的经营规模，从而持续获得创新收益的综合过程。

向刚教授基于对我国几家典型的国有企业转型的特点分析，将企业持续创新过程的时间限制为10年以上，要求最少不能低于5年，这是有一定的代表性和科学性的。但是，现代企业的发展相对前20年的企业发展有着明显的变化，突出表现为现代企业生命周期的缩短，另一方面由于政府政策的鼓励和良好的市场经济环境，促进了大批包含各种规模企业的成立和发展，这些新创立的企业往往还不到10年，但自创立开始通过持续创新不断地获取创新效益。因此，将企业持续创新实现的标准界定为5年，比较符合现代企业的发展现状。

2.2.3.2 企业持续创新实现的特征

依据企业持续创新实现的概念，可以概括出企业持续创新实现具有以下特征：

①无数个创新项目的实现是企业持续创新实现的前提。由于企业在实际的持续创新过程中对于创新项目的数量和规模难以衡量，由于未来的不确定，企业难以估算其持续创新实现过程中所要开展的创新项目规模，因而本书假定企业持续创新实现过程中所需项目数量为无数多个，无数多个创新项目正是企业持续创新实现的基础和前提。因为企业持续创新实现必然伴随着无数个包含产品创新、工艺创新、管理创新、市场创新等在内的创新项目的开展，方能达到创新目标，并且在企业的发展过程中，仍需持续推出新的包含产品创新、工艺创新、技术创新、市场创新等在内的创新项目以促进企业持续创新的持续推进和企业发展。

②企业持续创新实现过程中的创新项目具有增值性。创新项目的增值性表现为实施该创新项目能够提升企业的综合能力，有效增加企业经济利润。企业生产活动的目的本身就是为了创造价值和获取利润，如果企业实施的创新项目无法提升企业综合竞争力，无法促进企业盈利，那么该创新项目将不会被纳入企业持续创新实现的过程中去。

③企业持续创新实现过程中的创新项目衔接方式分为串联和并联两

种。其中，串联情况是指企业会在完成一个创新项目后积极寻找下一个创新项目来保障发展的持续性，巩固其竞争优势；并联情况是指企业在实施某具体的创新项目时，因企业的内外部环境发生剧烈变化而引发新的创新项目实施，此时被引发的新项目必然会与正在进行的原项目存在并联关系。企业持续创新实现过程也正是依靠串联或并联起来的创新项目来共同组成其实现链条的。其串联和并联的特征方式见图2-1所示。

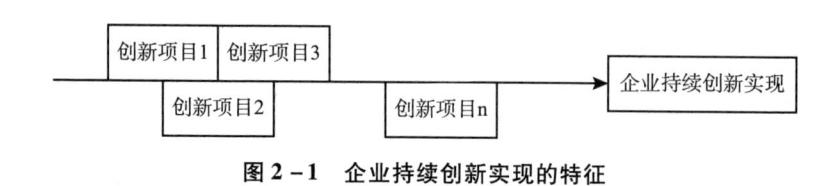

```
┌─────────┬─────────┐
│ 创新项目1│ 创新项目3│                    ┌──────────────┐
├─────────┼─────────┤      创新项目n  →  │企业持续创新实现│
│   创新项目2        │                    └──────────────┘
└───────────────────┘
```

图 2-1 企业持续创新实现的特征

2.2.4 高端装备制造企业持续创新实现的界定与特征

2.2.4.1 高端装备制造企业持续创新实现的界定

依据前文对企业持续创新实现的概念界定，联系高端装备制造企业持续创新的实际情况，我们认为：高端装备制造企业持续创新实现是指高端装备制造企业为了实现自身的长期发展目标，在较长时间内能够通过不断地推出和实施产品创新、工艺创新、管理创新、市场创新等创新项目，来增强企业的技术、经济实力，扩大企业的经营规模，从而持续获得创新收益的综合过程。

由于高端装备制造企业自身特点，其在持续创新过程中可能会包含多个项目、多种创新周期项目，对其持续创新实现的判断不能单单从具体时间上判断。因此，我们不对时间做具体的要求，但是需要高端装备制造企业持续不断地建立和实施新的创新项目，并且这些创新项目能够提升高端装备制造企业的各项能力，能够促进高端装备制造企业利润增加（偶尔连续2年内经济不增长视为符合要求），否则该创新项目将不会被纳入高端装备制造企业持续创新实现的综合过程中。

2.2.4.2 高端装备制造企业持续创新实现的特征

高端装备制造企业持续创新实现既有一般企业持续创新实现的基本特征，同时也具有它独有的特征，主要表现为：

①政策扶持力度大。自2007年以来政府就颁布了多个促进高端装备制造企业发展的政策文件，主要有：《国家中长期科学和技术发展纲要（2006~2020年）》《装备制造业调整和振兴规划》《国务院关于加快振兴装备制造业的若干问题》《国务院关于加快培育和发展战略性新兴产业的决定》《高端装备制造业"十二五"发展规划》等，在此基础上各地方政府也相继出台了促进高端装备制造业发展的具体政策措施，使高端装备制造企业的技术研发得到了较大的政策支持，为高端装备制造企业的运营发展创造了良好的环境和政策扶持。

②技术优势明显，研发创新是高端装备制造企业的主基调，并起到决定作用。高技术含量、先进的技术信息在高端装备制造企业的生产发展中被普遍运用，较高的科技技术含量凝聚在产品里。突出表现在高端装备制造各类型企业中，例如，西飞国际就是在生产大型干线客机方面具有领先优势的企业；哈飞股份就是在生产新型电子化直升机方面具有领先水平的企业；航天机电就是在电机、自动天线、传感器以及卫星开发和应用方面具有强大实力的企业；航天晨光就是在波纹管类产品生产领域具有领先地位的企业；航天科技就是在工业机器人、自动化设备等方面具有明显优势的企业；另外，贵航股份、成发科技就是分别在航空发动机的零部件、塑铝管片式散热器、燃气轮机及密封条的生产制造方面具有主导地位的企业[96]。

③重视知识资源，知识既是高端装备制造企业持续创新发展的核心资源又是高端装备制造企业持续创新主要的特点，在于它是建立在知识的基础上，高端装备制造企业持续创新产品的收益主要来自其高附加值，当前，信息、技术、专利、技能等知识要素已取代机器、设备等有形资产成为企业生产的关键影响要素，在很大程度上影响高端装备制造企业持续创新活动的顺利实施。高端装备制造企业是在广泛利用现代科

技成果的基础上,通过高研发投入,进行知识开拓和积累,创立新的技术思路和途径。持续创新技术的发展使技术系统的进化速率加快,刺激高端装备制造企业的持续创新行为。

④注重组织合作。高端装备制造企业在持续创新过程中,由于受到技术关联度大、基础平台限制的影响,多采取与其他企业联盟、与官学研合作的协同创新途径,协作进行科技攻关、技术创新等等[97]。例如,截至2014年年底,对于大型客机 C919 的研制过程中就包含了 22 个省市的 200 多家企业的参与合作,其中在大型客机机载体统方面的供应商伙伴中单跨国公司就有 17 家,在大型客机的相关技术攻关过程中包含了 30 多所高校参与合作。

⑤强带动性。高端装备制造企业本身具备较强的自主创新能力和较完备的科技设备,其在持续创新实现过程中的技术、工艺、产品、管理等方面的创新可以辐射到上下游的企业,易于科学技术的传播与普及,高端装备制造企业持续创新成果和自身的竞争能力能够带动整个产业链的优化和升级。

2.3 我国高端装备制造企业持续创新现状分析

2.3.1 我国高端装备制造企业持续创新的现状

面对全球化市场的激烈竞争,我国的高端装备制造企业以国家发展七大战略新兴产业战略为契机,加快科技发展速度,大力研发新产品,努力提升自身的核心竞争力,我国的高端装备制造企业持续创新活动展现出了良好的发展势头。突出表现为高端装备制造企业销售产值持续增加、科研创新投入持续增加、市场规模持续增加、专利授权量持续增加、创新成果持续增加等多个方面。

(1) 高端装备制造企业销售产值持续增长。

自2010年以来，我国高端装备制造企业共计销售产值持续增加（见图2-2）。截至2014年6月，我国的航空装备制造、卫星制造与应用行业所有企业的主营业务收入合计422.1亿元，同比涨幅达14.5%，实现利润18.9亿元，同比增长41%，产销率为98%，较2013年同期提高0.5个百分点；完成出口交货值79.2亿元，同比增长10.6%。海洋工程装备行业企业的主营业务收入合计338.2亿元，同比涨幅达12.7%；实现利润16.3亿元，同比增长83.1%。轨道交通装备制造行业企业的主营业务收入合计1709.6亿元，同比涨幅高达31.14%。其中，铁路运输设备行业企业的主营业务收入同比增长了31.9%，城市轨道交通设备行业企业的主营业务收入同比增长10%，总利润合计148.5亿元，同比涨幅61.24%。金属切割机床的产量同比增长了5%，其中金属切削工具产量同比增长15.7%；金属成形机床产量同比增长5.2%；数控金切机床产量同比增长了18.5%。

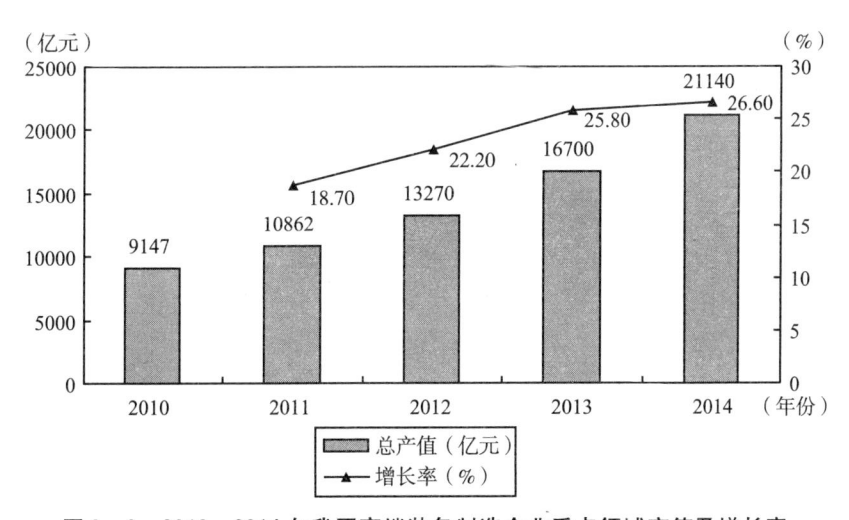

图2-2 2010~2014年我国高端装备制造企业重点领域产值及增长率

（2）高端装备制造企业科研创新投入持续增加。

我国高端装备制造企业发展非常重视创新研发投入，其中航空发动机作为国防科技工业"十二五"规划中要重点突破的技术之一，在未来20年内将持续投资300亿元进行发展，同时在航空发动机原材料、元器件、制造与试验装备再增加投入600亿元，总投资约1000亿元，20年平均每年投入50亿元。"十二五"期间，对于大飞机C919项目的研发经费投入分为五年进行投入，总额大约为600亿元，其中大约400亿元研发投入用于研制大型民用客机，大约200亿元研发投入用于研制大型军用运输机。在"十一五"期间，投入1200亿元进行海上油气资源开发，"十二五"期间，海工装备总投资超2500亿元。铁道部规划到2020年我国要建成贯穿京津至珠三角、西部至中东部的"四纵四横"高速铁路网，意味着我们将在2020年前完成3000公里的高铁建设；同时通过投资4万亿来促进高速铁路和客运专线的全面提速；城市轨道交通方面也将在"十一五"基础上增加投资，"十二五"期间，累计投资过万亿元，这一巨额投资必将带动相关行业的迅速发展。

（3）高端装备制造企业市场规模持续增加。

我国高端装备制造企业的市场规模持续增加，2010年我国的首款国产大飞机C919就获得了100架新机订单，目标在未来20年内售出超过2000架。2010年，我国卫星导航业务规模达到505亿元，卫星通信业务规模为227.3亿元，卫星遥感业务规模为23.5亿元。2015年，我国卫星应用产业规模已经超过2000亿元，其在"十二五"期间年均增长率达30%。截至2014年6月，我国海洋工程装备企业收获的订单合同金额达到79亿美元，占整个国际市场份额的32%，位居全球第一，其中具体包括11座自升式钻井平台、3座半潜式钻井平台、3座生产平台、3艘钻井船及59艘海工辅助船。占据我国轨道交通装备制造产业95%以上市场份额的中国南车、北车集团及其子公司生产的整车产品已经进入全球30个国家和地区的市场，其国际市场主要分布于亚洲、大洋洲、非洲、东欧和南美洲；部分零部件产品已经进入全球近40个国家和地区的市场，实现了市场覆盖七大洲的宏伟目标，其部分整车产品和零部件产品已经通过向发达国家拓展，成功进入了北美和欧洲等发达国家的市场。近年来，我国工业机器人市场规模增长迅速，并已经成为世界上该产业增长速度第一的重要市场。我国工业机器人的需求不断增加，从2003年的1500台到2013年的28200台，在10年间增长了大约13倍，而且其需求量仍在以每年15%～20%的速度增长，自2013年起，中国超越日本成为世界第一大工业机器人市场，2015年中国工业机器人市场销售量达到6.7万台，占全球工业机器人市场销量比重超过1/4，连续三年稳坐全球工业机器人市场头把交椅。

（4）高端装备制造企业专利授权量持续增加。

随着我国市场经济法律体系的不断建立健全，我国高端装备制造企业保护自身知识产权的法律意识也逐渐加强，其发明专利授权总量持续增加，但是整体在全部战略新兴产业企业的发明专利授权量中的比重较低，还不到6%（如表2-3所示）。

表2-3　　　　　　　　高端装备制造企业专利授权量情况

	2008年	2009年	2010年	2011年	2012年
高端装备制造企业专利授权量（件）	1243	1798	2113	2596	2858
高端装备制造企业专利授权量年增长率（%）		44.65	17.52	22.86	10.01
战略新兴产业企业专利授权量（件）	24376	34852	35324	48409	61511
占全部战略新兴产业企业专利授权量的比重（%）	5.10	5.16	5.98	5.36	4.65

（5）高端装备制造企业创新成果持续增加。

我国高端装备制造企业在创新方面攻克了大量的技术难题，取得了丰硕的创新成果。迄今为止，在C919大型客机项目和ARJ21新型支线客机项目研制过程中，已经解决相关技术难题100多项，攻克相应关键技术 50 余项，申请国家专利 272 件，掌握了一批拥有知识产权的核心技术，截至 2014 年 12 月 16 日，ARJ21-700 飞机 5 架试飞机累计安全飞行 2942 架次，5258 小时，其中完成适航取证试飞总时长超过波音 787，成为世界上试飞时间最长的一款飞机。运用长征系列运载火箭通过 200 次发射，已成功将 255 颗各型航天器送入预定轨道，其中包括 47 颗国外制造的卫星，发射成功率也由从前 100 次的 93%，提高到后 100 次的 98%，200 次的总发射成功率达到 95% 以上。由我国自主研发的"海马号"是我国首台 4500 米级的深海遥控无人潜水器作业系统，其于 2014 年 4 月 18 日海试成功是对深海高技术领域继"蛟龙号"之后的持续创新，标志着我国掌握了大深度无人遥控潜水器的关键技术。轨道交通方面，截至 2014 年我国铁路建设营业里程已超过 11 万公里，其中高铁已突破 1.5 万公里；动车组方面，中国南车、北车集团通过与国外的庞巴迪、阿尔卑斯、西门子、川崎重工进行联合设计并生产的方式，成功开发出 CRH1\CRH2\CRH3\CRH5 等重点车型，将动车时速从 200 公里提升到了 350 公里，实现了跨越式发展。

2.3.2　我国高端装备制造企业持续创新存在的问题及原因

2.3.2.1　存在的问题

我国的高端装备制造企业在持续创新方面还存在一些问题，不仅制约了我国高端装备制造企业的持续创新实现，而且也会对其他相关产业企业的创新发展产生不良影响。目前，我国高端装备制造企业持续创新方面存在的问题主要表现在：

（1）高端装备和关键核心零部件大多依赖进口。

我国高端装备制造企业在持续创新方面对进口核心基础零部件和元器件、关键材料的依赖程度较高，几年来我国多种新型飞机相继上天，形势喜人，但这些飞机所采用的机载设备、发动机、关键材料和配套件大量进口，特别是作为飞机心脏的高性能发动机面临国外禁运的困局；

以高铁装备为代表的轨道交通装备企业在动车组生产中所需要的高速轴承、制动装备、轮对、高强度螺栓等差不多80%以上的核心零部件依赖国外进口；在大型工程机械制造领域，30MPa以上高压泵、发动机、马达及控制系统等材料全部依赖于进口。高端装备及关键核心零部件依赖进口令人担忧。

（2）高端装备产品的质量与稳定性能不高。

我国高端装备制造企业产品在质量及稳定性方面相比较国外的产品来说有着很大的差距。如国产涡喷、涡扇发动机主轴轴承寿命仅为国外先进水平的1/10；国产通用机械零部件、液压、气动、密封件的寿命只有国外的1/3～2/3。军用飞机传动齿轮寿命800小时，民用飞机传动齿轮寿命600小时，仅为美国的13%和6%；车辆产品方面，由于损耗导致产品零部件损坏率较高，在牵引制动系统方面的技术处于中等水平，其技术还没有得到市场的认可，产品的可靠性、稳定性还有待提高；"十二五"科技部服务机器人项目组组长王田苗透露，我国生产的机器人寿命只有8000个小时，与外资品牌产品的5万～10万个小时相比，其产品的可靠性仍有较大的差距，由于传统机构件在精度上存在缺陷导致我国的机器人出现故障的概率是国外机器人故障概率的8～10倍，存在各种小问题，从总体看来，我国的机器人制造技术大约落后国外技术20年。

（3）高端装备配套产品发展滞后，缺乏总承包能力。

我国高端装备制造企业的产品均包含多个配套产品共同组成，但是现有的高端装备制造企业很少能够单独依靠国内企业生产，总是在相关的零部件位置或者是生产平台基础上需要依靠国外企业产品，总体上缺乏总承包能力。如海洋工程装备的配套设备的生产能力较弱，其生产所需的钻采设备、单点系泊、立管、动力、定位、电气等设备系统对技术的要求高，自主研制的难度大，在很大程度上依赖于国外进口，大部分国产的设备无法与该工程装备系统配套，配套装备的自给率还不足3/10，特别是在核心的配套领域，我国国产设备的自给率也要低于

50%。对于我国的海洋工程装备产业来讲,相应的配套设备是其价值链的关键环节,在国外进行关键技术封锁的情况下,我国的海洋工程装备企业只能在低端装备产品领域占据一定的市场份额。

(4)高端装备制造企业创新投入不足。

我国高端装备制造企业在创新过程中存在研发投入不足的特点,表现在经费投入和创新人才投入两个方面:费用上尽管国家2010年共投资300亿发展高端装备制造业,在一定程度上鼓励了高端装备制造企业的技术开发,但是从总体上来讲,我国高端装备制造企业在新产品研发中的投入仅仅只占到企业全部销售收入的3%,相比国外发达国家先进制造企业在新产品研发中的投入占到企业全部销售收入的10%~20%来说,我国与发达国家的差距至少在15年以上。创新人才缺乏是我国高端装备制造企业普遍存在的现象,例如我国轨道交通装备制造企业的两个寡头企业中国南车、北车集团,其所拥有的大专学历以上专业技术人员在全体员工中的比例为25%,其中专门进行研发的人员不足5%,而作为其技术联盟成员的西门子,所拥有的研发人员数量占全部员工数量的12%,不难看出这其中的巨大差距。

2.3.2.2 问题存在的原因分析

(1)高端装备和关键核心零部件设计和制造的技术难度大。

高端装备制造企业产品具有高技术含量、高知识密度、高原材料要求等特点,其基础零部件和元器件的设计和制造需要解决数字化、集成化的结构设计技术;需要解决微纳制造、单晶铸造、重型锻压、清洁热处理、超精密加工等关键制造技术及多种特种专用材料,这些高端装备和关键核心零部件设计和制造技术难度太大,使高端装备制造企业在创新、生产中的高端装备和关键核心零部件大多依赖进口。

(2)高端装备制造企业自主创新能力不足。

中国科学技术发展战略研究院于2011年发布了《国家创新指数报告》,报告中指出以美国的创新指数为100进行比较,我国的创新指数只有57.9,在全球范围内排名是第21位[98]。中国高端装备制造企业创新项目中大部分技术和关键设备长期以来依赖进口，其自主创新能力不足制约我国高端装备制造企业的发展是不可否定的事实。国内少有的几个寡头企业均需要从外国引进先进技术，小一点的企业就更没有办法实现技术创新，大多是将国外技术拿过来用，很少出现企业自主研究出的产品。另外，技术引进与消化吸收、创新等环节衔接不当，导致了我国高端装备制造产品的附加值不高、企业的自主创新能力不强等问题，在很大程度上限制了我国高端装备制造企业的持续发展。

（3）"四基"发展滞后，限制企业创新。

核心基础零部件/元器件、关键基础材料、先进基础工艺及产业技术基础（简称"四基"，产业技术基础包括标准、质量、检测、认证、研发平台和服务平台等）发展的严重滞后是影响我国高端装备制造企业持续创新的主要因素，核心基础零部件/元器件、关键基础材料依赖进口导致进口价格越来越高，而交货日期没有保证，不仅增加了高端装备制造企业的创新成本，而且还屡现受制于人的尴尬局面，不光在自主创新发展上受到严重制约，还有相当一部分企业成为典型的"组装工程"或者进行简单的创新，严重制约了高端装备制造企业的创新收益。如在工程机械方面，大型装载机等高端工程机械进口核心基础零部件占整机产品价值量的 50%~60%，利润的绝大部分也被外商所吞噬。

（4）高端装备制造企业技术人才队伍不稳定。

技术创新人才是高端装备制造企业最为重要的资源，高端装备制造企业的任何创新活动都离不开企业技术人才的作用。当前，我国高端装备制造企业现有的相关专业性的技术人才均是来源于传统的航空航天制造业和船舶工业等领域的人员，缺乏专业的技术人才。此外，高端装备制造企业由于严重缺乏创新型研发人才、项目管理人才及高级技能人才等问题严重限制了企业的创新发展，同时由于高端装备制造企业尚未建立起完善的人才引进、人才激励机制，难以保障高端装备制造企业所需人才的稳定性。

2.4 国外高端装备制造企业持续创新的概述与启示

2.4.1 国外高端装备制造企业持续创新的概述

2.4.1.1 美国

美国高端装备制造企业的研发目标是为了获取企业的长期竞争能力,为了获得长远的经济效益,因此美国政府主要通过提供恰当的政策指导、营造良好的创新制度环境等手段来间接引导高端装备制造企业的创新活动。

(1) 政府对持续创新的主导作用。

美国政府对于高端装备制造企业持续创新发挥主导作用。首先,政府通过制定一系列的创新法律,包括1980年的《技术创新法》、1984年的《国家合作研究法》、1988年的《总贸易和竞争法》等法律法规为高端装备制造企业的持续创新实现提供了完善的法律环境;其次,政府投入是创新经费的主要来源,美国政府通过基础性研究投入,引导军民两用技术的研发项目"技术再投资计划"(TRP)和一系列竞争性的研究开发项目,极大地刺激了高端装备制造企业与高校、科研机构的创新积极性,政府通过充分发挥R&D经费的导向作用来管理美国企业持续创新的发展方向。

(2) 企业是持续创新活动的主体。

美国持续创新活动的主体是企业,主要表现为三个方面:持续创新的投资和决策主体是高端装备制造企业,"二战"以后,美国政府对于R&D经费投入的比例开始逐年下降,而高端装备制造企业对于R&D经费投入的比例逐年上升,1980年企业的R&D经费投入首次超过了政府的R&D经费投入,呈现持续上涨的趋势;研究与开发的主体是高端装备制造企业，美国高端装备制造企业承担了大部分的 R&D 经费投入，自 1980 年以后，高端装备制造企业对于 R&D 经费投入占到国家全部 R&D 经费投入的 70%，高端装备制造企业成为美国科学家与工程师需求量最大的部门，成为持续研究和开发的主导力量；持续创新利益分配的主体是高端装备制造企业，美国政府通过制定一系列的政策法规，保护创新者的利益所得，保障高端装备制造企业在利益分配中的主体地位，从而促进高端装备制造企业的持续创新发展。

（3）加强持续创新组织和激励。

高端装备制造企业通过有效的组织和激励来促进企业的持续创新活动，美国高端装备制造企业采取双阶梯制开放性组织和激励形式。通过实行"内部企业家"等创新制度来吸引和留住对企业发展起到关键作用的人才，"内部企业家"制度主要是采用发放股权的方式使得关键技术创新人才成为企业的共同拥有者，赋予关键技术创新人才合理的权利和自由，尽可能地激发他们的工作积极性和工作热情，激励他们的持续创新行为。同时，促进技术知识的扩散及各种创新思想的沟通交流，增加研发人员的流动性。

（4）建立独具特色的风险投资。

风险投资基金是美国高端装备制造企业持续创新的重要资金来源，在政府的积极引导下，美国的风险投资发展形成，其中独立的私人风险投资公司、小企业投资公司及合作风险投资公司是美国风险投资的主体，其资金来源全部是通过募集方式进行；另外，美国的高端装备制造企业也会通过发达的场外交易市场来筹集发展资金。风险投资为高端装备制造企业持续创新提供了方便的投资渠道，是高端装备制造企业持续创新的重要支持力量。

2.4.1.2　欧盟

（1）政府构建创新资助体系。

欧盟国家主要从两个方面采取措施来推动高端装备制造企业的持续创新活动，首先是为高端装备制造企业持续创新提供良好的宏观经济环境，加大对研发支持的政策力度；其次是对高端装备制造企业开展持续创新活动提供支持和鼓励，鼓励创办新企业，减免税收；另外，欧盟各国为转变高端装备制造企业在持续创新过程中的被动局面，积极运用财政和金融手段，促进风险投资体系建设。

（2）持续创新的国际化特征。

国际化是欧盟高端装备制造企业持续创新的主要特征，这是由欧盟的发展现状决定的。欧盟高端装备制造企业跨国经营的主要场所是美国，其研发机构大多也集中在美国，突出集中在著名大学周边和高新技术开发区附近，如麻省理工学院周边、华盛顿大学周边、加州的硅谷附近等地方。欧盟高端装备制造企业持续创新的国际化特征主要表现为其在美国的研究开发经费大幅度提升、R&D 人员数量的大幅度提升。

（3）兼并与收购提升持续创新能力。

伴随经济发展和科技进步，欧盟高端装备制造企业增加了对外兼并和收购的步伐，通过对外兼并和收购来迅速获取创新成果是欧盟高端装备制造企业的突出特征，其在兼并和收购的对象选择中，不仅仅关注企业的规模、企业的经济实力，而且还注重对于包括实验室在内的研发机构。通过兼并与收购实现企业在技术、生产制造、组织管理方面的取长补短，以达到提升本国高端装备制造企业持续创新能力的目的。

2.4.1.3 日本

（1）以民间企业为主体的技术研究开发方式。

日本的研究机构中主要是以民间企业为主体，这是由战后日本的经济情况决定的，日本想要迅速复苏战后经济，唯有通过以民间企业为主体建立研发机构，来促进企业研发效率和增加市场的成功率。到 2004 年，日本的研发经费投入为 1468.76 亿美元，占日本 GDP 总额的 3.73%，在世界排名第 2，该途径导致日本高端装备制造企业在持续创新中成绩十分突出，在研究投入的强度和总量上日本已位居世界前列。

（2）结合吸收与创新，实施深层次开发。

战后的日本高端装备制造企业通过引进欧美先进技术，通过充分的消化、吸收和再利用,使日本在相当短的时间内建立了先进的高端装备制造企业技术体系。日本高端装备制造企业以广泛引进国外先进技术为起点,进而对引进的先进技术进行深层次开发,同时将新的思想、新的劳动融入科技成果转化的过程中,增加商品的附加值。

(3) 建立自主特色的科创体系。

日本将制定出来的持续创新政策与本国的科技政策、产业政策及教育政策进行融合,通过建立完善的科技创新体系,来增强高端装备制造企业的持续创新动力;通过教育振兴国家,重视人力资源开发,建立起了一个富有持续创新活力的教育培训体系;建立紧密联系的产学研体系,增加持续创新效率。

2.4.2 国外高端装备制造企业持续创新对我国的启示

美国、欧盟和日本均是高端装备制造业大国和强国,其高端装备制造企业取得持续创新成功方面存在一些相似性,主要体现为:第一,政府支持是高端装备制造企业持续创新实现的前提条件,以上三个国家都非常重视高端装备制造企业的创新发展,制定了相应的法律法规,积极引导和鼓励,为本国高端装备制造企业开展持续创新活动创造了良好的政策环境;第二,明确高端装备制造企业的创新主体地位,充分保障高端装备制造企业的投入、研发和利益分配的主体地位,充分发挥高端装备制造企业的持续创新的积极性;第三,技术的引进、消化、再创新是持续创新的重点,以上三个国家高端装备制造企业的持续创新发展都非常重视技术在创新中的作用;第四,重视 R&D 人才的培养,三个国家及所属企业均十分重视 R&D 人才在高端装备制造企业持续创新中的重要作用。

同时,基于各国国情的差异,导致各国高端装备制造企业发展的外部环境差异,使得高端装备制造企业在经营方式和发展路径上呈现差异,进而使得高端装备制造企业在持续创新方面也呈现出差异性,主要表现为：美国高端装备制造企业持续创新实现是由政府支持引导，鼓励企业进行自主创新从而实现持续创新；日本是以民间企业为主进行开发，引进国外的先进技术，进行消化、吸收之后再创新的过程；欧盟高端装备制造企业的持续创新实现是通过大量的收购和兼并作为主要形式的，是在其他高端装备制造企业已有的技术成果上进行改进和创新的。

通过具体分析国外高端装备制造企业持续创新方面的相同特征与差异性特征，得到对于促进我国高端装备制造企业在持续创新发展方面的经验启示。

（1）转变政府职能，构建持续创新支持体系。

我国还处于发展中国家阶段，其高端装备制造企业进行创新的基础较差，需要充分发挥政府在国家持续创新中的引导和推动作用。一是政府要从宏观角度制定一个中长期的持续创新规划，具体在财政、税收、金融等方面制定配套的优惠扶持政策；二是政府要从国家安全角度出发，择选一些重大的关键性的高端装备制造技术，组织人、财、物进行集中联合攻关，快速提升我国高端装备制造行业相应的技术水平，继而带动一大批相应配套产业的持续创新实现；三是政府要实现从直接组织创新活动向间接引导创新活动的职能转变，通过从制定相应的法律法规、提供政策指导、促进市场功能、保护知识产权等宏观调控角度着手，构建良好的持续创新支撑体系。

（2）明确高端装备制造企业在持续创新中的主体地位。

政府可以在推行现代企业制度基础上，通过产权、激励、组织等制度上的创新来激励高端装备制造企业的持续创新活动；在资本市场竞争中完成战略性重组，实现高端装备制造企业的优胜劣汰；通过建立完善的风险投资和创新驱动机制来促进高端装备制造企业的技术改造和创新；引导完善高端装备制造企业的研发机构建设；充分发挥有效的企业家激励作用，保障企业家在企业创新中的核心地位；由此培育一大批能与跨国大公司相竞争的自主创新能力强的本土企业。

(3) 加强技术引进后的消化吸收与二次开发。

当前技术引进是我国高端装备制造企业创新的主要个体行为，政府可以在统一规划的基础上，引进高端装备制造产业的共性技术和关键技术，组织产学研合作对在消化吸收引进技术的基础上进行深入开发，最后通过企业实现新的科技成果转化。具体来说是指，要实现从企业单独引进技术向系统联合引进技术的结构调整；要实现从生产使用、进口替代向消化创新、参与国际合作的目的转换；要实现从单纯的生产线进口向重要的软技术和关键设备进口的引进方式转变；要实现从产品导向技术为主向产业基础技术和关键技术为主的引进对象的转变。

(4) 高度重视培养创新人才。

科技发展以人为本。政府可以通过增加教育经费投入和改革现有教育体制等方式促进创新型人才的培养，由此形成高端装备制造企业与高校间资金与人才的良好互动；注重对科研人员的培训工作，改善科研人员的知识结构，拓宽科研人员的研究领域；积极营造尊重人才和知识的创新氛围，增加对有创新成果的人才奖励；建立一整套人才引进、培养和激励的机制，通过将企业经营者和企业员工的个人利益与企业的创新利益挂钩，进而充分调动企业员工的积极性，激发企业员工的无限智慧和创新潜力。

2.5 本章小结

本章首先阐述了企业持续创新实现的相关理论基础；继而对高端装备制造企业持续创新实现的相关概念进行界定，分析其特征；然后阐述了我国高端装备制造企业持续创新的现状，分析其存在的不足及原因；最后对比美国、欧盟和日本的现状，探索了促进我国高端装备制造企业持续创新发展的经验启示。

第 3 章

高端装备制造企业持续创新实现的形成机理

机理是指机器等的构造及其工作原理,或指一些自然现象的物理及化学规律,也可指有机体的构造、功能和相互关系。形成机理是从形成的角度分析有机体的构造和工作原理,形成机理来源于形成要素的基础作用,因此详细阐述和分析高端装备制造企业持续创新实现的形成要素,是对高端装备制造企业持续创新实现形成机理研究的必要前提。本章分析了高端装备制造企业持续创新实现的形成要素,并通过分析各形成要素的功能及形成要素间的关联互动关系,来阐释其形成机理。

3.1 高端装备制造企业持续创新实现的形成机理与功能分析

3.1.1 高端装备制造企业持续创新实现的形成机理框架

昆明理工大学的向刚教授在深入研究企业持续创新的本质规律基础

上提出，持续创新动力、能力和机遇是企业持续创新的三个构成要素，三个要素间的耦合作用是企业持续创新的必要条件[99]，同样的，高端装备制造企业持续创新实现也是企业持续创新动力、企业持续创新能力和企业持续创新机遇的相互作用。

高端装备制造企业持续创新实现的形成机理是以高端装备制造企业在持续创新实现过程中所需的构成要素和要素间的相互作用为基础形成的一种复杂关系。高端装备制造企业持续创新实现是一个长期的过程，要求企业具备强大的动力、持久的能力和良好的机遇。因此，对于高端装备制造企业持续创新实现的形成机理研究，就是对高端装备制造企业持续创新动力、能力和机遇要素的研究，以及对不同要素之间的相互作用关系的研究。高端装备制造企业持续创新实现的形成具有系统性、复杂性和难度特性，即高端装备制造企业持续创新实现过程中，需要三个要素相互关系、作用耦合，任何要素都不可或缺；这三个要素本身的构成也比较复杂，每个要素都是由多个子要素及多重关系构成；三要素中的机遇要素本身具有易逝性，不容易把握，进一步增加了企业持续创新实现形成的难度。

动力是前提，企业持续创新动力同样也是高端装备制造企业持续创新实现的前提，唯有具备很强的持续创新动力，才会产生持久的动力促进高端装备制造企业的不断创新；能力是保障，企业持续创新能力同样也是高端装备制造企业持续创新实现的重要保障，当有很强大的动力推动作用下，唯有具备很强的持续创新能力，才能形成企业持续创新实现的条件；机遇作为企业持续创新实现的外部条件，在很大程度上也决定了高端装备制造企业持续创新能否顺利实现。可见，研究高端装备制造企业持续创新实现的形成机理也就是对高端装备制造企业持续创新的动力、能力、机遇要素的构成及功能的详细分析，以及对三者间作用关系的牢牢把握；以此构建了高端装备制造企业持续创新能够实现的形成机理框架（如图3-1所示）。

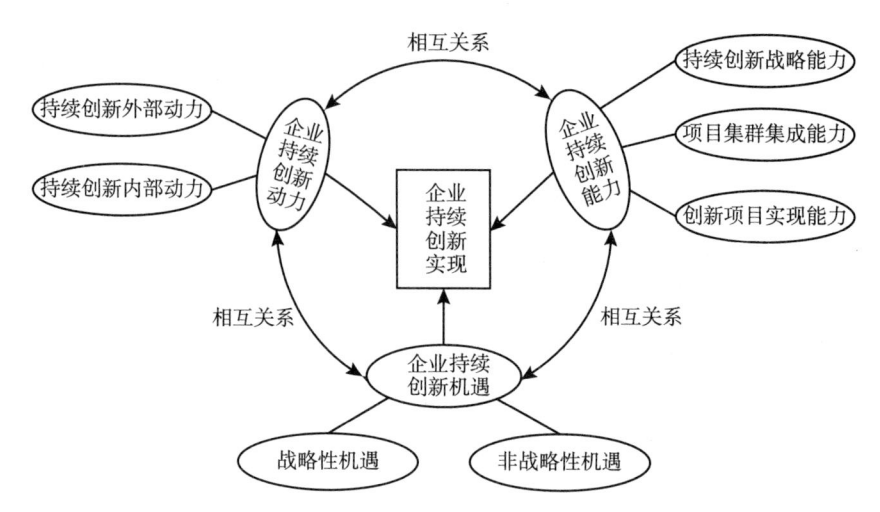

图 3-1 高端装备制造企业持续创新实现形成机理框架

3.1.2 高端装备制造企业持续创新实现形成机理要素的功能分析

针对高端装备制造企业持续创新实现形成机理研究需要解决以下三个方面的问题：首先，企业为什么要持续创新（why），这是动力问题；其次，企业依靠什么来持续创新（what），这是能力问题；最后，企业在什么时候持续创新（when），这是机遇问题。高端装备制造企业需要通过不断地耦合持续创新的动力、能力和机遇，创新出商业价值，实现持续创新。

（1）持续创新动力的驱动功能。

持续创新动力是高端装备制造企业持续创新实现形成的基本条件，如果高端装备制造企业没有持续创新动力，那么企业的持续创新活动就不会产生。持续创新动力是指高端装备制造企业主体受到内部、外部环境综合作用驱动下，持续产生创新需求的所有条件和因素的总和。因此，高端装备制造企业受到企业内部动力、企业外部动力的驱动，是企业实施开展持续创新活动的前提。企业内外部持续创新动力的驱动作用主要体现在两个方面：一是促使高端装备制造企业主体本身产生创新的要求和欲望，即在开展创新活动之前，有一种能够刺激高端装备制造企业产生创新愿望的作用力；二是推动高端装备制造企业持续创新活动的持续发展，即在确保企业创新目标得以实施，需要有一种必要的动力来推动创新活动的继续与顺利开展，或者是当企业的创新活动的节奏缓慢时需要有一种保持或者加速其运行的作用力。

（2）持续创新能力的保障功能。

持续创新能力是高端装备制造企业持续创新实现形成的重要保障，如果高端装备制造企业没有持续创新能力，那么企业的持续创新活动就无法实施和开展。持续创新能力是指高端装备制造企业通过持续推出和实施包含技术创新、产品创新、工艺创新、组织创新及市场创新等项目，并且保障企业持续实现创新经济效益的能力。持续创新能力的保障作用体现为：为高端装备制造企业的持续创新活动提供相应的技术支持，制度支持和管理支持，高端装备制造企业自身的技术积累越丰富，越有利于对技术的应用和更新改进，越能为持续创新活动提供技术保障；高端装备制造企业自身完善的管理制度可以保障企业持续创新活动的有序实施，激发员工积极性；另外，高端装备制造企业持续创新能力具有积累性、连续性和突破性的特点。

（3）持续创新机遇的条件功能。

持续创新机遇是高端装备制造企业持续创新实现形成的外部条件。如果高端装备制造企业没有把握好机遇，那么企业的持续创新活动就不知道在何时实施。持续创新机遇是指高端装备制造企业在持续创新中，遇到的有利于企业持续创新目标实现的形势，也指通过对高端装备制造企业的持续创新目标与企业内外部资源进行比较，预测出的可能获取超常经济效益的时空区间。高端装备制造企业在具备了动力和能力的基础上，善于抓住机遇、善于利用机遇，转化为现实市场需求，有助于实现持续创新目标。

3.2 高端装备制造企业持续创新动力

3.2.1 持续创新动力要素识别

熊彼特在早期认为创新的原始动力是企业对于超额利润的追求及企业家精神。该思想是后期持续创新动力研究的基础。熊彼特晚年曾对垄断企业推崇创新的作用给予了高度评价[100]。依据其思想，现代创新理论的研究者提出了著名的熊彼特创新模型Ⅰ（如图 3-2 所示），强调科技发明对技术创新活动的推动力作用；后期熊彼特强调大企业在创新中的关键作用，分析技术创新在经济中的作用[101]，在该观点基础上，经济学家菲利普斯于 1971 年总结出了著名的熊彼特创新模型Ⅱ（如图 3-3 所示），模型认为来自企业内部的技术创新能形成企业暂时性的垄断，保障企业获取超额利润，继而壮大该企业，该模型过渡强调了大企业在技术创新活动中的作用。现代创新理论的代表弗里曼将技术研究的作用描述为与科学相联系的技术的兴起[102]。以上两个熊彼特创新模型的共同点是：均认为技术进步是受企业内外部技术因素的推动，是技术进步推动的结果；主要区别是：模型Ⅰ过于简单，模型Ⅱ过渡重视大企业中技术创新的作用。

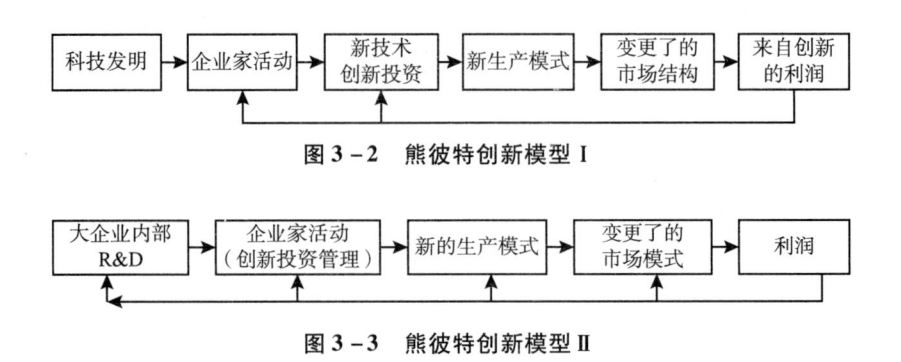

科技发明 → 企业家活动 → 新技术创新投资 → 新生产模式 → 变更了的市场结构 → 来自创新的利润

图 3-2 熊彼特创新模型Ⅰ

大企业内部 R&D → 企业家活动（创新投资管理）→ 新的生产模式 → 变更了的市场模式 → 利润

图 3-3 熊彼特创新模型Ⅱ

在熊彼特之后的研究创新的学者们,通过对创新动力的深入研究,提出了一系列的著名的技术创新模型,主要包括市场需求拉动模式(J. Schmookler, 1966; Utterback. J. M, 1974)[103]~[104]、技术发明和市场需求共同作用模式(Nathan Rosenberg, 1982)[105]、技术轨道推动模式(Dosi G., 1982)[106]、"社会需求—资源"关系作用模式(Zhai Tengyou, 1989)[107]。

(1)市场需求拉动模式。

1966年,美国经济学家J.施穆克勒通过分析1884~1950年美国铁路、石油冶炼、造纸业、农业机械、部分消费品部门的专利情况、投资情况,得出影响发明活动方向和速度的决定因素是市场成长和市场潜力,强调经济因素在技术创新发明中的重要作用,认为是市场需求推动技术创新[103],具体的思想如图3-4所示;1974年,美国研究者厄特巴克也提出创新是由市场需求拉动形成的[104],其具体思想如图3-5所示。

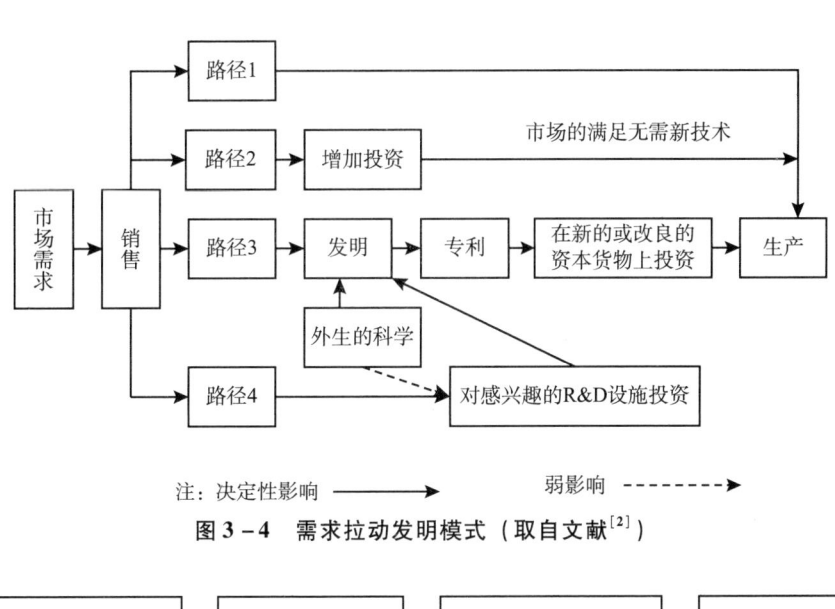

图3-4 需求拉动发明模式(取自文献[2])

图3-5 市场拉动模式(取自文献[2])

(2) 技术发明—市场需求模式。

施穆克勒认为市场成长和市场潜力是影响发明活动方向和速度的主要因素的结论引起了学术界激烈的讨论，自此，人们展开了对技术创新动力机制的深入研究。例如斯坦福大学的罗森伯格认为科学技术与市场需求是以互动的方式共同对创新起着核心作用的，对任何一方的忽视都会导致错误的政策和结论，也就是说技术决定成本，市场需求决定报酬，两者共同作用，由此与莫里厄、弗里曼等合作构建了技术与市场作用模式[105]（如图3-6所示）。

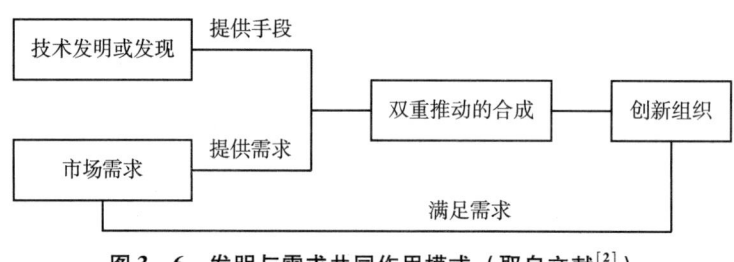

图3-6 发明与需求共同作用模式（取自文献[2]）

(3) 技术轨道推动模式。

多西在20世纪90年代提出概念"技术范式"，其是指解决某种技术问题的模型，能够决定研究的程序和任务，并且具备强排他性[106]。范式影响常规解决问题的方式是技术轨道，当企业处于特定的技术范式和技术轨道当中，同时受到技术和人力资本等方面的限制，在进行技术创新活动时，只能努力去发现和解决当前企业所需要解决的特定的技术性问题。企业内部技术更新和扩张的传统会在某种程度上限制企业的技术创新活动，同时，通过技术创新实现知识的增加，保障企业的市场竞争优势。

(4) 社会需求—资源模式。

日本学者斋藤优于1984年提出社会需求—资源模式，该模式认为社会需求和现有资源的矛盾激化是实施技术创新的主要原因[107]。也就是说，如果社会有某种需要（包括产品需要和技术需要），而当前社会所拥有的资源又不能满足时，需求与资源不匹配的矛盾现象就会出现，该矛盾的加剧会推动开展实施技术创新。社会需求—资源的共同作用模型着重强调资源在推动技术创新中的作用，忽视了资源也对技术创新有制约的作用。

20世纪80年代国内学者开始研究技术创新动力方面的内容，突出表现在对动力障碍、影响因素、机制模型、风险等方面进行的研究；其中，王大洲、关士续（1998）通过对国有企业的技术创新研究，认为产权不清和科技情结是其进行技术创新的重要障碍[108]；梁静（2007）以国有企业为主体进行研究，发现产权不清会导致创新者与创新成果间的归属关系模糊，影响经营者和创新者技术创新的积极性[109]；肖广岭、柳卸林（2001）在采访和调研北京高技术园区企业的基础上，得出企业持续创新动力的要素包括产权、技术、分配、税收、企业文化等[110]；陈晓阳（2002）认为是内部要素和外部要素共同促进技术创新系统形成的，内部动力是由企业创新意识和企业创新能力构成，外部动力是由市场需求、市场竞争和政府引导构成[111]；魏江（1999）将企业技术创新的原因归结于企业内生动力和企业外部动力的共同作用，通过阐释现阶段我国企业内部和外部动力构成的特征和作用，构建了适合我国企业技术创新的动力模型[112]；夏保华（2003）通过技术演化周期兴衰、技术创新竞争激烈程度、技术创新经济诱使及满足企业制度要求四个方面阐释了企业技术创新的原因[63]。孙冰（2007）以技术创新的内部和外部动力为准则层，构建了包含30个指标的技术创新动力评价指标体系，集中对企业技术创新的动力进行评价[113]。

国内学者们在对技术创新动力进行大量研究的基础上，发现单一技术创新动力无法充分保障企业的持续技术创新，企业持续创新所需的动力更大、更强。向刚教授（2001）认为企业持续创新的动力部分来源于企业外部，但更重要的是来源于企业内部的重要作用，提出了动力内源论[60]；段云龙、杨立生（2007）基于制度结构的视角，从企业内部和外部动力两个方面阐释了企业持续创新动力要素构成[64],其中内部动力分为企业正式制度结构和非正式制度结构,外部动力分为科技发展和国家区域创新系统;另外,在对企业持续创新动力进行评价方面,段云龙(2008)建立了包含内部动力和外部动力两个准则层,包含持续创新利益驱动、市场需求拉动等10个指标的企业持续创新动力评价指标体系[65];向刚(2009)将持续创新动力作为创新型企业评价研究的关键要素,从利润驱动、企业家精神、企业持续创新文化、激励制度方面构建评价指标体系进行持续创新动力评价研究[114]。

参照前人研究基础,基于企业持续创新动力的内涵,结合我国高端装备制造企业的特征,笔者认为我国高端装备制造企业持续创新的动力也是由内部要素和外部要素两个方面构成的。内部动力要素对于高端装备制造企业持续创新起着重要的作用,它包括:高端装备制造企业对于持续创新利益的追求、受到企业激励制度的催化、受到企业家持续创新精神的影响、受到企业持续创新文化的感染四个方面的内容;外部动力要素则包括:高端装备制造企业所处环境中,市场制度的拉引和竞争作用、科技水平的支持、政府政策的支持三个方面的内容。其中,内部动力是核心,外部动力通过内部动力发挥推动作用。

3.2.2 持续创新动力对企业持续创新实现的作用分析

基于前文识别的高端装备制造企业的持续创新动力要素结论,本书构建出高端装备制造企业持续创新的动力模型(如图3-7所示)。由模型可以看出,高端装备制造企业的持续创新是在受到内部动力和外部动力共同作用、相互耦合产生的源源不断的动力推动下实现形成的。

(1)高端装备制造企业持续创新内部动力要素作用分析。

追求持续不断的创新利益是高端装备制造企业持续创新的最终目标。高端装备制造企业的产品本身就具有非常高的科技含量,附加值也高,每一个创新项目的实现就会给企业带来创新收益,会一定程度的增加企业的市场份额；高端装备制造企业自身想要获得持续创新收益的强烈欲望会驱动企业不断追求新的创新机会和创新主题，继而开始实施创新活动。同时企业家及其团队的骨干成员由于受到企业激励制度的短期和长期激励作用能够增长他们进行持续创新活动的积极性和热情程度，由于企业家及其团队的骨干成员需要承担由于创新所带来的相关风险和一些不确定的后果，对他们的激励不仅仅体现在经济上，还要包括精神上的满足，企业家本身在制定和执行企业创新战略过程中具有重要作用，一旦将企业家的个人利益与企业的长远利益结合，企业家的持续创新动力就会被大力激发，企业家就会为了获取长期垄断收益而积极开展实施持续创新事业，对企业一般员工进行激励有助于他们努力提升自身实力，增加工作的积极性；因此，通过企业激励制度来刺激企业家、团队骨干成员、企业一般员工，能够保障高端装备制造企业持续创新实现活动在优秀企业家带领的优秀创新团队和企业一般员工的共同努力下逐渐完成。高端装备制造企业企业家的持续创新精神是指为了实现企业的持续创新和长期发展目标而持续追求和捕捉创新机遇的一种执着精神，要求企业家具有"不持续创新，就会灭亡"的危机意识，如果企业家的持续创新意识仅仅只是停留在想和希望的阶段，没有通过实际行动表现出来的话，那么该企业家的持续创新精神是无法起到推动企业持续创新实现的驱动力作用的。高端装备制造企业本身的持续创新文化可以通过影响企业员工的主观能动性来实现对员工积极性的调动，企业自身的价值观、行为准则和相应的物质文化环境等能够影响员工，促进员工个人充分发挥其主观能动性，员工能动性的作用最大化是企业持续创新实现活动的重要资源，能够推动企业的创新发展。

（2）高端装备制造企业持续创新外部动力要素作用分析。

市场作为高端装备制造企业持续创新动力的重要组成要素，其重要作用突出表现在两个方面：①市场需求拉动作用推动了高端装备制造企业持续创新实现，即因为有市场的需求，推动高端装备制造企业不断地开发能够提升生产率的创新活动，进行更高层次的技术创新；②激烈的

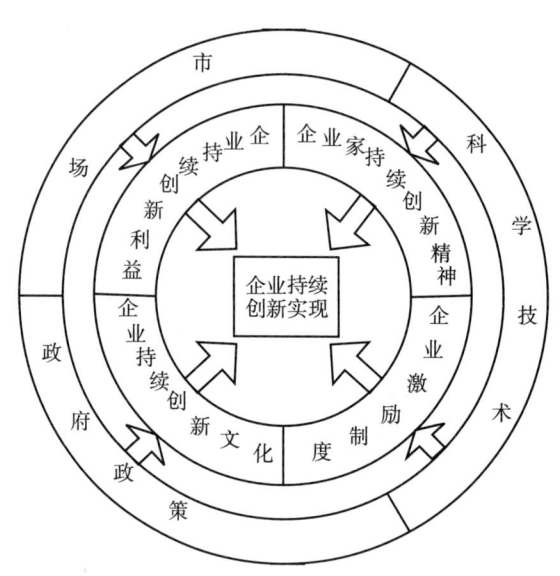

图 3-7　高端装备制造企业持续创新动力模型

市场竞争压力能够有效提升高端装备制造企业开展持续创新活动的积极性和热情，驱动高端装备制造企业不断捕捉新的机会实施创新活动，由于存在竞争对手通过模仿企业现有产品和工艺来影响市场上创新产品的供求关系，导致企业现有的利润空间下降，会迫使高端装备制造企业开展实施下一轮创新活动。科学技术是生产方式中最活跃的因素，其总是在不断发展的，同时被应用于广泛的生产实践当中，科学技术的发展对于高端装备制造企业的持续创新开展具有重大的推动作用，由于高端装备制造企业具备高技术含量的本质特征，其在持续创新活动过程中需要现有的科学技术为其提供相应的技术背景和支持，其持续创新活动就是在现有科学技术基础上再应用与再创新，并且随时关注科学技术的进步状况并做出适当的调整，同时及时引进先进的技术范式并进入新的技术轨道，并且将其不断地应用于生产实践，生产新产品、新工艺，开拓新市场，实现创新效益持续增长的目标。另外，科学技术发展也限制了企业已有技术的价值期限，从而迫使企业积极开展持续创新。政府政策支持是高端装备制造企业持续创新动力不可缺少的组成要素，其重要作用突出表现为对企业持续创新的引导和支撑。政府通过制定和完善相应的制度和法律体系，主要包含：市场经济制度、财政税收制度、知识产权制度、专利制度、风险投资制度等内容，为高端装备制造企业持续创新的开展实施营造好的大环境，引导和支持高端装备制造企业持续创新活动。

（3）高端装备制造企业持续创新内外部动力要素综合作用分析。

第一，构成高端装备制造企业持续创新的内部动力要素之间是相互关系综合作用的，即企业持续利益是高端装备制造企业实施持续创新活动的终极目标，所获利益高低影响员工获得物质奖励的高低；企业家持续创新精神既能促进高端装备制造企业的激励制度建成和完善，又能促进高端装备制造企业的持续创新文化建设，是高端装备制造企业持续创新动力中的核心构成要素；企业激励制度通过合理规划和激励为高端装备制造企业引进和培养创新型人才，有利于高端装备制造企业重视人才、重视知识、重视创新的持续创新文化氛围的建设；塑造有重要诱导感染力的高端装备制造企业持续创新文化氛围，有利于宣传企业家持续创新精神，对企业不同部门不同岗位上的员工灌输积极创新的精神。

第二，构成高端装备制造企业持续创新的外部动力要素之间是相互关系综合作用的，即市场需求拉引与竞争压力是高端装备制造企业持续创新实现外部诱导因素中最重要的要素，一旦高端装备制造行业内某个产品或服务在市场上供不应求，就会吸引有大批的企业参与进行模仿，增加了市场竞争的激烈程度，由此会促进科学技术的革新发展，伴随技术创新的风险，政府就会发挥作用，通过政策制定或者资金投入进行支持和引导；科学技术的革新发展会带来高端装备制造行业的技术革新，如果高端装备制造企业能够不断地将现有科技成果放到企业的生产实践活动当中，实现科技成果转化，就会影响整个市场的需求，同时在一定程度上也会缓和市场的竞争压力；政府政策支持一般是通过直接和间接两种方式来发挥作用，通过制定相关政策来规范市场环境，通过直接参与高端装备制造企业的高风险型创新项目等有效配置社会现有资源。

第三，构成高端装备制造企业持续创新的内外部动力要素之间是相互关系综合作用的,即市场的需求拉引与竞争压力都会影响到高端装备制造企业的持续利润,市场拉引与竞争压力的强弱直接影响企业利润的高低;科学技术发展会带来技术上创新,迫使高端装备制造企业增加对企业研发部门和企业创新活动所需资源的投入力度,促进创新成果转化后,会增加企业的利润空间,使企业对内部的人才激励措施加大,带动企业持续创新文化的良性形成;政府政策支持会通过影响高端装备制造企业的企业家持续创新精神,来影响企业的整体持续创新文化,在一定程度上指引高端装备制造企业确定技术研发的方向。

3.2.3 持续创新动力的测度

现实中,不是每一个高端装备制造企业只要具备了持续创新的全部动力之后,就一定能够实现持续创新的,企业在持续创新过程中由于动力不足而表现出脆弱性,导致持续创新活动的终止是其基本原因。因此,对高端装备制造企业持续创新动力进行测度,让高端装备制造企业明晰自身在持续创新动力上不足的原因,寻求各种手段和途径提升自身的持续创新动力,进而为实现持续创新具有重要的作用和意义。

3.2.3.1 企业持续创新动力测度指标体系构建原则

为保障对高端装备制造企业持续创新动力测度的科学性和合理性,首先需要建立出科学的测度指标体系,因此构建高端装备制造企业持续创新动力测度评价指标体系应该遵循科学性与导向性原则、客观性与可操作性原则、定量测度与定性测度相结合原则。

(1) 科学性与导向性原则。

构建高端装备制造企业持续创新动力测度指标体系,需要坚持科学性和导向性原则,其中科学性需要依据持续创新动力方面的相关理论基础,理清指标之间的逻辑关系和结构,运用科学方法处理研究数据,保障测度结果能够真实反映企业状况,衡量结果有效;导向性要求评价指标测度不单单能反映企业自身动力的强弱,最重要的是要能为企业明晰自身动力不足产生在哪些具体方面，为今后的改进指明具体方向。

（2）客观性与可操作性原则。

构建高端装备制造企业持续创新动力测度指标体系，尤其需要从高端装备制造企业持续创新实现过程的客观性出发，保障能够如实反映高端装备制造企业持续创新动力的强弱程度，同时由于测度是对于高端装备制造企业持续创新动力方面的数据进行分析和研究，要求测度指标是易于获得的和真实记载的实际数据，可以进行实际操作。

（3）定量测度与定性测度相结合原则。

测度高端装备制造企业持续创新动力的指标有很多，既有定量的测度指标、也有定性的测度指标，单纯地采用定量或者定性指标进行测度，均不能全面地反映真实测度结果，需要采用定量和定性相结合的原则构建测度指标体系。

3.2.3.2 企业持续创新动力测度指标体系构建

在前人测度评价研究的基础上，参照前文提炼的高端装备制造企业持续创新的动力要素内容，依据构建评价指标体系的相关原则，构建了高端装备制造企业持续创新动力的测度评价指标体系（如表3-1所示）。

对指标体系中具体指标的详细解释说明如下：

（1）企业持续创新利益指标 C_1。

企业持续创新利益主要包含2个具体指标：持续创新预期利润增长率和持续创新预期市场占有率增加率。其中，持续创新预期利润增长率的突出表现是高市场利润率能够带来高企业利润空间，高端装备制造企业为了满足持续获取高利润空间的欲望越强，其进行持续的改善产品和创新产品的动力也就越强；持续创新预期市场占有率增加率的突出表现是高市场占有率能够带来企业高利润，高端装备制造企业为了保障产品在市场竞争中优势地位的欲望越强，其进行持续的改善产品和进行产品创新的动力也就越强。

（2）企业家持续创新精神指标 C_2。

企业家持续创新精神主要包含4个具体指标：企业家持续技术创新

精神、企业长远战略目标及规划、企业创新项目及重大项目的有效决策机制，以及企业持续实施各种创新项目数。其中，持续技术创新精神能够有力推动持续技术创新活动，高端装备制造企业的企业家精神越强，其积极寻求机遇开展创新活动的动力也就越强；企业长远战略目标及规划为企业开展实施持续创新活动指明了方向；企业创新项目及重大项目的有效决策机制越健全、越完善，其保障企业顺利开展创新项目的动力作用越强；企业持续实施创新的项目数量的多寡在一定程度上影响着企业后续创新活动的深度和广度。

（3）企业激励制度指标 C_3。

企业激励制度主要包含4个具体指标：企业经营者及管理层产权激励程度，薪酬激励，高层次人才引进、培养、选拔、任用制度，科技带头人知识产权分享、奖励制度。其中，薪酬激励是通过实施与企业创新相关的工资制度、福利制度和奖励制度来满足员工的物质和精神需要，增加刺激员工创新行为的动力；企业在高层次人才管理制度的合理性，关系着企业能否留住人才，保障创新人才作用的发挥；对科技带头人的激励制度关系着企业能否充分发挥科技带头人的领导和创新作用。

（4）企业持续创新文化指标 C_4。

企业持续创新文化主要包含4个具体指标：企业持续发展理念、企业团队精神、员工踊跃参与各类创新、以自主创新为核心的企业文化体系建立。其中，持续发展理念是企业制定持续发展战略的重要前提；创新团队间合作关系的紧密程度直接影响到企业持续创新活动的实施程度；企业良好的创新氛围能调动员工发明创造的积极性；企业是否拥有以自主创新为核心价值观的组织文化体系和学习氛围也能影响企业的持续创新动力。

（5）科学技术推动指标 C_5。

科学技术推动主要包含2个具体指标：科技成果供给情况和技术市场发达程度。其中，丰富的科技成果会大力刺激高端装备制造企业的科技成果转化行为，满足对巨大利益的需求和欲望；发达的技术市场能够降低高端装备制造企业持续创新的成本，增加高端装备制造企业开展持续创新活动的积极性。

(6) 市场作用指标 C_6。

市场作用主要包含 2 个具体指标：市场需求拉引力和市场竞争压力。其中，新产品的市场需求越大，意味着高端装备制造企业销售新产品的利润越高，刺激高端装备制造企业开展实施持续创新活动的动力越强；激烈的市场竞争环境中，高端装备制造企业唯有通过不断地创新，进行成果转化，才能在竞争中保持优势，其创新的积极性越高。

(7) 政府政策支持指标 C_7。

政府政策支持主要包含 4 个具体指标：知识产权保护力度、政府对企业家激励、风险投资制度完善、创新财政资助状况。其中，政府通过完善知识产权法规对企业的创新行为进行保护；通过物质层面和精神层面的奖励实现对企业家的激励；政府协同企业完成高风险、高收益的持续创新项目；采用税收的减免、贷款的低息、设立创新国家基金等措施促进企业开展实施持续创新活动。

表 3-1　高端装备制造企业持续创新的动力测度指标体系

目标层	准则层	指标层
高端装备制造企业持续创新动力	企业持续创新利益 C_1	持续创新预期利润增长率 c_{11}
		持续创新预期市场占有率增加率 c_{12}
	企业家持续创新精神 C_2	企业家持续技术创新精神 c_{21}
		企业长远战略目标及规划 c_{22}
		企业创新项目及重大项目的有效决策机制 c_{23}
		企业持续实施各种创新项目数 c_{24}
	企业激励制度 C_3	企业经营者及管理层产权激励程度 c_{31}
		薪酬激励 c_{32}
		高层次人才引进、培养、选拔、任用制度 c_{33}
		科技带头人知识产权分享、奖励制度 c_{34}

续表

目标层	准则层	指标层
高端装备制造企业持续创新动力	企业持续创新文化 C_4	企业持续发展理念 c_{41}
		企业团队精神 c_{42}
		员工踊跃参与各类创新 c_{43}
		以自主创新为核心的企业文化体系建立 c_{44}
	科学技术推动 C_5	科技成果供给情况 c_{51}
		技术市场发达程度 c_{52}
	市场作用 C_6	市场需求拉引力 c_{61}
		市场竞争压力 c_{62}
	政府政策支持 C_7	知识产权保护力度 c_{71}
		政府对企业家激励 c_{72}
		风险投资制度的完善 c_{73}
		创新财政资助状况 c_{74}

3.2.3.3 企业持续创新动力测度模型构建

TOPSIS方法是一种常用的用于分析有限个对象多个属性问题的方法，其计算过程相对简单，计算结果相对合理，具有灵活性特点[115]。该方法主要是通过对各个方案点与正、负理想点之间距离的大小角度，对被评价对象的优劣程度进行评价的一种方法。本书运用熵值法-TOPSIS方法对高端装备制造企业持续创新动力进行评价，保障了动力测度评价指标赋权的客观性和科学性，保障能够全面地反映指标数据的本身特点，使测度结果具有很强的可比性，有利于分析高端装备制造企业的持续创新动力水平。

（1）熵值法确权。

熵权法客观赋权：设 w_k 为第 k 个指标的权重，n为被评价对象的数量，l为评价指标的个数，x_{ik} 为第 i 个评价对象第 k 个指标规范化处理后的分值，则其权重公式[116]为式（3-1）：

$$w_k = \frac{1 + \frac{1}{\ln(n)} \times \sum_{i=1}^{n} \left[x_{ik} / \sum_{i=1}^{n} x_{ik} \right] \times \left[\ln(x_{ik} \times \sum_{i=1}^{n} x_{ik}) \right]}{\sum_{k=1}^{l} \left\{ 1 + \frac{1}{\ln(n)} \times \sum_{i=1}^{n} \left[x_{ik} / \sum_{i=1}^{n} x_{ik} \right] \times \left[\ln(x_{ik} \times \sum_{i=1}^{n} x_{ik}) \right] \right\}}$$

(3-1)

（2）TOPSIS 测度。

TOPSIS 法是通过计算各测度对象的各指标向量与正、负理想解的距离，得到相对贴近度，根据相对贴近度的大小对各测度对象进行优劣排序，来实现对测度对象的有效测度方法[115]。

①计算加权矩阵 $R = (r_{ij})_{m \times n}$。设 r_{ij} 为第 i 个指标第 j 个测度对象标准化数据的加权值，ω_i 为式（3-1）求得测度指标权重向量，z_{ij} 为第 i 个指标第 j 个测度对象规范化处理后的值。依据标准化数据加权法则[115]有式（3-2）：

$$r_{ij} = \omega_i * z_{ij}, \quad i = 1, 2, \cdots, m, \quad j = 1, 2, \cdots, n \quad (3-2)$$

②确定测度对象的理想解 S^+ 和负理想解 S^- [115]。

当 c_i 为效益型指标时，有式（3-3）：

$$\begin{cases} s_i^+ = \max_{1 \leq j \leq n} \{r_{ij}\}, & i = 1, 2, \cdots, m \\ s_i^- = \min_{1 \leq j \leq n} \{r_{ij}\}, & i = 1, 2, \cdots, m \end{cases} \quad (3-3)$$

当 c_i 为成本型指标时，有式（3-4）：

$$\begin{cases} s_i^+ = \min_{1 \leq j \leq n} \{r_{ij}\}, & i = 1, 2, \cdots, m \\ s_i^- = \max_{1 \leq j \leq n} \{r_{ij}\}, & i = 1, 2, \cdots, m \end{cases} \quad (3-4)$$

③计算测度对象与理想解、负理想解的欧式距离[115]，则有式（3-5）

$$sep_j^+ = \sqrt{\sum_{i=1}^{m} (s_i^+ - r_{ij})^2}, \quad sep_j^- = \sqrt{\sum_{i=1}^{m} (s_i^- - r_{ij})^2}, \quad j = 1, 2, \cdots, n$$

(3-5)

④计算各测度对象与理想解的相对贴近度。设 c_j^* 为第 j 个对象的测度指标与理想解的相对贴近度[115]，则有式（3-6）：

$$c_j^* = sep_j^- / (sep_j^- + sep_j^+), \quad j = 1, 2, \cdots, n \quad (3-6)$$

若 c_j^* 越大，则第 j 个测度对象就越接近于理想解，则各测度对象依据 c_j^* 的大小进行排序。

3.2.3.4 企业持续创新动力测度实证分析

（1）数据来源。

对高端装备制造企业持续创新动力进行测度，需要对该企业在较长时间内的数据展开统计研究，基于对企业数据的完整性需求及企业调研的可行性，本书选取了包括中航动控、华东数控、中国卫星、合众思社、中国南车、中国北车、中集集团、中国重工、昆明机床、沈阳机床这 10 家具有代表性的大型高端装备制造企业作为样本进行动力测度。指标的原始数据来源于近五年的《中国战略性新兴产业发展年鉴》《中国海洋工程年鉴》《中国城市轨道交通年度报告》《中国 500 强企业发展报告》等统计年鉴，以及各企业上市年报表、国家知识产权局和国研网信息，企业调研、企业高层管理者访谈渠道。

（2）熵值法赋权。

运用熵值法式（3-1），求得测度指标权重为：

$w_1 = (w_{11}, w_{12}) = (0.127, 0.118)$；

$w_2 = (w_{21}, w_{22}, w_{23}, w_{24}) = (0.041, 0.029, 0.027, 0.015)$；

$w_3 = (w_{31}, w_{32}, w_{33}, w_{34}) = (0.070, 0.054, 0.069, 0.047)$；

$w_4 = (w_{41}, w_{42}, w_{43}, w_{44}) = (0.021, 0.017, 0.013, 0.026)$；

$w_5 = (w_{51}, w_{52}) = (0.045, 0.051)$；

$w_6 = (w_{61}, w_{62}) = (0.060, 0.0065)$

$w_7 = (w_{71}, w_{72}, w_{73}, w_{74}) = (0.044, 0.027, 0.012, 0.022)$；

$W = (w_1, w_2, w_3, w_4, w_5, w_6, w_7) = (0.245, 0.112, 0.240, 0.077, 0.096, 0.125, 0.105)$

（3）高端装备制造企业持续创新动力测度。

①规范化数据的加权矩阵 $R = (r_{ij})_{m \times n}$。将原始指标数据标准化以后与熵值法求得的测度指标权重值代入式（3-2）得到规范化数据的加权矩阵式（3-7）为：

$$R = \begin{bmatrix} 0.0743 & 0.0009 & 0.0016 & 0.0000 & 0.0431 & 0.1070 & 0.0011 & 0.0001 & 0.0038 & 0.0069 \\ 0.0464 & 0.0004 & 0.0001 & 0.0000 & 0.0980 & 0.0534 & 0.0065 & 0.0001 & 0.0076 & 0.0008 \\ 0.0065 & 0.0014 & 0.0014 & 0.0000 & 0.0700 & 0.0204 & 0.0043 & 0.0002 & 0.0045 & 0.0112 \\ 0.0567 & 0.0694 & 0.0667 & 0.0750 & 0.0000 & 0.0181 & 0.0214 & 0.0735 & 0.0649 & 0.0626 \\ 0.0078 & 0.0006 & 0.0008 & 0.0000 & 0.0700 & 0.0559 & 0.0017 & 0.0088 & 0.0029 & 0.0111 \\ 0.0063 & 0.0008 & 0.0011 & 0.0000 & 0.0540 & 0.0173 & 0.0026 & 0.0039 & 0.0036 & 0.0101 \\ 0.0150 & 0.0029 & 0.0006 & 0.0000 & 0.0690 & 0.0245 & 0.0027 & 0.0000 & 0.0087 & 0.0086 \\ 0.0470 & 0.0122 & 0.0173 & 0.0000 & 0.0071 & 0.0223 & 0.0056 & 0.0021 & 0.0048 & 0.0065 \\ 0.0410 & 0.0068 & 0.0114 & 0.0204 & 0.0076 & 0.0023 & 0.0249 & 0.0104 & 0.0000 & 0.0087 \\ 0.0126 & 0.0085 & 0.0194 & 0.0290 & 0.0187 & 0.0123 & 0.0129 & 0.0276 & 0.0000 & 0.0135 \\ 0.0111 & 0.0050 & 0.0058 & 0.0000 & 0.0270 & 0.0130 & 0.0090 & 0.0021 & 0.0074 & 0.0099 \\ 0.0026 & 0.0002 & 0.0004 & 0.0000 & 0.0150 & 0.0130 & 0.0012 & 0.0002 & 0.0010 & 0.0018 \\ 0.0032 & 0.0004 & 0.0008 & 0.0003 & 0.0210 & 0.0076 & 0.0025 & 0.0000 & 0.0012 & 0.0032 \\ 0.0023 & 0.0003 & 0.0006 & 0.0000 & 0.0170 & 0.0149 & 0.0011 & 0.0001 & 0.0006 & 0.0013 \\ 0.0025 & 0.0003 & 0.0002 & 0.0000 & 0.0130 & 0.0108 & 0.0014 & 0.0002 & 0.0010 & 0.0021 \\ 0.0056 & 0.0008 & 0.0012 & 0.0005 & 0.0260 & 0.0120 & 0.0026 & 0.0000 & 0.0017 & 0.0036 \end{bmatrix} \quad (3-7)$$

$$R = \begin{bmatrix} 0.0273 & 0.0120 & 0.0200 & 0.0036 & 0.0450 & 0.0123 & 0.0241 & 0.0000 & 0.0140 & 0.0131 \\ 0.0141 & 0.0013 & 0.0013 & 0.0000 & 0.0510 & 0.0204 & 0.0025 & 0.0019 & 0.0022 & 0.0077 \\ 0.0490 & 0.0130 & 0.0161 & 0.0283 & 0.0434 & 0.0031 & 0.0356 & 0.0000 & 0.0063 & 0.0463 \\ 0.0320 & 0.0000 & 0.0032 & 0.0096 & 0.0093 & 0.0079 & 0.0151 & 0.0188 & 0.0093 & 0.0092 \\ 0.0048 & 0.0002 & 0.0006 & 0.0000 & 0.0170 & 0.0152 & 0.0011 & 0.0001 & 0.0009 & 0.0029 \\ 0.0032 & 0.0002 & 0.0005 & 0.0000 & 0.0270 & 0.0077 & 0.0013 & 0.0000 & 0.0008 & 0.0015 \end{bmatrix}$$

②确定理想解 S^+ 和负理想解 S^-。由式（3-3）、式（3-4），结合矩阵式（3-7）中的数据得出理想解和负理想解为式（3-8）、式（3-9）：

$$S^+ = (0.107, 0.098, 0.070, 0, 0.070, 0.054, 0.069, 0.047,$$
$$0.041, 0.029, 0.027, 0.015, 0.021, 0.017, 0.013,$$
$$0.026, 0.045, 0.051, 0.049, 0.032, 0.017, 0.027)^T$$
(3-8)

$$S^- = (0, 0, 0, 0.075, 0, 0, 0, 0, 0, 0, 0, 0, 0, 0, 0, 0,$$
$$0, 0, 0, 0, 0)^T$$
(3-9)

③各测度对象与理想解的相对贴近度计算与排名。将式（3-7）~式（3-9）的数据代入式（3-5）、式（3-6）计算得到企业持续创新利益等7个准则层和这10家高端装备制造样本企业持续创新动力与理想解的相对贴近度，结果如表3-2中第（2）、第（4）、第（6）、第（8）、第（10）、第（12）、第（14）、第（16）行，根据贴近度大小进行排序，得到这10家高端装备制造样本企业持续创新动力的综合测度结果（如表3-2所示）。

表3-2　　　高端装备制造企业持续创新动力综合测度结果

评价对象	评价方式	中航动控	华东数控	中国卫星	合众思社	中国南车	中国北车	中集集团	中国重工	昆明机床	沈阳机床
C_1	贴近度	0.7283	0.0068	0.5893	0.0000	0.6263	0.0450	0.0111	0.0478	0.0583	0.0009
	排序	1	8	3	10	2	6	7	5	4	9
C_2	贴近度	0.5612	0.0425	0.1587	0.0000	1.0000	0.3288	0.0617	0.1657	0.0876	0.0706
	排序	2	9	5	10	1	3	8	4	6	7
C_3	贴近度	0.3487	0.1637	0.5364	0.2920	0.5767	0.2609	0.2601	0.1923	0.1005	0.2519
	排序	3	9	2	4	1	5	6	8	10	7
C_4	贴近度	0.5586	0.1177	0.2821	0.0082	1.0000	0.2221	0.1377	0.2484	0.1779	0.0507
	排序	2	8	3	10	1	5	7	4	6	9

续表

评价对象	评价方式	中航动控	华东数控	中国卫星	合众思社	中国南车	中国北车	中集集团	中国重工	昆明机床	沈阳机床
C_5	贴近度	0.5321	0.0282	0.2101	0.0170	1.0000	0.1017	0.0419	0.1453	0.0676	0.0052
	排序	2	8	3	9	1	5	7	4	6	10
C_6	贴近度	0.3482	0.1686	0.4282	0.0514	1.0000	0.3142	0.2647	0.2208	0.1970	0.0284
	排序	3	8	2	9	1	4	5	6	7	10
C_7	贴近度	0.2561	0.1838	0.6874	0.4035	0.7006	0.5103	0.2350	0.5604	0.1643	0.2392
	排序	6	9	2	5	1	4	8	3	10	7
持续创新动力	贴近度	0.5502	0.0987	0.4562	0.1648	0.7113	0.2683	0.1488	0.2192	0.1053	0.1340
	排序	2	10	3	6	1	4	7	5	9	8

（4）高端装备制造企业持续创新动力测度结果分析。

从表3-2的综合测度结果可看出，这10家高端装备制造企业持续创新动力的综合测度排序是：中国南车＞中航动控＞中国卫星＞中国北车＞中国重工＞合众思社＞中集集团＞沈阳机床＞昆明机床＞华东数控，参照准则层排序可以看出：中国南车是除第一个准则层指标排序第二外，其他各个准则层指标排序均为第一的企业，其综合测度结果也最好，属于在持续创新动力的各个方面均衡发展的代表性企业；中航动控、中国卫星、中国北车是在各个准则层指标排序分布较为均匀的企业，其综合测度结果紧随中国南车之后，属于在持续创新动力的各个方面较为均衡发展的代表性企业；中国重工、合众思社、中集集团是在各个准则层指标排序分布差距较大的企业，其综合测度结果比较靠后一些；沈阳机床、昆明机床、华东数控是在各个准则层指标排序都位居后面的企业，其综合测度结果也居于最后，属于在持续创新动力的各个方面都比较落后的代表性企业。该综合测度结果与实际情况基本相符，从而表明了该测度方法的有效性。

3.3 高端装备制造企业持续创新能力

3.3.1 持续创新能力要素识别

自人们开始研究创新以来，创新能力就被赋予了很多的关注。厉以宁教授在熊彼特对创新能力阐述的基础上，提出企业应该具备创新机遇的发现能力、冒风险的能力及卓越的创新组织能力[117]。汪应洛（2002）将企业持续创新能力视为中小企业生存和发展的源泉，在从企业内部、外部角度分析影响培养持续创新能力的障碍基础上给出了相关策略[71]。陆奇岸（2004）将企业为了适应不断变化的市场环境和不断追求新的竞争优势的能力视为企业的持续创新能力，具体体现在新资产开发、现有业务流程的更新、采纳新资源、增加创新投资等多个方面[118]。向刚、汪应洛（2004）认为企业持续创新能力即指企业能够在较长时期内持续不断地开展和实施创新项目，继而获得持续经济效益的能力[119]；在该概念界定基础上，将企业持续创新能力分为三个要素，即企业持续创新的机遇捕捉能力、组合项目实施能力和经济效益实现能力，建立能力评价指标体系，并选取模糊综合评价方法进行评价。刘海芳（2007）做了大量文献综述分析和专家调查，着重从战略创新、组织创新、激励、市场营销、技术创新和知识创新六个方面进一步阐述了企业持续创新能力的含义，并在此基础上对其进行评价说明[120]。李支东、章仁俊（2009）认为企业创新能力是一个集合制度、管理、技术和市场的持续创新之间相互关系而耦合成的一个具有强大功能的综合系统[121]。有相当多的学者关注于评估企业的持续创新能力，杨立生、段云龙（2007）在阐述绿色持续创新能力概念基础上，构建了其在中小企业中的评价指标体系，运用德尔菲法对其进行了相应的实证评价[122]。段云龙（2007）依据企业绿色持续创新能力概念，参照持续创新能力评价指标内容，构建了企业绿色持续创新能力评价指标体系，又在此基础上进一步运用模糊综合评价方法建立评价模型，以乡镇企业为研究样本进行相应的实证评价[64]。王文亮等（2008）在总结前人研究成果的基础上，运用萨蒂（Saaty）的9标度法筛选指标，构建了企业持续创新能力评价指标体系，并运用模糊综合评价法对其进行评价[78]。苏越良等（2009）选取粒子群优化BP神经网络的方法，建立企业绿色持续创新能力评价指标体系，并对其进行了建模和实证评价[123]。

参考前人研究的基础，结合我国高端装备制造企业的特征，参照企业持续创新能力的内涵，我们将高端装备制造企业持续创新能力视为在较长时间内，持续推出实施创新项目，并持续获取经济效益的能力，项目是在完成一个既定产品、任务、服务时所做的全部努力，也是企业用于适应内外背景环境变化的主要方式。任何企业所处的内外背景环境都是绝对变化的，剩下不变的就是变化，企业唯有不断开展、实施项目来适应变化的内外部背景环境，来保障企业自身的生存发展[124]。高端装备制造企业的持续创新项目作为高端装备制造企业进行持续创新活动的主要载体，其持续创新实现的最终落脚点是创新项目的完成，具有明显的目的性、风险性和系统集群特征。因此，我们认为我国高端装备制造企业持续创新的能力是由企业持续创新的战略能力、项目集群集成能力、项目实现能力三个方面的能力构成的。

3.3.2 持续创新能力对企业持续创新实现的作用分析

企业持续创新能力直接关系高端装备制造企业持续创新实现的形成，为高端装备制造企业持续创新实现提供了支撑作用。基于前文识别的三个高端装备制造企业的持续创新能力要素，构建出高端装备制造企业持续创新能力的作用模型（如图3-8所示）。

```
策划阶段 ------→ 企业持续创新战略能力 ┐
    ↓                                    │
实施阶段 ------→ 企业持续创新项目        ├──→ 企业持续创新实现
                 集群集成能力            │
    ↓                                    │
实现阶段 ------→ 企业持续创新项目        ┘
                 实现能力
```

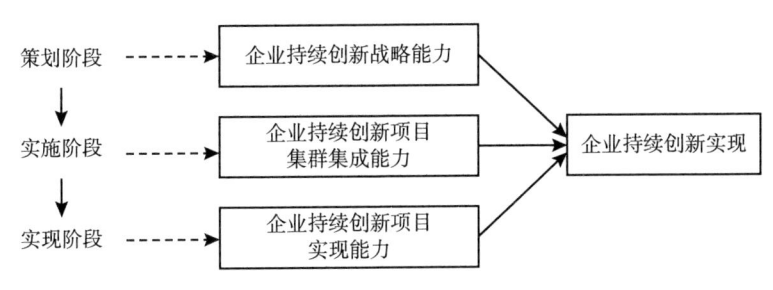

图 3-8 高端装备制造企业持续创新能力模型

高端装备制造企业的持续创新能力是高端装备制造企业主体实现持续创新的保障，也是其实现持续创新的关键支撑，持续创新能力贯穿于高端装备制造企业持续创新实现的整个过程。

高端装备制造企业的持续创新战略能力是高端装备制造企业持续创新的最高层次的能力，包含战略安排能力和项目策划能力两个方面。其中，项目策划能力包含对技术创新、制度创新、管理创新等项目的策划能力，为高端装备制造企业进行持续创新活动提供总的要求和思路。这两种能力综合作用为高端装备制造企业的持续创新实现提供了全局性的指导思想，指明了其前进的方向。

高端装备制造企业的持续创新项目集群集成能力是指包含技术创新、制度创新和管理创新等能力在内的所有能力的综合，分为单一类型项目集群集成综合能力和多类型项目集群集成综合能力两种。持续创新项目集群集成能力是高端装备制造企业持续创新能力的主体，是企业实现持续创新的基本方法和途径。企业持续创新项目集群集成能力为高端装备制造企业在较长时间内持续开展和实施单个或者多个创新项目活动提供了必备的支持。

高端装备制造企业的持续创新项目实现能力是企业将各项创新成果运用到生产和运营过程中，顺利实现创新成果转化，持续获得创新收益的能力。高端装备制造企业从制定持续创新战略开始，持续开展和实施集成的一系列产品创新项目、技术创新项目、制度创新项目及管理创新项目等，其最终目的就是为了实现这些创新项目，通过将持续创新过程中集群集成的创新项目成果实施顺利转化，从而获取持续创新收益，是高端装备制造企业持续创新实现的保障。

3.3.3 持续创新能力的测度

目前，有不少学者以包含一般企业、高技术企业、科技型企业、装备制造企业在内的具体行业企业为研究主体，展开对其持续创新能力的评价研究，这些均为企业持续创新能力的评价提供了多样化的研究思路，拓展了测度和评价企业持续创新能力的主要研究脉络，但是目前学术界具体以高端装备制造企业为研究主体进行持续创新能力评价测度的研究比较少。造成该项研究成果较少的原因，一方面是对于高端装备制造企业的界定缺乏统一准确的标准，另一方面就是高端装备制造企业持续创新能力方面的原始数据难以全面收集。本书依据高端装备制造企业持续创新能力的概念特征，基于数据收集的可能性，确定了调查企业对象，通过企业调研、企业高层管理者访谈及专家打分渠道收集数据，来对高端装备制造企业持续创新能力进行测度研究。

3.3.3.1 企业持续创新能力测度指标体系的构建

基于前人评价的文献基础，参照向刚教授对能力的界定，即将能力分为捕捉机遇能力、实施组合项目能力和实现效益能力三个部分。依据前文识别出来的高端装备制造企业的持续创新能力的三个构成部分，构建了高端装备制造企业持续创新能力的测度评价指标体系（如表 3-3 所示）。

表 3-3　　高端装备制造企业持续创新的能力测度指标体系

目标层	准则层	指标层
高端装备制造企业持续创新能力	企业持续创新战略能力 C_1	持续创新战略策划 C_{11}
		技术创新预案 C_{12}
		制度创新预案 C_{13}
		管理创新预案 C_{14}
		集群项目预案 C_{15}
	企业持续创新项目集群集成能力 C_2	持续创新战略实施 C_{21}
		技术创新项目实施 C_{22}
		管理创新项目实施 C_{23}
		制度创新项目实施 C_{24}
		集群创新项目实施 C_{25}
	持续创新项目实现能力 C_3	经济效益持续增长 C_{31}
		经济效益增长中持续创新的贡献率 C_{32}

该指标体系中，对于企业持续创新战略能力方面的数据收集主要是以高端装备制造企业的持续创新战略策划数量、技术创新预案数量、制度创新预案数量、管理创新预案数量和集群项目预案数量为主进行的统计分析；对于企业持续创新项目集群集成能力方面的数据收集主要是以高端装备制造企业的持续创新战略实施数量、管理创新项目实施数量、技术创新项目实施数量、制度创新项目实施数量、集群创新项目实施数量为主进行的统计分析；对于企业持续创新项目实现能力方面的数据收集主要是以高端装备制造企业的经济效益是否持续增长，以及经济效益增长中持续创新的贡献率为主进行的统计分析。

3.3.3.2　企业持续创新能力测度模型

灰色定权聚类，是依据灰色定权聚类系数的值来对聚类对象进行归类的一种方法[125]。它的优点是利用灰色系统处理"贫信息、少数据"的评价问题，减少不确定性系统给人们在认知以及决策上带来的负面影响，运用熵值法—灰色定权聚类方法对高端装备制造企业持续创新能力进行测度，保障了评价指标赋权的科学性以及评价结果的客观性和全面性。

（1）熵值法确权，如式（3-1）所示。

（2）灰色定权聚类测度。

灰色定权聚类，是在利用灰色系统处理"贫信息、少数据"评价问题时，依据灰色定权聚类系数的值来对聚类对象进行归类的一种方法[125]。灰色定权聚类测度模型的步骤：

①结合实际数据和专家意见确定白化权函数 $f_j^k(\cdot)$（$j=1,2,\cdots,m$ $k=1,2,\cdots,s$）。假定有 n 个被测度对象，m 个测度指标，根据第 i 个对象关于第 j 个指标的样本值 x_{ij}（$i=1,2,\cdots,n$ $j=1,2,\cdots,m$），将该对象归入第 k 个灰类之中，称为灰色聚类[23]。将 n 个对象关于 j 指标的取值相应分为 s 个灰类，我们称之为 j 指标 k 子类。将 j 指标 k 子类的白化权函数记为 $f_j^k(\cdot)$（$j=1,2,\cdots,m$ $k=1,2,\cdots,s$）[126]。

设典型白化权函数中，$x_j^k(1)$、$x_j^k(2)$、$x_j^k(3)$、$x_j^k(4)$ 为 $f_j^k(\cdot)$ 的转折点，则该白化权函数的计算公式[126]如式（3-10）所示：

$$f_j^k = \begin{cases} 0 & x \notin [x_j^k(1), x_j^k(4)] \\ \dfrac{x - x_j^k(1)}{x_j^k(2) - x_j^k(1)} & x \in [x_j^k(1), x_j^k(2)] \\ 1 & x \in [x_j^k(2), x_j^k(3)] \\ \dfrac{x_j^k(4) - x}{x_j^k(4) - x_j^k(3)} & x \in [x_j^k(3), x_j^k(4)] \end{cases} \quad (3-10)$$

白化权函数 $f_j^k(\cdot)$ 具有三种表现形式，第一种是上限测度白化权函数，用 $f_j^k[x_j^k(1), x_j^k(2), -, -]$ 表示，此时 $f_j^k(\cdot)$ 无第三个和第四个转折点；第二种是适中测度白化权函数，用 $f_j^k[x_j^k(1), x_j^k(2), -, x_j^k(4)]$ 表示，此时 $f_j^k(\cdot)$ 无第二个和第三个转折点；第三种是下限测度白化权函数，用 $f_j^k[-, -, x_j^k(3), x_j^k(4)]$ 表示，此时

$f_j^k(\cdot)$ 无第一个和第二个转折点。

②计算灰色定权聚类系数 δ_i^k。如若第 j 个指标的第 k 子类的权 η_j^k（j = 1, 2, …, m　k = 1, 2, …, s）与 k 的取值无关，即取任意的 k_1，$k_2 \in \{1, 2, …, s\}$，$\eta_j^{k_1} = \eta_j^{k_2}$ 总成立，则可以将 η_j^k 的上标 k 省略，记做 η_j(j = 1, 2, …, m)[126]。可计算出被测度对象 i 的灰色定权聚类系数 δ_i^k，计算公式[24]为式（3-11）：

$$\delta_i^k = \left\{ \sum_{j=1}^m f_j^k(x_{ij}) \cdot \eta_j \right\} \text{（i = 1, 2, …, n　k = 1, 2, …, s）}$$

（3-11）

③确定测度对象 i 的所属灰类 k。依据最大化原则，确定被测度对象 i 的所属灰类 k，用公式[126]表示为式（3-12）：

$$\delta_i^k = \max_{1 \leq k \leq s} \{\delta_i^k\} \tag{3-12}$$

3.3.3.3　企业持续创新能力测度实证分析

（1）数据来源。

对高端装备制造企业持续创新能力的测度的原始数据相对较难获取，需要对评价企业较长时间内的相关创新项目有具体了解，基于对数据获取的准确性和完整性要求，本书依旧选取包括中航动控、华东数控、中国卫星、合众思社、中国南车、中国北车、中集集团、中国重工、昆明机床、沈阳机床这 10 家具有代表性的大型高端装备制造企业作为被测度对象，通过具体的企业调研和企业高层管理者访谈、查阅企业年报和相关领域专家打分的途径收集近五年的相关数据。

（2）熵值法赋权。

运用熵值法式（3-1）求得测度指标权重为：

$w_1 = (w_{11}, w_{12}, w_{13}, w_{14}, w_{15})$
　　$= (0.034, 0.017, 0.027, 0.009, 0.103)$；

$w_2 = (w_{21}, w_{22}, w_{23}, w_{24}, w_{25})$
　　$= (0.082, 0.026, 0.017, 0.065, 0.140)$；

$w_3 = (w_{31}, w_{32}) = (0.3405, 0.140)$；

$W = (w_1, w_2, w_3) = (0.190, 0.330, 0.480)$

（3）高端装备制造企业持续创新能力测度。

①结合实际数据和专家意见确定白话权函数。取 $\theta = \{\theta_1, \theta_2, \theta_3, \theta_4, \theta_5\} = \{$很强，强，一般，弱，很弱$\}$ 5 个灰色，进行测度。结合专家意见，得到各指标对应的白化权函数分别为：

$f_{11}^1[19, 20, -, -]$, $f_{11}^2[9, 10, 20, 21]$, $f_{11}^3[4, 5, 10, 11]$, $f_{11}^4[1, 2, 5, 6]$, $f_{11}^5[--, 2, 3]$,

$f_{12}^1[7, 8, -, -]$, $f_{12}^2[5, 6, 8, 9]$, $f_{12}^3[3, 4, 6, 7]$ $f_{12}^4[1, 2, 4, 5]$, $f_{12}^5[--, 2, 3]$,

$f_{13}^1[7, 8, -, -]$, $f_{13}^2[5, 6, 8, 9]$, $f_{13}^3[3, 4, 6, 7]$ $f_{13}^4[1, 2, 4, 5]$, $f_{13}^5[--, 2, 3]$,

$f_{14}^1[7, 8, -, -]$, $f_{14}^2[5, 6, 8, 9]$, $f_{14}^3[3, 4, 6, 7]$ $f_{14}^4[1, 2, 4, 5]$, $f_{14}^5[--, 2, 3]$,

$f_{15}^1[7, 8, -, -]$, $f_{15}^2[5, 6, 8, 9]$, $f_{15}^3[3, 4, 6, 7]$ $f_{15}^4[1, 2, 4, 5]$, $f_{15}^5[--, 2, 3]$,

$f_{21}^1[19, 20, -, -]$, $f_{21}^2[9, 10, 20, 21]$, $f_{21}^3[4, 5, 10, 11]$, $f_{21}^4[1, 2, 5, 6]$, $f_{21}^5[--, 2, 3]$,

$f_{22}^1[7, 8, -, -]$, $f_{22}^2[5, 6, 8, 9]$, $f_{22}^3[3, 4, 6, 7]$ $f_{22}^4[1, 2, 4, 5]$, $f_{22}^5[--, 2, 3]$,

$f_{23}^1[7, 8, -, -]$, $f_{23}^2[5, 6, 8, 9]$, $f_{23}^3[3, 4, 6, 7]$ $f_{23}^4[1, 2, 4, 5]$, $f_{23}^5[--, 2, 3]$,

$f_{24}^1[7, 8, -, -]$, $f_{24}^2[5, 6, 8, 9]$, $f_{24}^3[3, 4, 6, 7]$ $f_{24}^4[1, 2, 4, 5]$, $f_{24}^5[--, 2, 3]$,

$f_{25}^1[19, 20, -, -]$, $f_{25}^2[9, 10, 20, 21]$, $f_{25}^3[4, 5, 10, 11]$, $f_{25}^4[1, 2, 5, 6]$, $f_{25}^5[--, 2, 3]$,

$f_{31}^1[19, 20, -, -]$, $f_{31}^2[9, 10, 20, 21]$, $f_{31}^3[6, 7, 10, 11]$,

$f_{31}^4[4,5,6,7]$, $f_{31}^5[--,5,6]$,

$f_{32}^1[79,80,-,-]$, $f_{32}^2[69,70,80,81]$, $f_{32}^3[49,50,70,71]$, $f_{32}^4[29,30,50,51]$, $f_{32}^5[--,30,31]$

②计算灰色定权聚类系数矩阵

依据式（3-11），得到这10家高端装备制造企业持续创新能力测度的灰色聚类系数，如表3-4第（3）列所示，由此构成的灰色聚类系数矩阵如下：

$$\sum = (\sigma_i^k) = \begin{bmatrix} \sigma_1^1 & \sigma_1^2 & \sigma_1^3 & \sigma_1^4 & \sigma_1^5 \\ \sigma_2^1 & \sigma_2^2 & \sigma_2^3 & \sigma_2^4 & \sigma_2^5 \\ \sigma_3^1 & \sigma_3^2 & \sigma_3^3 & \sigma_3^4 & \sigma_3^5 \\ \sigma_4^1 & \sigma_4^2 & \sigma_4^3 & \sigma_4^4 & \sigma_4^5 \\ \sigma_5^1 & \sigma_5^2 & \sigma_5^3 & \sigma_5^4 & \sigma_5^5 \\ \sigma_6^1 & \sigma_6^2 & \sigma_6^3 & \sigma_6^4 & \sigma_6^5 \\ \sigma_7^1 & \sigma_7^2 & \sigma_7^3 & \sigma_7^4 & \sigma_7^5 \\ \sigma_8^1 & \sigma_8^2 & \sigma_8^3 & \sigma_8^4 & \sigma_8^5 \\ \sigma_9^1 & \sigma_9^2 & \sigma_9^3 & \sigma_9^4 & \sigma_9^5 \\ \sigma_{10}^1 & \sigma_{10}^2 & \sigma_{10}^3 & \sigma_{10}^4 & \sigma_{10}^5 \end{bmatrix} = \begin{bmatrix} 0.052 & 0.154 & 0.475 & 0.107 & 0.004 \\ 0.002 & 0.007 & 0.017 & 0.124 & 0.501 \\ 0.211 & 0.476 & 0.106 & 0.103 & 0.103 \\ 0.063 & 0.172 & 0.479 & 0.023 & 0.006 \\ 0.201 & 0.478 & 0.113 & 0.104 & 0.102 \\ 0.106 & 0.501 & 0.114 & 0.019 & 0.017 \\ 0.034 & 0.201 & 0.461 & 0.103 & 0.003 \\ 0.087 & 0.189 & 0.463 & 0.018 & 0.008 \\ 0.009 & 0.047 & 0.113 & 0.426 & 0.009 \\ 0.011 & 0.059 & 0.116 & 0.437 & 0.003 \end{bmatrix}$$

③确定评价对象 i 的所属灰类 k。依据最大化原则，运用式（3-12）计算确定被测度对象 i 的所属灰类 k，结果如表3-4第（4）、第（5）列所示。

表3-4　高端装备制造企业样本的持续创新能力综合测度结果

(1)序号	(2)企业名称	(3)灰色聚类系数	(4)最大化系数	(5)归类	(6)排序
1	中航动控	[0.052, 0.154, 0.475, 0.107, 0.004]	0.475	θ_3	5
2	华东数控	[0.002, 0.007, 0.017, 0.124, 0.501]	0.501	θ_5	10

续表

(1)序号	(2)企业名称	(3)灰色聚类系数	(4)最大化系数	(5)归类	(6)排序
3	中国卫星	[0.211, 0.476, 0.106, 0.103, 0.103]	0.476	θ_2	3
4	合众思社	[0.063, 0.172, 0.479, 0.023, 0.006]	0.479	θ_3	4
5	中国南车	[0.201, 0.478, 0.113, 0.104, 0.102]	0.478	θ_2	2
6	中国北车	[0.106, 0.501, 0.114, 0.019, 0.017]	0.501	θ_2	1
7	中集集团	[0.034, 0.201, 0.461, 0.103, 0.003]	0.461	θ_3	7
8	中国重工	[0.087, 0.189, 0.463, 0.018, 0.008]	0.463	θ_3	6
9	昆明机床	[0.009, 0.047, 0.113, 0.426, 0.009]	0.426	θ_4	9
10	沈阳机床	[0.011, 0.059, 0.116, 0.437, 0.003]	0.437	θ_4	8

（4）高端装备制造企业持续创新能力测度结果分析。

由表3-4可以看出，中国卫星、中国南车、中国北车均属于企业持续创新能力"强"的一类，中航动控、合众思社、中集集团、中国重工均属于企业持续创新能力"一般"的一类，昆明机床、沈阳机床均属于企业持续创新能力"弱"的一类，华东数控属于企业持续创新能力"很弱"的一类，这10家高端装备制造企业持续创新能力大小的综合排序是：中国北车＞中国南车＞中国卫星＞合众思社＞中航动控＞中国重工＞中集集团＞沈阳机床＞昆明机床＞华东数控。可以看出10家具有代表性的高端装备制造企业没有属于"很强"类的企业，即没有持续创新能力"很强"类的企业，这说明我国高端装备制造企业的持续创新能力水平还有待整体提高。首先，高端装备制造企业需要不断提升企业的持续创新战略能力，具体方法是制定持续创新战略，包括策划技术创新、制度创新、管理创新和集群类项目创新；其次，高端装备制造企业应该不断增强企业的持续创新项目集群集成能力，具体方式是保障企业持续创新战略的顺利实施，以及保证技术创新项目、管理创新项目、制度创新项目和集群创新项目的有效实施；最后，高端装备制造企业应该不断加强企业持续创新项目的实现能力，具体包括促进企业经济效益的持续增长及增加持续创新在经济增长中的贡献率。

3.4 高端装备制造企业持续创新机遇

3.4.1 持续创新机遇要素识别

最早提出机遇对创新起作用的学者是熊彼特,他在企业家创新能力的研究中,将企业家能否抓住眼前的机遇作为核心影响要素进行阐释,强调了机遇在创新中的重要作用。管理学家德鲁克认为企业家应该通过有目的、有组织地寻求创新机会,实施系统创新,避免被动地等待创新机会,强调了企业家对机遇捕捉能力的重要性,同时总结出了七种具体的机遇捕捉途径。汪应洛(2004)是国内最早提出持续创新机遇概念的学者,他认为持续时空分布是企业持续创新机遇的主要特征[99]。向刚(2006)从企业家持续创新精神和企业家持续创新能力两个方面分析机遇的重要作用,强调企业家在寻求机遇过程中的锲而不舍的执着精神是企业家持续创新精神的核心,强调企业家通过持续地识别、获取机遇进行持续创新,进而持续实现创新效益是企业家持续创新能力的重要组成部分[15]。段云龙(2010)基于风险和货币视角,构建了持续创新机遇的价值评价模型,并进行了相应的实证分析[127]。黄津孚(1999)将机遇界定为对企业实现目标具有显著作用意义,能帮助企业获取超常收益,同时又很容易消失的时空区间,是企业组织目标与企业的内外部资源相互耦合的理想结果[128]。

企业持续创新机遇在时空区间上具有两个方面的特征:持续性和层次性。其中,持续性特征体现为持续创新机遇分布在企业持续创新较长的时间过程中;层次性特征体现为高层次和低层次两个方面,高层次是指能够促进企业进行转折性、跨越性创新变革的战略性机遇,低层次是指能够促进企业进行渐进性、连续性创新变化的技术性机遇。依据前人的研究成果，我们将高端装备制造企业持续创新实现的机遇分为两个种类：战略性机遇及非战略性机遇，其中战略性机遇是指能够对高端装备制造企业持续创新活动产生转折性变化的高层次关键性机遇；非战略性机遇则是指会对高端装备制造企业持续创新活动产生渐进性变化的非较高层次机遇。如果成功抓住了这些机遇，企业往往能从中获取超额收益。

3.4.2 持续创新机遇对企业持续创新实现的作用分析

企业持续创新机遇能够为高端装备制造企业持续创新实现创造外部条件，基于前文对高端装备制造企业持续创新机遇类别角度的阐释，构建了高端装备制造企业持续创新机遇模型（如图3-9所示）。

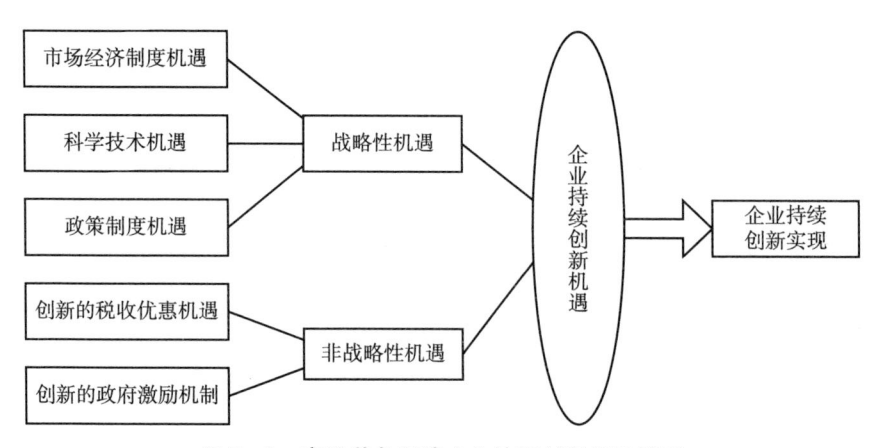

图3-9 高端装备制造企业持续创新机遇模型

高端装备制造企业持续创新的战略性机遇，一般包含市场经济制度机遇、科学技术机遇和政策制度机遇。其中，市场经济制度方面的机遇主要是通过市场需求增加的形式来促进高端装备制造企业持续创新实现，企业持续创新效益的最终实现也是通过满足市场需求来实现的；科学技术方面的机遇是随着符合可持续发展要求的科学技术的产生未实现的，推动高端装备制造企业要进行适时的调整，改革现有的技术，完善现有的制度，并开展创新活动；政策制度方面的机遇的作用是通过为企业提供一种更为科学、自由、平等的制度环境来实现的，无论是政策还是法律，在设计、制定和执行过程中，对高端装备制造企业履行经济、社会和环境责任越有利，高端装备制造企业在持续创新过程中可以利用的机遇就越多。高端装备制造企业持续创新的非战略性机遇，一般包含创新的税收优惠机遇和创新的政府激励机制，也会在不同程度上促进企业的持续创新。无论是市场经济制度、科学技术、制度，还是税收优惠、政府激励机制这些机遇要素都要通过转变为现实的需要，才能成为高端装备制造企业持续创新实现的现实机遇，而市场需求能够给高端装备制造企业持续创新实现带来经济效益。高端装备制造企业持续创新实现过程中包含的两大类机遇，其中战略性机遇是在持续创新实现中起全局作用的机遇，非战略性机遇是为保障持续创新顺利实现起支撑作用的机遇。

3.4.3 持续创新机遇的测度

高端装备制造企业的持续创新实现需要一定机遇作为条件，特别是能够影响企业发展的战略性机遇，需要其发挥重大的促进和支撑作用。

3.4.3.1 企业持续创新的机遇测度指标体系构建

依据高端装备制造企业持续创新机遇的内涵特征，本书构建了高端装备制造企业持续创新的机遇测度指标体系（如表3-5所示）。即用高端装备制造企业在持续创新实现过程中实际捕捉和利用的机遇的数量来进行统计测度分析。

表 3-5　　高端装备制造企业持续创新的机遇测度指标体系

目标层	准则层	指标层
高端装备制造企业持续创新机遇	战略性机遇 C_1	市场经济制度 c_{11}
		科学技术机遇 c_{12}
		政策机遇 c_{13}
	非战略性机遇 C_2	创新的税收优惠机遇 c_{21}
		创新的政府激励机制 c_{22}

3.4.3.2　企业持续创新机遇的测度模型

本书对高端装备制造企业持续创新机遇的测度属于"贫信息、少数据"的评价问题，本书采用与企业持续创新能力测度相同的熵值法—灰色定权聚类模型步骤对机遇进行测度，同样保障了评价指标赋权的科学性和评价结果的客观全面性。

（1）熵值法确权，如式（3-1）所示。

（2）灰色定权聚类测度，详见企业持续创新能力测度模型步骤。

3.4.3.3　企业持续创新的机遇测度实证分析

（1）数据来源。

数据同样来源于企业持续创新动力、能力测度的 10 家样本企业，数据来源同样是通过具体的企业调研和企业高层管理者访谈、查阅企业年报和相关领域专家打分的途径收集近五年的数据。

（2）熵值法赋权。

运用熵值法式（3-1）求得测度指标权重为：

$w_1 = (w_{11}, w_{12}, w_{13}) = (0.231, 0.174, 0.278)$

$w_2 = (w_{21}, w_{22}) = (0.161, 0.156)$

$W = (w_1, w_2) = (0.683, 0.317)$

（3）高端装备制造企业持续创新机遇测度。

①结合实际数据和专家意见确定白话权函数。取 $\theta = \{\theta_1, \theta_2, \theta_3,$

θ_4, θ_5} = {很多，多，一般，少，很少} 5 个灰色，进行测度。结合专家意见，得到各指标对应的白化权函数分别为：

$f_{11}^1 = [7, 8, -, -]$, $f_{11}^2 = [5, 6, 8, 9]$, $f_{11}^3 = [3, 4, 6, 7]$, $f_{11}^4 = [1, 2, 4, 5]$, $f_{11}^5 = [-, -, 2, 3]$

$f_{12}^1 = [19, 20, -, -]$, $f_{12}^2 = [9, 10, 20, 21]$, $f_{12}^3 = [4, 5, 10, 11]$, $f_{12}^4 = [1, 2, 5, 6]$, $f_{12}^5 = [-, -, 2, 3]$

$f_{13}^1 = [19, 20, -, -]$, $f_{13}^2 = [14, 15, 20, 21]$, $f_{13}^3 = [4, 5, 15, 16]$, $f_{13}^4 = [1, 2, 5, 6]$, $f_{13}^5 = [-, -, 2, 3]$

$f_{21}^1 = [10, 11, -, -]$, $f_{21}^2 = [7, 8, 11, 12]$, $f_{21}^3 = [4, 5, 8, 9]$, $f_{21}^4 = [1, 2, 5, 6]$, $f_{21}^5 = [-, -, 2, 3]$

$f_{22}^1 = [9, 10, -, -]$, $f_{22}^2 = [7, 8, 10, 11]$, $f_{22}^3 = [3, 4, 8, 9]$, $f_{22}^4 = [1, 2, 4, 5]$, $f_{22}^5 = [-, -, 2, 3]$

②计算灰色定权聚类系数矩阵。依据式（3-11），得到这 10 家高端装备制造企业持续创新机遇测度的灰色聚类系数，如表 3-6 中第（3）列所示，由此构成的灰色聚类系数矩阵如下：

$$\sum = (\sigma_i^k) = \begin{bmatrix} \sigma_1^1 & \sigma_1^2 & \sigma_1^3 & \sigma_1^4 & \sigma_1^5 \\ \sigma_2^1 & \sigma_2^2 & \sigma_2^3 & \sigma_2^4 & \sigma_2^5 \\ \sigma_3^1 & \sigma_3^2 & \sigma_3^3 & \sigma_3^4 & \sigma_3^5 \\ \sigma_4^1 & \sigma_4^2 & \sigma_4^3 & \sigma_4^4 & \sigma_4^5 \\ \sigma_5^1 & \sigma_5^2 & \sigma_5^3 & \sigma_5^4 & \sigma_5^5 \\ \sigma_6^1 & \sigma_6^2 & \sigma_6^3 & \sigma_6^4 & \sigma_6^5 \\ \sigma_7^1 & \sigma_7^2 & \sigma_7^3 & \sigma_7^4 & \sigma_7^5 \\ \sigma_8^1 & \sigma_8^2 & \sigma_8^3 & \sigma_8^4 & \sigma_8^5 \\ \sigma_9^1 & \sigma_9^2 & \sigma_9^3 & \sigma_9^4 & \sigma_9^5 \\ \sigma_{10}^1 & \sigma_{10}^2 & \sigma_{10}^3 & \sigma_{10}^4 & \sigma_{10}^5 \end{bmatrix} = \begin{bmatrix} 0.053 & 0.173 & 0.489 & 0.133 & 0.011 \\ 0.009 & 0.047 & 0.103 & 0.435 & 0.019 \\ 0.201 & 0.478 & 0.116 & 0.093 & 0.083 \\ 0.018 & 0.211 & 0.463 & 0.243 & 0.024 \\ 0.176 & 0.487 & 0.124 & 0.109 & 0.027 \\ 0.198 & 0.468 & 0.123 & 0.114 & 0.062 \\ 0.042 & 0.244 & 0.471 & 0.117 & 0.034 \\ 0.101 & 0.138 & 0.483 & 0.028 & 0.018 \\ 0.004 & 0.009 & 0.047 & 0.123 & 0.492 \\ 0.011 & 0.029 & 0.091 & 0.421 & 0.123 \end{bmatrix}$$

③确定评价对象 i 的所属灰类 k。依据最大化原则，运用式（3-12）计

算确定被测度对象 i 的所属灰类 k，结果如表 3-6 第（4）、第（5）列所示。

表 3-6　　高端装备制造企业样本的持续创新机遇测度结果

（1）序号	（2）企业名称	（3）灰色聚类系数	（4）最大化系数	（5）归类	（6）排序
1	中航动控	[0.053, 0.173, 0.489, 0.133, 0.011]	0.489	θ_3	4
2	华东数控	[0.009, 0.047, 0.103, 0.435, 0.019]	0.435	θ_4	8
3	中国卫星	[0.201, 0.478, 0.116, 0.093, 0.083]	0.478	θ_2	2
4	合众思社	[0.018, 0.211, 0.463, 0.243, 0.024]	0.463	θ_3	7
5	中国南车	[0.176, 0.487, 0.124, 0.109, 0.027]	0.487	θ_2	1
6	中国北车	[0.198, 0.468, 0.123, 0.114, 0.062]	0.468	θ_2	3
7	中集集团	[0.042, 0.244, 0.471, 0.117, 0.034]	0.471	θ_3	6
8	中国重工	[0.101, 0.138, 0.483, 0.028, 0.018]	0.483	θ_3	5
9	昆明机床	[0.004, 0.009, 0.047, 0.123, 0.492]	0.492	θ_5	10
10	沈阳机床	[0.011, 0.029, 0.091, 0.421, 0.123]	0.421	θ_4	9

（4）高端装备制造企业持续创新机遇测度结果分析。

由表 3-6 可以看出，中国卫星、中国南车、中国北车均属于企业持续创新机遇"多"的一类，中航动控、合众思社、中集集团、中国重工均属于企业持续创新机遇"一般"的一类，华东数控、沈阳机床均属于企业持续创新机遇"少"的一类，昆明机床属于企业持续创新机遇"很少"的一类，这 10 家高端装备制造企业持续创新机遇数量的综合排序是：中国南车＞中国卫星＞中国北车＞中航动控＞中国重工＞中集集团＞合众思社＞华东数控＞沈阳机床＞昆明机床。可以看出 10 家具有代表性的高端装备制造企业没有属于"很多"类的企业，即没有持续创新机遇"很多"类的企业，这说明我国高端装备制造企业在持续创新过程中无论战略机遇还是非战略性机遇不多，或者是被企业发现和利用到的机遇数量不太多。高端装备制造企业都应尽快提高企业识别持续创新机遇的能力，高度重视战略性机遇，做到有效地抓住机遇、利用机遇，促进自身的持续创新实现。

3.5 高端装备制造企业持续创新动力、能力和机遇的综合作用

3.5.1 动力、能力和机遇的耦合关系

高端装备制造企业持续创新实现的形成过程中，企业持续创新的动力、能力和机遇并不会是独立作用的，而是有机结合在一起的，表现为：

(1) 企业持续创新动力与能力之间的作用关系。

动力—行为理论告诉我们，如果高端装备制造企业在持续创新实现过程中没有足够的动力，尽管拥有强大的能力，其能力的最大化发挥也会受到诸多限制，其持续创新过程就难以完成；同样，如果高端装备制造企业在持续创新实现中缺乏足够的能力去保障，尽管拥有很强大的动力，其持续创新过程依旧是无法完成的；高端装备制造企业在持续创新实现中对于动力和能力的要求是相辅相成的，动力和能力之间是呈现正相关特点的，高端装备制造企业持续创新的强能力能够通过激发员工对创新收益的追求、增强员工创新的自信心，来增加持续创新的动力，反之，弱的能力会给企业员工带来负面影响，从而降低了持续创新的动力。

(2) 企业持续创新动力与机遇之间的作用关系。

企业持续创新动力和机遇之间也是相互影响和相互作用的，如果高端装备制造企业在持续创新实现中缺乏足够的动力，尽管当前具有非常好的机遇，企业也会视而不见，让机遇白白流逝。反之，如果高端装备

制造企业在持续创新实现中没有相应的机遇提供条件，尽管当前具有很强的动力驱动，企业的持续创新目标也是无法实现的。另外，当高端装备制造企业缺乏自主能动性时，机遇对于该企业没有任何作用意义。高端装备制造企业持续创新的动力和机遇之间促进与削弱共存，企业拥有较好的机遇时能够迅速激发创新动力，并尽快实施持续创新活动以追求持续创新收益；企业拥有的机遇较少或者较弱时也会在一定程度上削弱动力。

（3）企业持续创新能力与机遇之间的作用关系。

企业持续创新能力和机遇之间相互影响、相互作用，如果高端装备制造企业在持续创新实现中缺乏足够的能力，尽管当前存在绝佳的机遇，企业也会因为缺乏与持续创新相匹配的能力而无法实现持续创新；反之，如果高端装备制造企业在持续创新实现中没有相应的机遇提供条件，尽管当前具有很强的能力作为保障，企业仍然无法实现持续创新。高端装备制造企业持续创新的能力和机遇之间也是呈现正相关特点的，较强的能力能够通过提升企业核心竞争力来保障企业更好的捕捉和利用机遇，而较好的机遇能够刺激企业加速提升自身能力。

通过分析高端装备制造企业持续创新的动力与能力、动力与机遇、能力与机遇之间的相互关系，可以看出动力、能力和机遇是高端装备制造企业的持续创新必不可少的三个关键要素，三个关键要素间的相互作用、相互影响形成了良好的耦合效应，共同推动了高端装备制造企业持续创新实现的形成。

3.5.2 动力、能力和机遇的耦合度测度

3.5.2.1 耦合度测度模型构建

耦合是一个物理学概念，通常是指两个或两个以上系统之间相互作用、相互影响的一种现象。其前提是各个系统必须存在相互关系，结果会出现各个系统的属性或功能被放大或缩小。我们用耦合度来描述系统

之间相互作用、相互影响的程度。高端装备制造企业持续创新实现的发起是由企业持续创新的动力、能力和机遇三个要素相互作用、相互影响，产生了协同放大效应的结果。因此，本书通过借鉴物理学中的容量耦合概念及容量耦合系数模型[129]，建立了高端装备制造企业持续创新实现中包含动力、能力和机遇要素的耦合度测量模型。

（1）确定功效函数。

假设变量 u_i（i = 1, 2, …, n）为高端装备制造企业持续创新实现的序参量，其中，u_{ij}代表第 i 个序参量的第 j 个指标，其值用 X_{ij}（j = 1, 2, …, m）表示。将高端装备制造企业持续创新实现时的稳定状态时序参量的上、下限值设为 A_{ij}、B_{ij}，则动力、能力和机遇要素对高端装备制造企业持续创新实现有序的功效系数 u_{ij}可用式（3-13）求出：

$$u_{ij} = \begin{cases} (X_{ij} - B_{ij})/(A_{ij} - B_{ij}) & u_{ij}具有正功效 \\ (A_{ij} - X_{ij})/(A_{ij} - B_{ij}) & u_{ij}具有负功效 \end{cases} \quad (3-13)$$

其中，u_{ij}表示 X_{ij}对高端装备制造企业持续创新实现功效的贡献大小，反映了各个指标达到目标值的满意程度，当 u_{ij}趋近于 0 时表示最不满意，u_{ij}趋近于 1 时表示最满意，所以 $u_{ij} \in [0, 1]$，由于企业持续创新动力、能力和机遇是促进高端装备制造企业持续创新实现的三个互不相同却又相互作用的子系统，我们采用线性加权求和方法来实现对子系统内部各个序参量有序程度的贡献[129]，用式（3-14）表示：

$$u_i = \sum_{j=1}^{m} \lambda_{ij} u_{ij}, \quad \sum_{j=1}^{m} \lambda_{ij} = 1 \quad (3-14)$$

其中，u_i表示子系统对总系统有序程度的贡献，λ_{ij}为指标权重，该模型中我们运用前三节得到的动力、能力和机遇的测度评价指标权重值。

（2）建立耦合度函数。

本书借鉴物理学中有关容量耦合概念及耦合系数模型，推广得到多个子系统相互作用的耦合度模型[129]，用式（3-15）表示：

$$C_n = \sqrt[n]{(u_1 \cdot u_2 \cdots u_n)/[\prod (u_i + u_j)]} \quad (3-15)$$

高端装备制造企业持续创新实现是包含动力、能力和机遇三个要素的耦合度测量模型，由此我们可以直接得到动力、能力和机遇的耦合度函数，用式（3-16）表示：

$$C = \sqrt[3]{(u_1 \cdot u_2 \cdot u_3)/[(u_1+u_2)(u_1+u_3)(u_2+u_3)]} \quad (3-16)$$

其中，C 表示耦合度，其值大于 0 而小于 1。当耦合度值无限接近 0 时，高端装备制造企业持续创新的动力、能力和机遇间的耦合度趋向最小，三个要素之间处于无关状态，企业持续创新实现将会无序的发展；当耦合度值无限接近 1 时，高端装备制造企业持续创新的动力、能力和机遇间的耦合度趋向最大，三个要素之间实现了良性共振耦合，企业持续创新实现活动将趋向于有序的发展。

借鉴国内郝生宾、贾云庆学者对耦合度的划分法[129]~[130]，将企业持续创新动力、能力和机遇的耦合状况分为三个阶段：①当 $0 < u_{ij} \leq 0.3$ 时，为低度耦合阶段；②当 $0.3 < u_{ij} \leq 0.7$ 时，为中度耦合阶段；③当 $0.7 < u_{ij} \leq 1$ 时，为高度耦合阶段。

3.5.2.2 耦合度测度实证分析

结合章节 3.2、章节 3.3 和章节 3.4 中建立的高端装备制造企业的持续创新动力、能力和机遇的测度指标体系，仍然以上述 10 家样本企业作为实证数据，依据耦合度模型计算过程，得到样本企业的耦合度测量结果（如表 3-7 所示）。

表 3-7　样本企业持续创新动力、能力、机遇耦合度测度结果

企业名称	动力综合序参量 u_1	能力综合序参量 u_2	机遇综合序参量 u_3	耦合度 C	耦合阶段
中航动控	0.681	0.773	0.502	0.493	中度
华东数控	0.010	0.089	0.241	0.296	低度
中国卫星	0.611	0.461	0.477	0.497	中度
合众思社	0.011	0.122	0.249	0.296	低度

续表

企业名称	动力综合序参量 u_1	能力综合序参量 u_2	机遇综合序参量 u_3	耦合度 C	耦合阶段
中国南车	0.772	0.694	0.817	0.499	中度
中国北车	0.551	0.393	0.441	0.496	中度
中集集团	0.171	0.361	0.375	0.476	中度
中国重工	0.243	0.468	0.392	0.486	中度
昆明机床	0.009	0.075	0.233	0.292	低度
沈阳机床	0.013	0.102	0.358	0.288	低度

由表3-7可以看出，中航动控、中国卫星、中国南车、中国北车、中集集团、中国重工均属于企业持续创新动力、能力、机遇耦合度处于"中度"阶段的企业，华东数控、合众思社、昆明机床、沈阳机床均属于企业持续创新动力、能力、机遇耦合度处于"低度"阶段的企业。这10家高端装备制造企业持续创新动力、能力、机遇耦合度值的综合排序是：中国南车 > 中国卫星 > 中国北车 > 中航动控 > 中国重工 > 中集集团 > 华东数控/合众思社 > 昆明机床 > 沈阳机床。可以看出这10家具有代表性的高端装备制造企业没有属于企业持续创新动力、能力、机遇耦合度处于"高度"阶段的企业，这说明我国高端装备制造企业在持续创新实现中对综合提升企业持续创新动力、企业持续创新能力、企业持续创新机遇的努力不足。高端装备制造企业应在着重提升自身持续创新动力、能力的基础上，积极捕捉、识别和把握机遇，促进发挥企业自身持续创新动力、能力、机遇三要素间的综合作用。

3.6 本章小结

本章主要从构成要素角度阐释了高端装备制造企业持续创新实现的

形成机理。首先分析了高端装备制造企业持续创新的动力、能力和机遇对高端装备制造企业持续创新实现的总体功能；其次分别对动力、能力和机遇的构成要素进行识别，分析其对企业持续创新实现的作用，继而分别对动力、能力和机遇进行测度；最后阐释了企业持续创新的动力、能力和机遇三要素间的耦合作用关系，并进行了相应的耦合度测度。

第 4 章

高端装备制造企业持续创新实现关键影响因素分析

在动态复杂的市场环境下,持续创新实现是保障高端装备制造企业生存与发展的不竭动力,使高端装备制造企业在市场竞争中具备竞争优势,为高端装备制造企业的持续发展提供重要保障。在前文对高端装备制造企业持续创新实现形成机理的研究基础上,结合我国高端装备制造企业持续创新实现的具体特征,运用扎根理论识别了影响我国高端装备制造企业持续创新实现的关键因素,构建理论模型,并运用 AMOS 方法进行理论验证,了解其影响作用是高端装备制造企业持续创新实现研究的重要内容,并为后面的高端装备制造企业持续创新实现机制、实现路径研究提供了相应的理论依据。

4.1 高端装备制造企业持续创新实现关键影响因素扎根理论分析的文献基础

熊彼特认为创新活动的组织者和承担者是企业家,将创新视为企业家的根本职能。傅家骥学者认为创新活动的倡导者和实施者是企业家,企业家在整个技术创新过程中起着主导作用。李支东（2010）将企业持续创新视为企业家主导下全员参与的系统性的创新过程[131]。向刚等（1999，2005）认为优秀的企业家在企业持续创新过程中做出了重要的贡献，起到了关键性的作用，认为企业家是推动企业持续创新活动过程的主导力量和核心特征要素[132]。陶瑞等（2011）认为企业家主导企业的持续创新运行过程[133]。探索和学习是企业持续创新的核心（Robert，2001）。刘伟等（2003）认为企业持续创新发展的实现模式是：通过持续学习来实现持续创新进而实现持续发展，指出企业持续学习机制为企业积累知识和实施创新提供了重要的制度保障[134]。通过建立CIMA模型可以对产品持续创新过程中有关持续学习的过程进行详细的阐述说明（Boer，2001）[135]。组织持续创新的实现，离不开知识生命周期的相关学习策略和程序的支持作用（McElroy，2003）。通过构建知识惯性、组织学习和组织创新三者之间的关系框架，可以分析得到：组织学习能力增加，会带动组织创新的增加（Liao，2008）[136]。组织学习影响组织财务绩效的方式主要是创新和竞争（Lopez，2005）[137]。通过深入研究学习与产业结构、组织品牌绩效、创新之间的关系，提出组织学习通过正向影响创新，进而影响组织品牌绩效（Weerawardena，2006）[138]。研究自我超越、组织学习、组织创新及组织绩效间的相互作用关系，得出：组织学习通过正向影响组织创新进一步影响组织绩效，因此组织学习对组织绩效有正向作用关系（Garcia – Morales，2007）[139]。基于23位管理者的面谈数据，以10家物流企业为样本，运用定性化方法识别其合作关系的类型，对不同合作类型的关系深入研究分析，得出：增强与合作伙伴间共同工作的能力有利于企业进行突破性创新和实施渐进性创新（Soosay，2008）[140]。

从前述的文献中不难看出，对企业持续创新实现影响因素的研究主要集中于研究企业家与企业持续创新关系、企业组织学习与企业持续创新关系、企业合作与企业持续创新关系等方面。而且大多数研究仅仅集中于单一视角分析对企业持续创新实现的局部作用，从多个视角分析其对企业持续创新实现的综合影响作用的文献较少。而专门针对高端装备制造企业持续创新实现的关键影响因素的文献几乎没有。但是现有文献中所提出的有关持续创新的关键影响因素仍然为本研究提供了理论借鉴。基于此，本书采用扎根理论的研究方法，首先识别了影响高端装备制造企业持续创新实现的关键因素，分析了其影响作用，然后构建起高端装备制造企业持续创新实现的关键影响因素理论模型，并运用 AMOS 方法进行理论验证，保障识别结果的科学性和客观性。

4.2 高端装备制造企业持续创新实现关键影响因素扎根理论分析方法和研究设计

4.2.1 研究方法

扎根理论（grounded theory）是将系统化的程序与某一特定现象相结合，归纳演绎出的一种新的质化研究方法（Glaser；Strauss，1967）[141]，对资料的收集和分析是其核心工作。扎根理论主要运用编码的方式来实现资料分析，其中，编码方式是包含开放式、主轴式、选择式三个阶段的编码过程。扎根理论的研究流程如图 4-1 所示[142]。

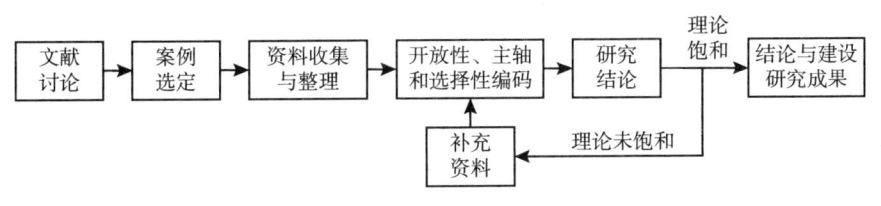

图 4-1 扎根理论的研究流程

扎根理论是一种重要的、科学的、成熟的质化研究方法，重视理论取样和持续比较,注重操作流程的科学性,为构建理论提供了一套系统的包含数据收集和数据分析方法的方法论,适合于对缺乏理论解释或现有相关领域研究深度不够的问题研究。扎根理论已经被广泛地应用于管理学、心理学、社会学、教育学等诸多领域[143]。由于当前对于高端装备制造企业持续创新实现影响因素的理论研究较少,故适合运用扎根理论对其关键影响因素进行识别分析,通过相关资料收集,综合运用开放式、主轴式、选择式的编码程序构建我国高端装备制造企业持续创新实现的关键影响因素理论。

4.2.2 研究设计

由于本研究的主题较为专业,内容也比较深入,因此运用扎根理论要实现真实有效的结果,需要对受访者(研究对象)的选择有一定的条件限制。突出表现在受教育程度、专业领域、工作职位三个方面的限制。其中,受教育程度方面,选择均具有本科及本科学历以上的受访者,保障受访者拥有较好的逻辑思维和理解能力;专业领域方面,选择高端装备制造行业内的企业员工,保障受访者能够明晰本研究的基本目标和内容框架,能够快速厘清本研究需要解决的问题;工作职位方面,选择访谈企业中高层管理者为主,这是由于高端装备制造企业持续创新实现的关键影响因素问题偏向于一个企业整体层面的分析问题,需要从高层次、总体层面着手。依照理论饱和原则要求,当新抽取出的样本不再能够提供新的信息时,当前的样本数量即为合适的样本数量。通常情况下,样本数量越多,越容易趋向于理论饱和。法辛格(Fassinger)等的研究成果表明,20~30个是较为合宜的样本数量[144]。本书在借鉴成熟的扎根理论研究经验的基础上,为适应理论饱和原则,一共选取了28个样本,其来源包含高端装备制造业的5个具体行业,其中航空装备制造企业7人,航天装备制造企业6人,海洋工程装备制造企业5人,轨道交通装备制造企业6人,智能制造装备制造企业4人。从受教育程度来看，本科学历 10 人，硕士研究生学历 12 人，博士研究生学历 6 人；从工作时间年限来看，工作 3~5 年的 8 人，5~10 年的 14 人，10 年以上的 6 人；从职位结构看，总经理 4 人，总经理助理 5 人，研发部门总管 13 人，高级技术研发人员 6 人。

4.2.3 研究实施

本研究在访谈过程中采取一对一深度访谈为主，一对一深度访谈是一种直接的、无结构访谈方式，经常被用于探测性的研究。该方式有利于调查人员通过仔细观察受访者的表情和心理等方式来控制访谈氛围和访谈节奏，也便于调查人员准确地获取受访者对于其所在高端装备制造企业持续创新实现关键影响因素的看法和观点，揭示高端装备制造企业持续创新实现关键影响因素的作用。该一对一深度访谈的内容主要以促进高端装备制造企业持续创新实现的有利因素、不利因素，高端装备制造企业持续创新实现过程中遇到的困难和解决途径为主。例如，"企业为什么要实施持续创新？""企业在什么情况下会实施持续创新？""企业实施持续创新的有利因素是哪些？""企业在持续创新过程中会遇到哪些困难？"等问题。本研究对 28 人次进行一对一深度访谈，每次访谈时间控制在 1~1.5 个小时。首先，对所有访谈得到的资料进行整合和质证，保障其信息能够反映高端装备制造企业持续创新实现的真实状况，由此得到了研究的第一手数据资料；其次，依据理论抽样选择受访者进行回访，如此几轮回访，保障了理论分析所需资料的完整性；再次，在 28 个样本中随机的选择 22 个样本，对其访谈的记录进行分析编码，将剩余的 6 个样本的访谈记录用于理论的饱和度检验；最后，严格按照扎根理论中归纳范畴和构建模型的过程，依次经历开放式编码过程、主轴式编码过程、选择式编码过程，实现对访谈资料的概念化和范畴化，同时依据专家意见对一些有争议的概念、范式进行相应的修正和删减，保障整个编码过程的客观性。

4.3 高端装备制造企业持续创新实现关键影响因素扎根理论分析过程

4.3.1 开放式编码

依据开放式编码的步骤要求，对收集的资料进行重新整合，将访谈内容进行概念化和范畴化。为了避免编码者个人主观影响，在编码过程中的标签设置尽可能地采用受访者的原话，从中发掘初始概念，本次研究总共得到原始语句486条，发掘的初始概念相对层次较低，存在多、繁、杂的特点，需要对其进行进一步的分解和提炼，以便于聚集相关的概念，对概念进行范畴化。如此多次的整理和分析，将出现频次少于2的初始概念删除，由此从收集的资料中得到抽象出来的14个范畴，其详细内容如表4-1所示。

表4-1　　　　　　　　开放式编码范畴化

范畴	原始资料语句	初始概念
企业家认知因素	A15 我们领导总是去寻找创新机会	对机会的敏锐度
	A19 我们领导总是鼓励我们表述自己的不同意见或新观点	鼓励新思想
	A26 我们领导对创新活动的成功与失败负责任	风险责任意识
企业社会责任	A03 我们企业今年的污染物排放量减少了大约6.2%	降低排污量
	A17 我们企业一般都会按时缴纳企业排污税	交纳污染税
	A24 我们企业通常会征求相关单位或专家对企业环境影响评价报告的意见	评估环境影响
市场竞争因素	A03 行业内企业越来越多，有来自国外的庞巴迪、阿尔斯通和西门子等国际巨头，也有南车、北车等国内巨头	竞争者数量多
	A12 市面上出现的与我们企业产品性能相似的产品数量增加	出现替代产品
	A27 很多同行业企业开始引进相关智能技术和软件工程方法	竞争者采用新方法

续表

范畴	原始资料语句	初始概念
潜在经济效益	A03 企业新产品销售收入额度很惊人	新产品销售收入
	A06 我们在采纳新技术后能够降低单位产品成本	生产成本
	A10 我们通过创新增加了企业员工的劳动生产率	劳动生产率
潜在科技效益	A08 企业每年获得大量的专利授权数	专利数量
	A16 企业有行业内认可的技术标准	技术标准
	A21 企业有行业内认可的质量体系标准	质量体系标准
潜在社会效益	A28 我们企业提供的待遇跟其他企业相比还是很不错的	员工待遇
	A11 企业会要求我们定期参加一些公益性质的环保活动	公益环保活动
	A20 我们企业会向顾客提供一些有关产品的真实环保信息	真诚待顾客
潜在生态效益	A13 企业通过开发技术实现了对余热的回收利用	回收利用
	A14 企业通过引进新技术增加了对资源的利用率	提高资源利用率
	A22 我们企业通过技术创新降低了每万元产值的能源消耗	降低能源消耗
知识获取	A17 企业每年会举办行业展会与交易会	展会交流
	A19 企业每年都会做至少一次的市场调研	市场调研
	A20 企业总是关注同行业类其他企业的信息	同行业企业
知识整合	A09 企业员工能够快速的获得与工作任务相关的知识	整合效率
	A19 企业员工能够整合来自内外部的知识	整合范围
	A25 企业员工能够整合获得的知识，适应工作的需要	整合弹性
知识应用	A06 企业员工能够及时的应用新的知识	及时应用
	A12 企业员工能够恰当的应用新的知识	恰当应用
	A23 企业员工能够在新知识基础上进行再更新	知识更新
纵向合作	A01 企业会不定期地对产品用户进行访谈	用户
	A06 企业会不定期与供应商进行沟通	供应商
横向合作	A05 企业会找机会与竞争对手进行某种合作	竞争对手
	A16 企业会找机会与互补型企业进行合作	互补企业
产政研合作	A08 企业已经和高校间建立起合作关系	高校
	A12 企业已经和科研机构间有合作行为	科研机构
	A16 企业已经和政府机构间有合作项目	政府

续表

范畴	原始资料语句	初始概念
公共平台合作	A11 企业和金融机构有过合作行为	金融机构
	A13 企业偶尔会通过科研中介机构寻求技术帮助	科研中介机构
	A16 企业经常会与知识产权机构开展交流和合作工作	知识产权机构

4.3.2 主轴式编码

主轴式编码是将开放式编码中形成的各个独立的范畴建立关联，使范畴更严密，按照主轴式编码的步骤，在开放式编码的基础上更好地提炼主范畴。开放式编码中得到的各个初始范畴之间存在着一定的联系，我们依据各初始范畴之间的作用关系，归纳提炼出包含企业持续创新态度、企业持续创新意愿、企业组织学习、企业合作在内的四个主范畴。具体内容如表4-2所示。

表4-2　　　　　　　　　主轴式编码形成的主范畴

编号	主范畴	对应范畴	关系的内涵
1	企业持续创新态度	企业家认知因素	企业家对创新机会的持续追逐、对员工新思想的鼓励和自身强烈的责任意识会影响企业持续创新态度
		企业社会责任	企业对环境问题的敏感性和责任感会影响企业持续创新态度
		市场竞争因素	市场竞争的激烈程度会影响企业持续创新态度
2	企业持续创新意愿	潜在经济效益	企业对自身经济利益的考虑会影响其持续创新意愿
		潜在科技效益	企业对自身科技利益的考虑会影响其持续创新意愿
		潜在社会效益	企业对自身社会利益的考虑会影响其持续创新意愿
		潜在生态效益	企业对自身生态利益的考虑会影响其持续创新意愿
3	企业组织学习	知识获取	企业通过知识获取的途径和方式来影响企业的组织学习
		知识整合	企业通过知识整合的效率、范围及弹性来影响企业的组织学习
		知识应用	企业通过对知识的及时、恰当以及再更新来影响企业组织学习

续表

编号	主范畴	对应范畴	关系的内涵
4	企业合作	纵向合作	企业与用户、供应商这类纵向合作伙伴的稳定关系会影响企业的合作效率
		横向合作	企业与竞争对手、互补性企业这类横向合作伙伴的稳定关系会影响企业的合作效率
		官学研合作	企业与政府、高校、研究机构这类合作伙伴的稳定关系会影响企业的合作效率
		公共平台合作	企业与风险投资机构、科技中介机构、知识产权机构这类公共平台合作伙伴的稳定关系会影响企业的合作效率

4.3.3 选择式编码

依据选择式编码的步骤要求,进行核心范畴的选择,在此基础上分析其他范畴与核心范畴之间的关系,把整个行为现象运用典型关系结构表现出来,自此一个新的实质的理论框架产生了。影响高端装备制造企业持续创新实现的关键影响因素的典型关系结构如表4-3所示。

表4-3　　　　　　　　主范畴的典型关系结构

典型关系结构	关系结构的内涵
企业持续创新意愿——企业持续创新实现	企业对潜在收益的感知和追求是关键影响因素之一,它直接影响了企业是否进行持续创新实现活动
企业持续创新态度——企业持续创新意愿——企业持续创新实现	企业持续创新态度是关键影响因素之一,它通过影响企业持续创新意愿间接影响了企业的持续创新实现
企业组织学习——企业持续创新实现	企业组织学习是关键影响因素之一,它直接影响了企业是通过何种途径进行持续创新实现
企业持续创新意愿——企业组织学习——企业持续创新实现	企业持续创新意愿影响企业的组织学习,进而影响了企业的持续创新实现
企业合作——企业持续创新实现	企业合作关系是关键影响因素之一,它直接影响了企业是通过何种协作方式进行持续创新实现
企业持续创新意愿——企业合作——企业持续创新实现	企业持续创新意愿影响企业合作,进而影响了企业的持续创新实现

本研究明确了高端装备制造企业持续创新实现关键影响因素这一核心范畴，以及对包含企业持续创新态度、企业持续创新意愿、企业组织学习、企业合作在内的 4 个对核心范畴有显著影响的主范畴确定。其中，企业持续创新意愿主范畴是指企业开展实施持续创新活动的愿望强度及动机程度，反映出高端装备制造企业对实现持续创新行为的接受程度，直接影响企业的持续创新实现；企业持续创新态度主范畴是指企业对于开展实施持续创新活动所持有的积极和消极的评价程度，通过企业持续创新意愿来影响企业的持续创新实现；企业组织学习主范畴是指企业在持续创新活动中对于知识的获取、知识的整合及知识的应用的程度，这将直接影响企业持续创新的实现，同时企业持续创新意愿会影响组织在知识获取、整合和应用过程中的积极性，影响企业组织学习，进而影响企业的持续创新实现；企业合作主范畴是指企业通过与外在组织建立合作实现持续创新，直接影响企业的持续创新实现，同时企业持续创新意愿会影响企业参与合作的积极性，并影响企业合作，进而影响企业的持续创新实现。基于以上典型关系结构，本书构建出了一个全新的高端装备制造企业持续创新实现关键影响因素模型（如图 4-2 所示）。

4.3.4 理论饱和度检验

理论饱和度检验是基于当前资料，使分析者进一步发掘某一范畴的特征，确认概念范畴和主范畴是否需要增减的操作过程。本研究将剩下的 6 个企业作为理论饱和度检验的数据，分别运用编码方式对其进行验证，最终得到的结果仍然符合"高端装备制造企业持续创新实现关键影响因素"的典型关系。对以上反复进行循环编码，同时进行类属的建立与类属间关系的分析，精确了最终的核心范畴，未有概念范畴和主范畴增减的现象，说明理论饱和性较好，可以停止采样。

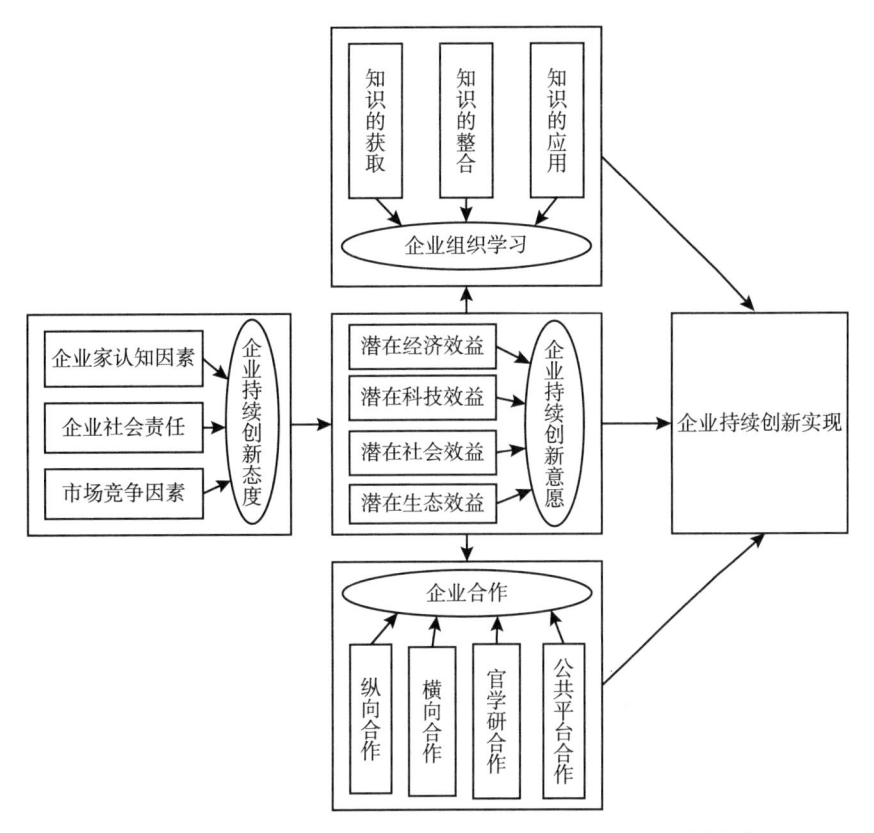

图4-2 高端装备制造企业持续创新实现关键影响因素模型

4.4 高端装备制造企业持续创新实现关键影响因素理论模型与相关假设

4.4.1 高端装备制造企业持续创新实现关键影响因素理论模型

依据扎根理论的编码过程步骤的多次循环往复，对高端装备制造企业持续创新实现的关键影响因素进行识别和分析，影响高端装备制造企业持续创新实现的关键因素可以归纳为包含企业持续创新意愿、企业持续创新态度、企业组织学习、企业合作在内的四个主范畴，它们对企业持续创新实现的作用影响并不相同。企业持续创新意愿包括潜在经济效益、潜在科技效益、潜在社会效益及潜在生态效益；企业持续创新态度包括企业家认知因素、企业社会责任、市场竞争因素；企业组织学习包括知识的获取、知识的整合、知识的应用；企业合作包括纵向合作、横向合作、官学研合作、公共平台合作。企业持续创新意愿、企业组织学习、企业合作对企业持续创新实现具有直接影响，企业持续创新态度能够影响企业持续创新意愿，进而影响企业持续创新的实现，企业持续创新意愿可能是企业持续创新态度与企业持续创新实现之间关系的中介变量，同时企业持续创新意愿分别通过企业组织学习和企业合作影响企业的持续创新实现，企业组织学习和企业合作可能是企业持续创新意愿与企业持续创新实现之间关系的中介变量。基于上述思路，结合前文模型（如图 4-2 所示），构建了高端装备制造企业持续创新实现影响因素的理论模型（如图 4-3 所示）。

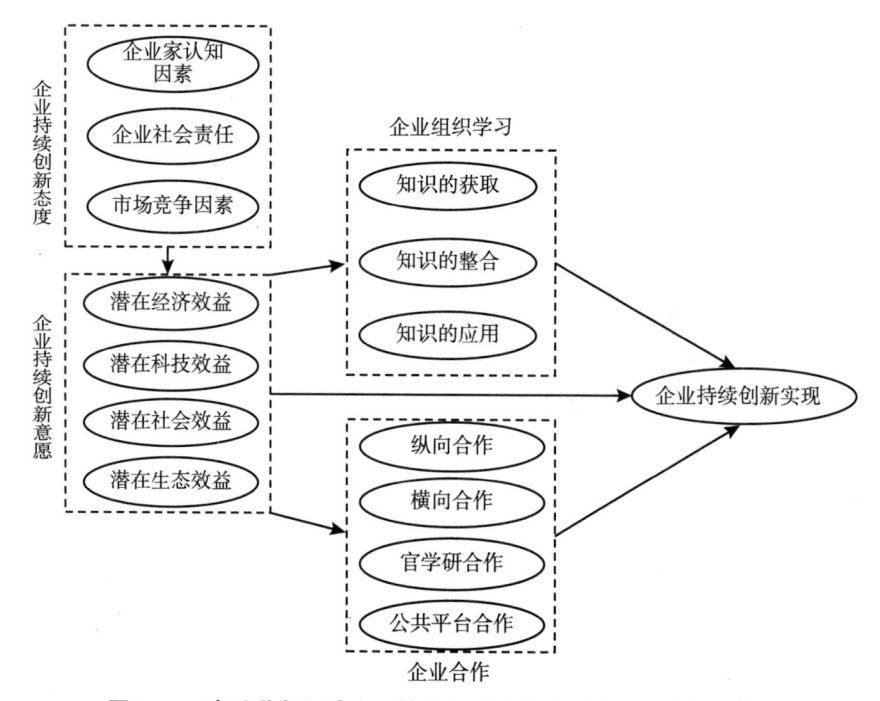

图 4-3　高端装备制造企业持续创新实现关键影响因素理论模型

4.4.2 高端装备制造企业持续创新实现关键影响因素相关假设

（1）企业组织学习——→企业持续创新实现。

企业组织学习可以细分为获取知识、整合知识以及应用知识三个细类。访谈中发现，企业组织学习对企业的持续创新实现有重要影响作用。知识是企业持续创新的基础，在创新过程中，最重要的是生产、传播、使用知识[145]，创新就是对知识的应用过程和应用结果（Drucker，1993）。首先，企业为了完成产品创新，必须通过各种渠道不断获取外界知识，而不可能一开始就拥有其产品创新所需的一切知识（Heide，1994）；企业自身拥有的知识储备及其从外界不断获取创新所需知识的能力是企业保持创新能力的关键所在（Andrew C. Inkpen，2000）；企业获取知识的过程并不只是企业本身加强知识储备的过程，也是企业内部管理层及员工获取新知识、增长技能的过程，这也会给企业带来额外的收益（Turner，2006）；利用一定渠道从外界获得创新所需知识，能够在短时间内有效提升企业创新能力，提高企业新产品研发速度，增强企业核心竞争力与差异性（Hamel G.，1991；STamer Cavusgil et al.，2003）；对组织创新（知识创新、产品创新和结构创新）有正向影响（蒋天颖等，2008）；企业不仅要通过内部途径获取知识，充分利用企业自身已有知识储备（Barney Jay，1991），还要多通过外界获取所需知识资源（H. Yli‐Renko et al.，2001；周玉泉，李垣，2005）[146]。其次，既要充分利用企业已有知识储备，又要科学整合从外界获取的关键知识，只有这样才能最大程度上提高企业创新能力与效率（De Luca L. M.，Atuahene‐Gima K.，2007；Grant R. M.，1996），而且，单一的知识不能够提高企业的竞争优势，唯有对知识进行整合，高效率、大范围、高弹性的知识整合才能够提高组织竞争优势，促进企业有效衔接产品和市场，迅速高效地开发新产品，实现持续创新；对于企业内外部知识资源的整合能力是企业提高知识创造和创新能力的关键能力,也关系到企业能否在激烈的市场竞争中维持竞争力(陈勇跃,夏火松,2009)。最后,没有知识的应用,知识的获取就失去了意义,组织唯有将从内外部环境中获取的新知识和企业现存知识整合后将智力资本转化为创新成果(Victoria L. M.,2006;Alavi M.,Tiwana A.,2002)[147]~[148],才能直接影响到企业组织的价值创新,如何利用好已经获取的知识是促进企业持续创新的关键(Thurow,1996)[149];充分利用企业获得的知识还可以有效提高企业的技术创新能力与市场应变能力,最终促进企业发展战略的实施(Malhotra,1999;Hackbarth,1998)[150]~[151],在市场竞争中占据优势地位。

因此,本书提出以下假设:

H1:企业组织学习对企业持续创新实现具有正向影响。

(2)企业合作——企业持续创新实现。

企业合作包括纵向合作、横向合作、官学研合作、公共平台机构合作四个类属,访谈中发现,企业合作对高端装备制造企业持续创新实现有很大的影响作用。一般情况下,自身知识储备与创新能力不足的企业需要通过各种渠道在外界获取其创新所需知识,这也是企业创新的重要组成部分,企业通过内外部知识资源的交互可以营造出生产、组织和关键性知识转移的良好合作效应(初大智,2011;Propris,2000;Hippel,Rothwell,1992);同时由于企业在创新过程中无法靠自身提供所有创新所需因素,因此与外界的知识互补就成为企业完成创新目标的重要手段(朴胜虎,2008);另外,学研机构是以技术开发为主题,而企业是以技术应用为主要目的,与学研机构的合作利益冲突少,企业可以从创新成果中获得巨额利润,利益驱动促进企业持续创新实现。但是,企业合作对于高端装备制造企业的持续创新实现而言,有着更为重要的影响,一方面,高端装备制造企业持续创新既需要有高、精、尖、新的技术,同时也需要完整、配套的技术,企业自身无法达到这些要求,依靠自身或者依靠简单的企业合作,根本无法拥有实现持续创新的条件;另一方面,高端装备制造企业的创新产品本身就具有技术复杂性的特征,融合多个领域的知识，需要多个主体合作，进行项目分工，通过技术综合才能实现，就从大型客机 C919 的研制来说，截至 2015 年 11 月，该工程已引入国内多达 22 个省市的 200 多家企业加入，并选取了 17 家跨国公司作为国产客机机载系统供应商，此外还有 30 多所高校参与了一系列技术攻关与课题研究。高端装备制造企业持续创新实现的高协作性决定了企业合作对企业持续创新实现有着非常重要的影响作用。

因此，本书提出如下假设：

H2：企业合作对企业持续创新实现具有正向影响。

（3）企业持续创新意愿——企业持续创新实现。

企业持续创新意愿——企业组织学习——企业持续创新实现；企业持续创新意愿——企业合作——企业持续创新实现企业持续创新意愿主要可以分为潜在经济效益、潜在科技效益、潜在社会效益以及潜在生态效益四个类别。通过访谈发现企业持续创新意愿既可以直接促成企业持续创新实现，又可以通过促成企业组织学习与企业合作来实现企业持续创新，其既是企业持续创新实现的直接因素，又是间接因素。高端装备制造企业没能持续创新实现的原因就在于企业内部进行持续创新的意愿不够强烈，也就无法付出相应的努力。因为持续创新意愿强烈的企业会更加容易接纳新观点、新方法、新思路等，一切为了创新服务，创新活动也就更具有连续性，另外持续创新会给企业包括高端装备制造企业带来更好的经济、社会及生态效益，这也是企业追求持续创新的主要目的。对企业潜在利益的追求会促使企业注重组织学习过程，实施对企业生产流程的改良，高端装备制造企业能够不断地提高劳动生产效率、通过与合作伙伴开展创新项目合作，可以有效地提升高端装备制造企业的科研能力，创造出更加优秀的产品，并能够有效地减少废弃物排放，为企业带来良好的经济、社会、生态收益，这也是促使企业进行持续创新的动力。另外，有一部分企业表示机械设备制造周期较长，而市场技术发展变幻莫测，有可能出现由于技术进步导致企业通过创新制造出来的机械设备已经无法满足市场需要，使新产品难以销售，损害了企业经济效益，这也是部分高端装备制造企业不愿进行持续创新的重要原因。

因此，本书提出如下假设：

H3：企业持续创新意愿对企业持续创新实现具有正向影响。

H4：企业持续创新意愿对企业组织学习具有正向影响，进而影响企业的持续创新实现。

H5：企业持续创新意愿对企业合作具有正向影响，进而影响企业的持续创新实现。

（4）企业持续创新态度——企业持续创新意愿——企业持续创新实现。

企业持续创新态度按照主体不同可以分为企业家认知因素、企业社会责任和市场竞争因素三个类别。访谈中发现，企业持续创新态度通过企业持续创新意愿间接影响企业的持续创新实现。企业家作为企业的最高决策者，是倡导和实施创新活动的主要力量，而且其主导作用贯穿于企业创新从策划到实施的整个过程[57]。企业家对于创新活动的认识会影响其态度，企业家由于自身优缺点例如对于技术发明的敏感度、对于创新的偏好，以及是否畏惧创新失败导致的结果等，都会最终影响企业创新活动的进程。另外，随着我国社会公民意识的觉醒，人们越来越关注企业的社会责任履行状况，并会不自觉地进行监督，企业要获得长久发展就必须自觉履行自身社会责任。企业对于社会责任的投入，可以间接提升企业的经济效益、科技效益、社会效益和生态效益，使企业产生创新研发和实现产品差异化的持续动机，进而实现持续创新。被访者普遍认为：随着市场竞争的不断加剧，大部分高端装备制造企业现有的技术及产品无法长期为企业带来良好收益，这可称之为新技术压力，企业为了维持竞争优势必须不断地进行创新活动，只有这样才能获得更大的经济利益和保持竞争优势，进而转化成持续创新愿望，从而促进持续创新的实现。

因此，本书提出以下假设：

H6：企业持续创新态度对企业持续创新意愿具有正向影响，进而影响企业的持续创新实现。

由此构建了高端装备制造企业持续创新实现关键影响因素的概念模型（如图4-2所示）。

4.5 高端装备制造企业持续创新实现关键影响因素实证分析

4.5.1 变量测度

对于高端装备制造企业持续创新实现的测量，借鉴学者（Weerawardena et al.，2006）[152]的研究成果，并结合高端装备制造企业自身特征和持续创新实现概念在陈述方式上进行适当的修改，分出4个题项；对于自变量的测量，则是借鉴现有文献研究，结合扎根理论的研究结论，分别形成了包含3个子维度，16个题项的企业持续创新态度测量量表；形成了包含4个子维度，15个题项的企业持续创新意愿测量量表；形成了包含3个子维度，10个题项的企业组织学习测量量表；包含4个子维度，9个题项的企业合作关系测量量表。调查问卷包括5个潜变量50个测度题项，所有题项测度均采取1~7级李克特（Likert）量表，其中1表示"完全不符合"，4表示"中立"，7表示"完全符合"。问卷题项设计情况及其来源如表4-4所示。

表4-4　　　　　　　　调查问卷题项设计及其来源

变量	维度	编号	题项	参考来源
企业持续创新态度（QTD）	企业家认知因素	QR1	企业高层领导有强烈的创新欲望	汤津彤等（2008）
		QR2	企业高层领导对持续创新有强烈的投资意愿	
		QR3	企业高层领导对技术和发明有敏锐感知能力	
		QR4	企业高层领导勇于面对不确定性，鼓励向风险挑战	
		QR5	企业持续创新行为取决于企业高层领导的支持	

续表

变量	维度	编号	题项	参考来源
企业持续创新态度（QTD）	企业社会责任	QS1	企业的社会责任就是利润最大化	卡罗尔（1991）杨帆（2008）
		QS2	企业愿意承担履行社会责任所产生的额外成本	
		QS3	企业愿意承担除了创造利润的其他社会责任	
		QS4	企业承担社会责任有利于自身发展	
		QS5	企业具有广泛的社会责任感	
		QS6	社会责任能够阻止企业不规范行为的产生	
	企业竞争因素	QJ1	行业内有许多竞争对手	本特松和瑟尔韦（2004）
		QJ2	企业与竞争对手提供的产品差别不大	
		QJ3	竞争对手正试图提供更好的产品和服务，从而占领市场	
		QJ4	企业的竞争者也在积极地进行技术创新活动	
		QJ5	企业对竞争者的创新行动回应相当迅速	
企业持续创新意愿（QYY）	潜在经济效益	JJ1	新产品销售收入占产品销售收入比重较高	马富萍（2011）
		JJ2	企业单位产品生产成本比较低	
		JJ3	企业全员劳动生产率比较高	
	潜在科技效益	KJ1	企业专利申请数量比较多	马富萍（2011）
		KJ2	企业生产的技术标准数量较大	
		KJ3	企业生产中的质量体系标准数量较多	
	潜在社会效益	SH1	企业经常荣获"名牌产品企业""诚信企业"等称号	克拉克森（1995）沃多克（1997）
		SH2	企业具有良好的公众形象	
		SH3	企业维护利益相关者关系的成本较低	
		SH4	企业员工数逐年增多	
	潜在生态效益	ST1	企业"三废"的排放量比较少	马富萍（2011）
		ST2	企业"三废"的排放达标率比较高	
		ST3	企业对"三废"以及余热余压进行了充分的回收综合利用	
		ST4	企业单位工业增加值的综合能耗比较低	
		ST5	企业对自然资源的综合利用率比较高	

续表

变量	维度	编号	题项	参考来源
企业组织学习（QZX）	知识的获取	ZH1	企业经常参加国内外行业展会和交易会	希梅内斯等（2008）
		ZH2	企业经常会做市场调研	
		ZH3	企业总是关注市场竞争者的信息	
		ZH4	企业总是关注本行业的信息	
	知识的整合	ZZ1	企业成员能快速获取与工作任务相关的知识	科佳和赞德（1992）
		ZZ2	企业成员能整合获得的知识适应工作需要	
		ZZ3	企业成员能够整合来自内外部的知识	
		ZZ4	团队合作解决问题	
	知识的应用	ZY1	企业组织能及时应用新知识	利希滕塔勒（2009）
		ZY2	企业组织能恰当地将新知识应用到工作中	
企业合作（QHZ）	纵向合作	ZX1	企业和用户之间有经常性合作行为	劳森等（2004）
		ZX2	企业和供应商之间有经常性合作行为	
	横向合作	HX1	企业和竞争对手之间有经常性合作行为	劳森等（2004）
		HX2	企业和互补企业之间有经常性合作行为	
	官学研合作	GH1	企业和高校、科研机构之间有经常性合作行为	劳森等（2004）
		GH2	企业和政府之间有经常性合作行为	
	公共平台合作	GG1	企业和金融机构之间有经常性合作行为	劳森等（2004）刘玮（2013）
		GG2	企业和科研中介机构之间有经常性合作行为	
		GG3	企业和知识产权机构之间有经常性合作行为	
企业持续创新实现	（CXS）	CXS1	企业拥有持续创新产品	威尔德纳等（2006）
		CXS2	企业拥有持续创新工艺	
		CXS3	企业拥有持续创新管理	
		CXS4	企业拥有持续创新市场	

另外，企业规模、企业年限及企业性质也会产生一定影响，为此，为了尽可能消除其他因素对于高端装备制造企业持续创新实现的影响，合理突出研究的主题，本书对其作为控制变量进行研究。

（1）企业规模。

企业规模会直接影响到企业创新活动的实现，因为规模越大的企业就可以调动越多的资源服务于企业创新，促成企业创新的实现，另一方面也能够承受更大的创新风险。本书利用企业员工数来衡量企业规模。分别用 1 表示企业人数为"300 人以下"、2 表示"300～2000 人"、3 则表示"2000 人以上"。

（2）企业年限。

企业年限也是影响企业的持续创新实现的重要因素，因为企业成立的越早，其就越可能在市场竞争中处于技术、产品领先地位，这种领先地位又会进一步提升企业创新意愿。因此，企业年限也是重要控制变量之一。本书分别用 1 表示企业年限在"5 年以下"、2 表示"5～10 年"、3 表示"10～15 年"、4 则表示"20 年以上"。

（3）企业性质。

企业性质对于企业持续创新实现具有重要影响，不同性质的企业对于持续创新活动的看法具有先天不同，例如民营企业的危机感普遍强于国有企业，持续创新意愿也强于国有企业，其更加依赖持续创新的实现以维持其市场优势地位。本书按照企业性质不同将企业类型划分为国有企业、民营企业和三资企业，并使用类别变量表示。分别采用 1 表示"国有"；2 表示"民营"；3 则表示"三资"。

4.5.2　问卷设计

科学、严谨、细致、规范的问卷设计是大样本统计实证研究的核心内容，问卷设计水平直接影响到获取数据的信度和效度水平。本研究以科学的问卷设计方法为指导，严格区分不同含义的变量，在保证变量内测量题项水平高度一致的前提下，针对每个变量都设计了企业人员容易理解的多个子题项，以保证高信度水平。同时，根据相关学者（Gething, Anderson, 1988; Dunn, 1994; Seaker, Waller, 1994）的已有研究结论，本研究问卷设计遵循了以下基本流程：

（1）文献研究。

在对高端装备制造企业持续创新实现、潜在经济效益、潜在科技效益、潜在社会效益、潜在生态效益等方面的现有成果进行了广泛而细致的回顾与梳理，着重参考了权威研究的理论成果与高水平实证研究文献中被引用次数较多的量表及扎根理论的研究成果，设计了科学的测度题项与方法。同时，问卷设计中的题项主要借鉴国内外已有的量表，并结合本国文化特点与语言特征对相关题项进行了修正，以最大程度保证测度变量的内容效度，并初步形成了调查问卷。

（2）田野调查。

在参照大量文献研究的基础上，本研究就问卷变量和相关题项多次咨询企业高级管理者的意见，再辅之以田野调查、现场观察及深入访谈等方法，对调查问卷中存在矛盾的题项进行了进一步删减和修改，并形成了调查问卷初稿。

（3）专家交流讨论。

调查问卷初稿形成后，本研究通过寻求学院博士生导师意见、参加国内相关学术活动及外校访问交流等方式获得了关于调查问卷修正的大量意见，去粗取精、去伪存真之后，对调查问卷进行了进一步梳理，综合各方面有效意见及多次修改之后，问卷题项设计基本涵盖了本研究的理论构面，调查问卷基本成型。

（4）小样本预测试。

研究者通过亲自走访企业等途径向企业中高级管理人员进行了问卷的预测试。根据预测试结果获得了一些反馈信息，然后根据反馈信息对调查问卷及题项进行了进一步优化设计，以使受调查者能够更加清晰地明确问卷题项含义，并作出客观选择。最终形成了层次合理、题项科学、可信度高的调查问卷。（问卷全文参见附录1）。

调查问卷主要包括两个部分：第一部分旨在了解被调查企业及人员的身份背景信息等，也包含了本研究设计的控制变量；第二部分则重在测度本研究的理论构思,具体采用了 Likert 七级量表,按照数字 1~7 的顺序逐步过渡,并形成了 7 个区间。其中 1 表示"完全不符合",4 表示"中立",7 则表示"完全符合"。

4.5.3 数据收集

4.5.3.1 数据样本的收集

研究质量会直接受到样本数据真实性和有效性的影响。本研究要求保障样本信息的高质量性、高外部效度,集中体现为两个方面:一是为确保问卷在发放、填写、回收方面的可靠性,对发放问卷的渠道做了一些筛选工作;二是为确保样本信息具备普遍的代表性,对样本对象的行业、规模、性质,以及被调查者自身职务、工作时间等做了分散化处理。本次调研共发放调查问卷 600 份,回收调查问卷 497 份,调查问卷有效率为 82.83%。因此,可以忽略问卷收集的未答复偏差。具体的样本数据信息如表 4-5 所示。

表 4-5 问卷发放与回收情况统计

方式	发放问卷数量	有效问卷数量	有效问卷率(%)
研究人	70	57	81.43
人际关系	90	78	86.67
高校 EMBA 和 MBA 课程	210	169	80.48
政府相关机构	230	193	83.91
合计	600	497	82.83

4.5.3.2 样本描述性统计分析

表 4-6 和表 4-7 为有效样本的基本特征的分布情况统计。其中,表 4-6 为样本组织基本特征的分布情况统计,从表中可以发现,样本总体离散程度比较高。在企业规模上,样本分布呈近似正态的分布,以

中等规模企业为主。在企业所有制性质上，国有企业样本数约占 1/2。最后，样本的行业分布相对离散，覆盖了高端装备制造行业的五个子行业领域，让本研究在样本特征上具有较好的外部效度。表 4-7 为被调查者背景特征的统计情况，可见被调查者职位以企业中高层管理者为主，70% 以上的受访者的工作年限达到 5 年以上，一定程度上保证了样本的质量水平。

表 4-6　　　　　　　样本统计信息（n = 497）

项目	类别	数量	百分比（%）
企业规模	300 人以下	166	33.40
	300~2000 人	231	46.48
	2000 人以上	100	20.12
企业年龄	5 年以下	115	23.14
	5~10 年	193	38.83
	10~20 年	127	25.56
	20 年以上	62	12.48
企业性质	国有	236	47.49
	民营	179	36.02
	三资企业	82	16.50
企业所属行业	航空装备制造业	103	20.72
	卫星制造业	97	19.51
	轨道交通装备制造业	101	20.32
	海洋工程装备制造业	103	20.72
	智能制造业	93	18.71

表4-7　　　　　　　被调查者背景特征统计（n=497）

项目	类别	数量	百分比（%）
职位	高层管理者	163	32.80
	中层管理者	235	47.28
	基层管理者	99	19.92
性别	男	318	63.98
	女	179	36.02
年龄	35岁及以下	129	25.96
	36~45岁	299	60.16
	46岁及以上	69	13.88
学历	大专及以下	130	26.16
	本科	285	57.34
	研究生	82	16.50
工作年限	3年以内	47	9.46
	3~5年	93	18.71
	5~10年	169	34.00
	10年以上	188	37.83

4.5.4　数据分析和检验

4.5.4.1　描述性统计分析

在对问卷调查的基础情况分析之后，还需要对所调查各变量的数据情况进行分析，本书主要通过对获取数据的变量进行平均值和标准差的统计描述，从整体上了解数据的内部规律。应用SPSS17.0对本研究涉及的各变量测量数据进行平均值和标准差的计算，具体情况如表4-8所示。

表 4-8　　　　　　研究变量测量数据的描述性统计

变量	编号	平均值	标准差	变量	编号	平均值	标准差
企业社会责任	QR1	4.84	1.396	潜在生态效益	ST2	4.64	1.320
	QR2	4.21	1.450		ST3	4.75	1.545
	QR3	4.74	1.425		ST4	4.53	1.237
	QR4	4.44	1.433		ST5	4.52	1.366
	QR5	4.53	1.497	知识的获取	ZH1	4.62	1.478
企业社会责任	QS1	4.31	1.456		ZH2	4.84	1.465
	QS2	4.74	1.353		ZH3	4.59	1.357
	QS3	4.66	1.390		ZH4	4.68	1.326
	QS4	4.88	1.431	知识的整合	ZZ1	4.52	1.421
	QS5	4.81	1.377		ZZ2	4.69	1.422
	QS6	4.74	1.311		ZZ3	4.32	1.455
企业竞争因素	QJ1	4.75	1.353		ZZ4	4.27	1.325
	QJ2	4.89	1.324	知识的应用	ZY1	4.48	1.364
	QJ3	4.37	1.476		ZY2	4.45	1.361
	QJ4	4.58	1.441	纵向合作	ZX1	4.45	1.337
	QJ5	4.62	1.456		ZX2	4.46	1.333
潜在经济效益	JJ1	4.22	1.451	横向合作	HX1	4.43	1.335
	JJ2	4.97	1.562		HX2	4.51	1.541
	JJ3	4.77	1.232	官学研合作	GH1	4.33	1.357
潜在科技效益	KJ1	4.32	1.335		GH2	4.84	1.432
	KJ2	4.23	1.421	公共平台合作	GG1	4.52	1.287
	KJ3	4.39	1.482		GG2	4.54	1.452
潜在社会效益	SH1	4.36	1.586		GG3	4.87	1.367
	SH2	4.83	1.441	企业持续创新实现	CXS1	4.63	1.382
	SH3	4.44	1.362		CXS2	4.33	1.495
	SH4	4.47	1.231		CXS3	4.49	1.435
	ST1	4.14	1.395		CXS4	4.57	1.462

从表中可以看出，变量的测量数值的平均值在 4.14~4.97，标准差在 1.231~1.586，表明调研所获取的调研样本具有良好的离散状态，能够进行之后的分析。

4.5.4.2 量表信度与效度检验

信度检验主要是考察量表的内部一致性，验证同一量表通过不同的时间、不同的形式对相同的或者相似的调查对象发放问卷，其收回的问卷数据具有结果一致性。通常，采用 Likert 量表法得到的数据，通过运用 "Cronbach's α" 系数来分析量表的内部一致性，当 "Cronbach's α" 的值大于 0.7 时，表明该量表具有较高的信度。本研究各量表的信度检验结果如表 4-9 所示。

效度检验主要是考察量表能够有效测出所研究变量的程度。效度检验包含内容效度、校标效度和构建效度三个类型，其中构建效度又分为收敛效度和区分效度。在本研究量表的内容效度方面，所选择的测量题项大部分来源于现有文献，均已经历过学者们的实证考察，保障其科学性和合理性；另一部分测量题项来自本研究对高端装备制造企业访谈和相关专家意见，由此可以认为该构造变量具有较好的内容效度。另外，从调研访谈的反馈情况可以看出，现实中的高端装备制造企业的管理者也认可这些变量的量表题项，因此本研究所涉及的变量量表具有较高的内容效度。在本研究量表的收敛效度方面，运用探索性因子分析分析量表计算其 KMO 值、Bartlett 球度检验的显著性水平、各变量的因子载荷值，以及公因子的累计解释方差变异百分比。要求是：KMO 值不能小于 0.6 且 Bartlett 球度检验具有显著性，否则就不能进行因子分析；各变量的因子载荷要大于 0.5，公因子的累计解释方差变异百分比要大于 30%，否则就认为是无效的。最后对量表题项间的相关系数进行评定，要求其具有显著性，且置信区间均不能含有数值 1，否则也将视为无效。本研究各量表的效度检验结果如表 4-9 所示。

表 4-9　　　　　　　　　　信度和效度分析结果

变量	Cronbach's α	KMO	因子载荷	解释方差（%）	问项相关系数
企业持续创新实现	0.863	0.809	0.752~0.867	71.456	0.366~0.576
企业家认知因素	0.852	0.782	0.751~0.877	71.237	0.436~0.644
企业社会责任	0.802	0.787	0.731~0.897	70.786	0.379~0.664
企业竞争因素	0.810	0.832	0.674~0.876	69.506	0.366~0.640
潜在经济效益	0.843	0.853	0.711~0.855	74.012	0.313~0.686
潜在科技效益	0.838	0.843	0.678~0.861	66.856	0.334~0.692
潜在社会效益	0.887	0.821	0.732~0.867	75.467	0.358~0.658
潜在生态效益	0.832	0.785	0.704~0.852	70.322	0.443~0.696
知识的获取	0.854	0.752	0.750~0.857	77.506	0.349~0.672
知识的整合	0.896	0.819	0.819~0.904	80.025	0.419~0.706
知识的应用	0.807	0.785	0.813~0.891	77.458	0.335~0.645
纵向合作	0.820	0.766	0.792~0.884	74.915	0.316~0.642
横向合作	0.822	0.768	0.795~0.887	72.804	0.315~0.643
官学研合作	0.830	0.816	0.741~0.890	73.987	0.459~0.698
公共平台合作	0.824	0.768	0.739~0.889	72.875	0.454~0.689

4.5.4.3 验证性因子分析

在信度效度分析基础上，运用AMOS17.0软件对本研究中的测量模型进行验证性因子分析，在验证模型理论合理性基础上对相关变量的题项进行修正。本书在对理论模型中的5个变量进行验证性因子分析时，采用极大似然估计方法。

（1）企业持续创新态度。

在信度分析的基础上，以下对企业持续创新态度中的"企业家认知因素""企业社会责任""企业竞争因素"三个变量进行验证性因子分析，其结果如表4-10所示，可以看出其验证性因子分析的各项指标值均满足拟合指标要求，表明该模型具备良好的适配度。结合图4-4的内容，可以看出企业持续创新态度维度的探索性因子分析结果与验证性因子分析结果相一致,并且题项在各变量上的因子载荷都大于0.68。由此可以得出:企业持续创新态度维度变量模型比较符合实际样本情况,表明测量模型中这个维度部分比较合理。

表4-10　企业持续创新态度验证性因子分析的拟合指标值

拟合指数	x^2/df	RMR	RMSEA	GFI	AGFI	NFI	TLI	IFI
建议值	<3	<0.05	<0.08	>0.9	>0.9	>0.9	>0.9	>0.9
检测值	2.631	0.039	0.071	0.924	0.915	0.968	0.915	0.941

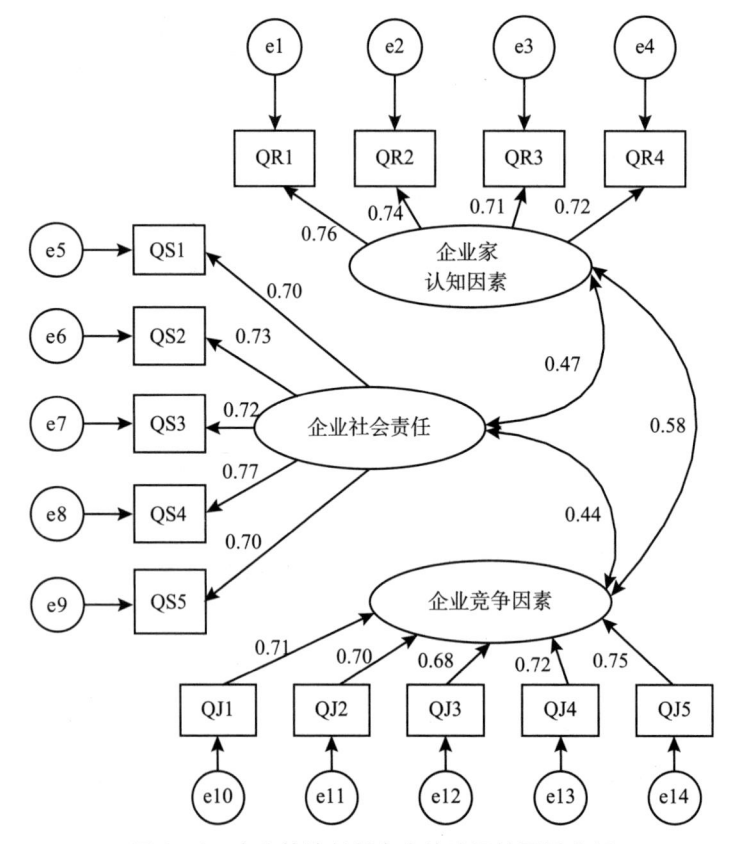

图4-4　企业持续创新态度的验证性因子分析

(2) 企业持续创新意愿。

在信度分析的基础上,以下对企业持续创新意愿中的"潜在经济效益""潜在科技效益""潜在社会效益"和"潜在生态效益"四个变量进行验证性因子分析,其结果如表4-11所示,可以看出其验证性因子分析的各项指标值除 RMSRA 外均满足拟合指标要求,而 RMSRA 的值为0.081,处于可接受范围内,表明该模型具备较好的适配度。结合图4-5 的内容,可以看出企业持续创新意愿维度的探索性因子分析结果与验证性因子分析结果相一致,并且题项在各变量上的因子载荷都大于0.64。由此可以得出:企业持续创新意愿维度变量模型比较符合实际样本情况,表明测量模型中这个维度部分比较合理。

表4-11　　企业持续创新意愿验证性因子分析的拟合指标值

拟合指数	x^2/df	RMR	RMSEA	GFI	AGFI	NFI	TLI	IFI
建议值	<3	<0.05	<0.08	>0.9	>0.9	>0.9	>0.9	>0.9
检测值	2.852	0.047	0.081	0.924	0.913	0.973	0.916	0.943

(3) 企业组织学习。

在信度分析的基础上,以下对企业组织学习中的"知识的获取""知识的整合""知识的应用"三个变量进行验证性因子分析,其结果如表4-12所示,可以看出其验证性因子分析的各项指标值除 GFI 外均满足拟合指标要求,而 GFI 的值为0.898,处于可接受范围内,表明该模型具备较好的适配度。结合图4-6的内容,可以看出企业组织学习维度的探索性因子分析结果与验证性因子分析结果相一致,并且题项在各变量上的因子载荷都大于0.68。由此可以得出:企业组织学习维度变量模型比较符合实际样本情况,表明测量模型中这个维度部分比较合理。

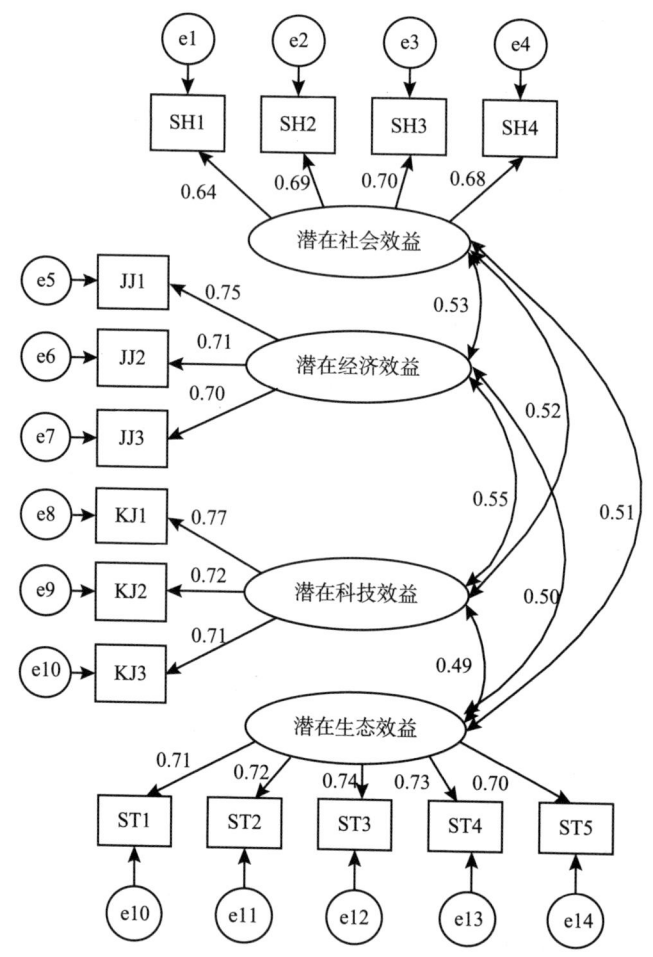

图 4-5　企业持续创新意愿的验证性因子分析

表 4-12　　　　　企业组织学习验证性因子分析的拟合指标值

拟合指数	x^2/df	RMR	RMSEA	GFI	AGFI	NFI	TLI	IFI
建议值	<3	<0.05	<0.08	>0.9	>0.9	>0.9	>0.9	>0.9
检测值	2.221	0.041	0.063	0.898	0.902	0.953	0.909	0.936

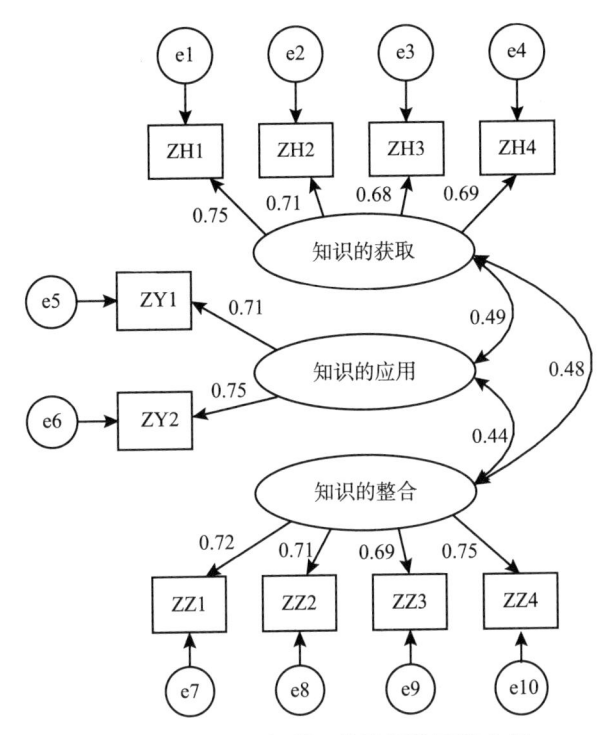

图 4-6 企业组织学习的验证性因子分析

（4）企业合作。

在信度分析的基础上，以下对企业合作中的"纵向合作""横向合作""官学研合作""公共平台合作"四个变量进行验证性因子分析，其结果如表 4-13 所示，可以看出其验证性因子分析的各项指标值均满足拟合指标要求，表明该模型具备较好的适配度。结合图 4-7 的内容，可以看出企业合作维度的探索性因子分析结果与验证性因子分析结果相一致，并且题项在各变量上的因子载荷都大于 0.66。由此可以得出：企业合作维度变量模型比较符合实际样本情况，表明测量模型中这个维度部分比较合理。

表 4-13　　　　　企业合作验证性因子分析的拟合指标值

拟合指数	x^2/df	RMR	RMSEA	GFI	AGFI	NFI	TLI	IFI
建议值	<3	<0.05	<0.08	>0.9	>0.9	>0.9	>0.9	>0.9
检测值	2.424	0.045	0.069	0.931	0.925	0.963	0.920	0.932

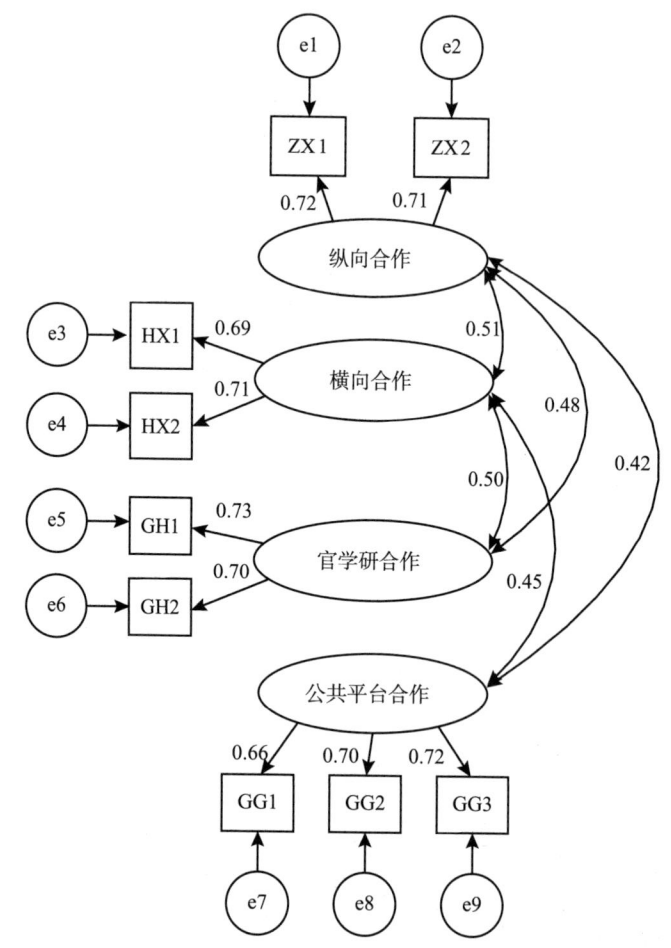

图 4-7　企业合作的验证性因子分析

（5）企业持续创新实现。

在信度分析的基础上，以下对企业持续创新实现变量进行验证性因子分析，其结果如表4-14所示，可以看出其验证性因子分析的各项指标值均满足拟合指标要求，表明该模型具备较好的适配度。结合图4-8的内容，可以看出企业持续创新实现变量的探索性因子分析结果与验证性因子分析结果相一致，并且题项在各变量上的因子载荷都大于0.73。由此可以得出：企业持续创新实现变量模型比较符合实际样本情况，表明测量模型中这个部分比较合理。

表4-14　企业持续创新实现验证性因子分析的拟合指标值

拟合指数	x^2/df	RMR	RMSEA	GFI	AGFI	NFI	TLI	IFI
建议值	<3	<0.05	<0.08	>0.9	>0.9	>0.9	>0.9	>0.9
检测值	2.731	0.042	0.071	0.911	0.923	0.976	0.918	0.944

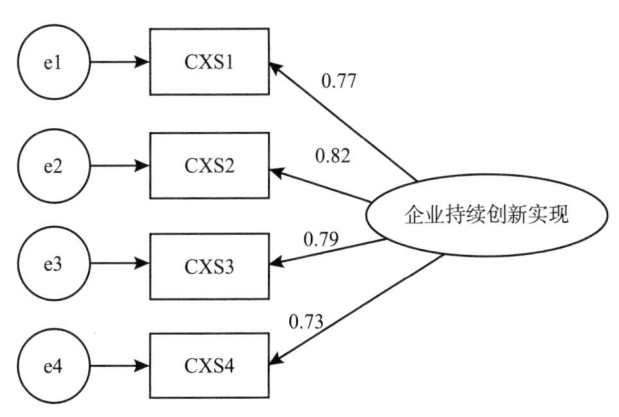

图4-8　企业持续创新实现的验证性因子分析

4.5.4.4　模型假设检验

在保障大样本通过验证性因子分析基础上，运用极大似然法（ML）验证高端装备制造企业持续创新实现的关键影响因素模型设计和相关理论假设。分析结果如图4-9和表4-15所示。企业组织学习对企业持续创新实现有显著正向作用（Beta=0.445，p<0.01），假设1得到验证。企业合作对企业持续创新实现有显著正向作用（Beta=0.164，p<0.01）；假设2得到验证。企业持续创新意愿对企业持续创新实现有显

著正向作用（Beta＝0.291，p＜0.001），通过企业组织学习对企业持续创新实现具有间接影响（0.139＝0.313×0.445），通过企业合作对企业持续创新实现具有间接影响（0.054＝0.332×0.164），假设3、假设4、假设5得到验证。企业持续创新态度对企业持续创新意愿有显著正向作用（Beta＝0.371，p＜0.01），通过企业持续创新意愿对企业持续创新实现具有间接影响（0.108＝0.371×0.291），假设6得到验证。模型的拟合参数如表4－15所示，x^2/df值小于2，RMR值小于0.05，RMSEA值小于0.08，符合要求标准，模型的拟合参数GFI、AGFI、NFI、TLI、IFI均大于0.90，整个模型的拟合程度较好。

表4－15　　　　　　　结构方程模型拟合程度分析结果

拟合指数	x^2/df	RMR	RMSEA	GFI	AGFI	NFI	TLI	IFI
建议值	＜3	＜0.05	＜0.08	＞0.9	＞0.9	＞0.9	＞0.9	＞0.9
检测值	1.836	0.048	0.075	0.941	0.903	0.962	0.915	0.930

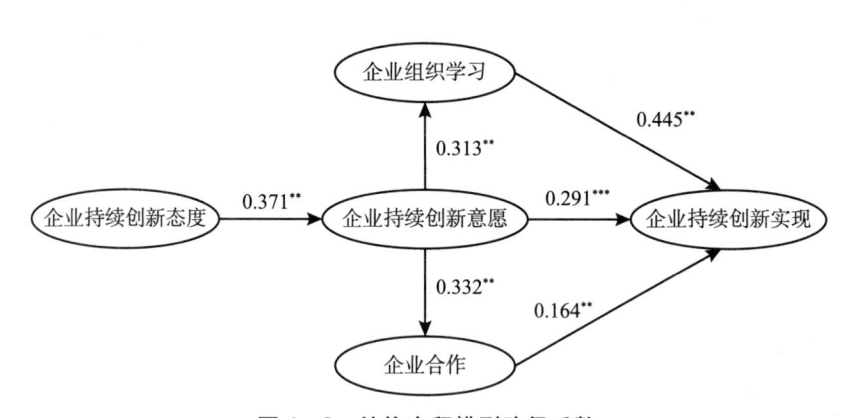

图4－9　结构方程模型路径系数

注：＊p＜0.05，＊＊p＜0.01，＊＊＊p＜0.001。

4.5.5　实证结果分析

由图4－9可知，"企业组织学习→高端装备制造企业持续创新实现"的路径系数为 0.445，"企业合作→高端装备制造企业持续创新实现"的路径系数为 0.164，"企业家持续创新意愿→高端装备制造企业持续创新实现"的路径系数为 0.291，"企业家持续创新意愿→企业组织学习"的路径系数为 0.313，"企业家持续创新意愿→企业合作"的路径系数为 0.332，"企业家持续创新态度→企业家持续创新意愿"的路径系数为 0.371。这说明企业家持续创新意愿、企业组织学习、企业合作关系对高端装备制造企业持续创新实现均有直接正向显著的影响。另外，企业持续创新意愿可以通过正向影响企业组织学习间接影响企业的持续创新实现，还可以通过正向影响企业合作间接影响企业的持续创新实现，企业持续创新态度通过正向影响企业持续创新意愿，进而影响企业的持续创新实现。因此，企业家持续创新态度、企业家持续创新意愿、企业组织学习、企业合作关系是高端装备制造企业持续创新实现的关键影响因素。

4.6 本章小结

本章基于扎根理论识别出高端装备制造企业持续创新实现的关键影响因素框架模型，认为企业持续创新态度要素、企业持续创新意愿要素、企业组织学习要素、企业合作要素是影响高端装备制造企业持续创新实现的关键因素，构建其理论模型，通过问卷调查获取数据，采用结构方程建模的方法分析数据，验证该理论模型。结果表明：企业组织学习、企业合作、企业持续创新意愿均对高端装备制造企业持续创新实现有直接显著的正向影响，企业持续创新意愿通过分别正向影响企业组织学习和企业合作来间接影响企业的持续创新实现；企业持续创新态度对企业持续创新意愿有直接显著的正向影响，进而影响高端装备制造企业持续创新实现。

第 5 章

高端装备制造企业持续创新实现机制研究

机制是以一定的机体为载体,在这个载体中,各种构成要素之间相互联系、相互制约,最终形成一种功能。由于构成要素的配置方式和调节功能不一样,使得机制的运作过程和特点也不一样。高端装备制造企业持续创新实现是企业持续创新过程的最终结果,其实现过程必然受到诸多要素的影响和作用,实现机制对于高端装备制造企业持续创新实现来说就是一个调节器,该调节器的有效运作,能够对高端装备制造企业持续创新实现起到调节、约束和激励的作用。本书所研究的高端装备制造企业持续创新实现机制是对包含在高端装备制造企业持续创新实现过程中起重要作用的决策、激励和风险防范三种机制的研究,而高端装备制造企业持续创新是否能够顺利实现,关键取决于构建的实现机制合理与否。本书构建高端装备制造企业持续创新实现机制是从高端装备制造企业持续创新实现的过程出发,运用系统思维模式,研究各个分机制及其互动关系,最后达到高端装备制造企业持续创新实现的最佳效果。

5.1　高端装备制造企业持续创新实现的机制框架

最早出现"机制"一词是在希腊文中，原指机器的运作原理。通常被用于生物学研究和医学研究中，形容生物的某种功能，也用于形容在有机体内发生包括生理与病理在内的变化时各器官之间的相互作用和调节方式。后来被引用到经济领域，将某种经济体内部各种要素相互作用、联系的方式称为经济机制。

高端装备制造企业持续创新实现机制是指高端装备制造企业在持续创新过程中各种创新因素的结构、功能及其内在联系，突出表现为企业主体的自我管理和活动协调的机能。企业持续创新实现机制是高端装备制造企业在持续创新实现过程中对企业内在机能和运作方式进行维护的重要途径和手段，不仅是一种企业目标，而且还是一个有机过程，该过程的有效运行离不开机制的作用。本书首先阐释高端装备制造企业持续创新实现的过程，继而从决策机制、激励机制、风险防范机制三个方面展开具体分析，其中，决策机制是高端装备制造企业持续创新实现机制的重要有机构成，是其他机制运行的前提和基础，没有创新主题的决策，就没有持续创新活动；激励机制是高端装备制造企业对企业员工持续创新行为的激励，是企业对员工为实现持续创新目标所产生持续创新行为的激发与促进举措的有效制度框架；风险防范机制是高端装备制造企业在持续创新实现活动中，面对市场、技术、财务、制度及其他内外部环境影响带来的创新风险，进行有效识别、防范的有效制度框架，贯穿高端装备制造企业持续创新实现的全过程。由此，构建了高端装备制造企业持续创新实现的机制框架（如图5-1所示）。

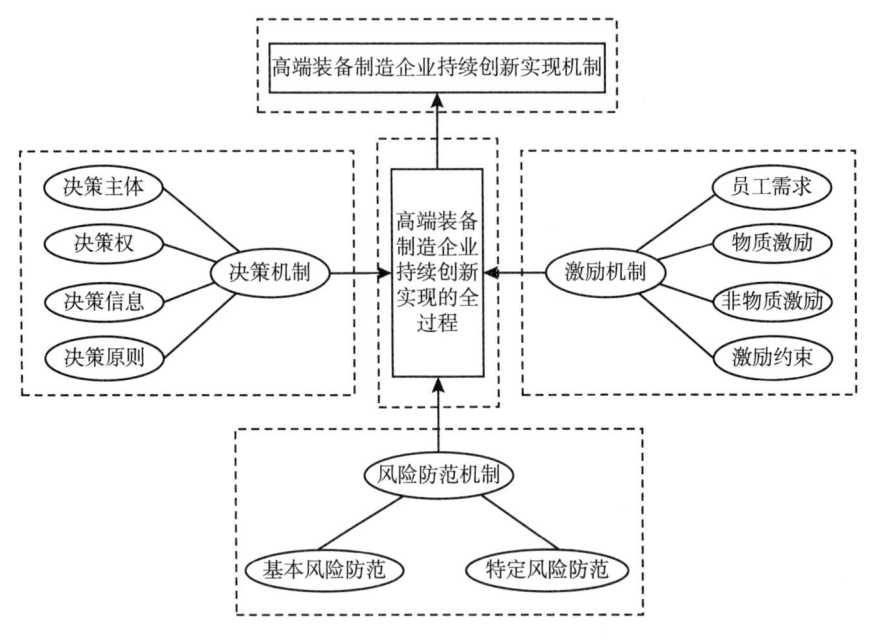

图 5-1 高端装备制造企业持续创新实现的机制框架

5.2 基于和谐管理理论的高端装备制造企业持续创新实现过程分析

5.2.1 基于和谐管理理论的高端装备制造企业持续创新实现过程要素

和谐管理理论是一种以问题为导向的管理方法，运用和谐管理理论分析高端装备制造企业持续创新实现过程，不仅符合高端装备制造企业持续性发展的要求，同时也能促进高端装备制造企业有效辨识出在特定的时期和情境下企业的核心创新问题；运用"和则""谐则"双规则及其耦合作用机制能够对高端装备制造企业持续创新活动的每项核心性创新问题加以解决，在实现当前核心创新性问题的基础上继续寻求下一个新的核心性创新问题，如此推动高端装备制造企业不断地推出和实施新的创新项目，最终实现持续创新[162]。基于和谐管理理论的高端装备制造企业持续创新实现过程包含三个构成要素：高端装备制造企业创新主题、创新双规则和创新绩效。

（1）高端装备制造企业创新主题。

高端装备制造企业创新主题是指在特定时期和情境下，高端装备制造企业所面临的核心性创新任务，是高端装备制造企业开展和实施创新活动的起点。没有创新主题的高端装备制造企业也就没有了创新活动的方向，从而导致企业持续发展的内部动力作用减弱。而一旦高端装备制造企业拥有了创新主题，那么企业所有的创新活动都要围绕该企业创新主题展开，合理配置所有的资源用以适应企业创新主题需要[162]。借鉴"和谐主题"概念，我们将"高端装备制造企业创新主题"界定为：高端装备制造企业在特定背景时期下的核心性创新任务和创新议题，能够反映高端装备制造企业在特定背景时期和阶段的本质性、深层次的创新问题。

（2）高端装备制造企业创新双规则。

和谐管理为"和谐主题"提供了两条可选择的路径：一是"和则"，即通过发挥人的主观能动性来实现；二是"谐则"，即运用设计优化的控制机制来实现，有时需要两者耦合作用来实现[162]。借鉴"和谐"双规则的含义，我们将实现高端装备制造企业创新主题的主观能动性方法称之为"高端装备制造企业创新和则"，将实现高端装备制造企业创新主题的客观设计性方法称之为"高端装备制造企业创新谐则"，该和则是指在特定时期及情境下，高端装备制造企业围绕创新主题开展、实施的能动性的规律和主张，谐则是指在特定时期及情境下，高端装备制造企业围绕创新主题开展、实施的设计优化的控制机制的规律和主张。

（3）高端装备制造企业创新绩效。

企业创新主题的选择和创新双规则的应用，最终目标都在于实现企业在特定时期及情境下的创新主题目标，由此形成创新成果，而创新成果的直接表现就是企业的创新绩效[162]。因此，评估创新绩效既可看作是对高端装备制造企业创新行为效果的具体量化，并能够反映出其创新主题的实现情况，还能对企业当前所处的创新环境进行分析，有助于高端装备制造企业对下一个阶段创新主题的分析和判断。由此可以看出，通过绩效评估可以考察高端装备制造企业有关创新主题实施优劣情况，会影响企业下一次的创新主题选择。

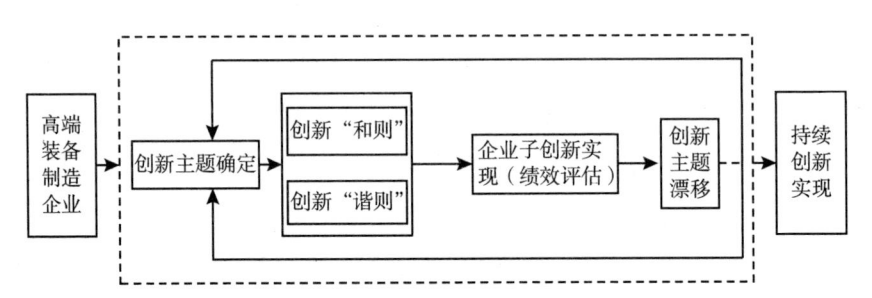

5.2.2 基于和谐管理理论的高端装备制造企业持续创新实现过程

高端装备制造企业持续创新实现是依赖于之前的 n 个子创新活动的实现，以及后期无数个子创新活动的开展和实施。从其实现的过程要素来看，创新主题辨识、创新双规则及其耦合应用是高端装备制造企业子创新活动实现的主要环节，无数个子创新活动的实现最终形成了企业持续创新的实现[162]。因此，高端装备制造企业持续创新实现是 n 个子创新活动实现的综合链接过程（如图 5-2 所示）。

图 5-2　基于和谐管理理论的高端装备制造企业持续创新实现的过程

高端装备制造企业持续创新实现的过程主要包含以下阶段：
（1）创新主题的辨识确定。
创新主题的辨识确定阶段是高端装备制造企业的领导者通过对企业

内外部创新环境特征的扫描、分析，从而确定出企业当前创新主题的过程。其中，不同的领导者会有不同的认知过程、不同的思维方式和不同的主观愿望。创新主题辨识的前提是要求企业家能够全面考察企业的内、外部的资源和环境，辨识的结果是明确企业当前需要解决的核心创新问题。该阶段是明确"应该做什么"的问题，主要分为创新主题的搜寻和判定两个环节。

①高端装备制造企业创新主题的搜寻。产品创新、工艺创新、原料创新、市场创新、组织创新、管理创新、制度创新等是高端装备制造企业最主要的创新类别，在这些类别下又分别涵盖了许多子创新活动，所有这些创新活动贯穿于企业生产经营的全过程，构成了企业创新主题搜寻集，因此，高端装备制造企业的创新主题即可以从创新主题搜寻集里进行筛选和判定。

高端装备制造企业创新主题大致可以分为两类：第一类为涌现型创新主题，即伴随高端装备制造企业的内外部环境突然变化而涌现出的亟待解决的核心性创新问题。这一类创新主题是环境突变下的产物，与企业的经营惯性和历史文化不同，需要企业对当前突变的内外部环境做出快速判断并给出相应的创新选择，即确定企业的创新主题。通常情况下，这类创新问题比较容易显现，创新主题容易判断，但创新主题的选择对企业领导者的判断能力、认知水平及个人经验要求较高，需要领导者根据自己的判断快速给出正确的企业创新主题，从而应对环境变化。第二类为判断性创新主题，即在高端装备制造企业的内外部环境相对稳定的情况下，通过对企业发展现状进行判断、分析得出的企业在当前阶段的创新主题。通常来讲，判断性创新主题得出的内外部环境相对稳定，创新问题表现不明显，潜伏性较强，在组织结构不完善、运行管理出现漏洞、信息不通畅的前提下，企业较难判断当前的核心性创新问题，尤其是在企业发展相对稳定的时期，企业创新的历史和文化，领导者自身的前瞻性、判断能力及其创新的主观愿望等，都可能会限制组织创新主题的挖掘和创新活动的开展，从而导致主题未被辨识或者主题判断错误。在企业创新主题搜寻范围的确定过程中,我们要根据环境适时正确地判断企业的创新主题,既不可盲目选择,也不可消极等待。

在了解了企业创新主题的搜寻范围后,便正式进入了主题搜寻的过程。根据创新主题情景依赖性的特点,我们在搜寻主题的时候,应充分考虑与分析企业所处的环境,分析企业当前发展的形势,从而找到企业创新的主题。也就是说,对企业创新主题的搜寻过程,很大程度上是对企业创新所处的内外部环境的分析辨识过程。依据和谐管理理论,高端装备制造企业创新环境包括:外部环境、内部环境和领导者特征三个方面。在高端装备制造企业创新的外部环境方面,我们可以采用波特的"五力模型"对影响创新主题选择的外部环境要素进行分析;高端装备制造企业创新的内部环境主要包括企业内部创新资源和企业创新惯性两个要素;高端装备制造企业创新的领导者特征主要是受到领导者自身的性格、偏好、价值观、学识、能力、经验及社会关系等因素特质的影响。

②高端装备制造企业创新主题的判定阶段。对高端装备制造企业创新的内外部环境及领导者特质进行辨析之后,此时企业可能得出几组创新的设计方案,即存在几个候选创新主题,这时就需要对这几个候选主题进行综合考察、分析和筛选,此时判定的决定性因素是高端装备制造企业的领导者特质。即选择定性、定量或者定性与定量相结合的方法对得到的创新主题进行评估,最后经过企业领导者的最终决策,选择创新主题,其很大程度上取决于领导者的主观判断。

(2) 创新双规则及其耦合作用。

①高端装备制造企业创新"和则"制定和实施。"和则"方法的实施是在高端装备制造企业的创新活动中,管理者运用"和则"手段对企业员工进行激励,增加员工进行持续创新活动的积极性和热情。人才资源是高端装备制造企业所拥有的所有资源当中最难协调和掌控的资源,这是由于人的思想和行为都难以被企业直接作用和控制,只能通过间接作用来实现对企业员工的管理控制,即通过塑造企业创新文化和运用激励手段来诱导和激励员工向企业预定创新目标努力。其中影响企业创新

"和则"的重要因素包括：一是领导者，即高端装备制造企业领导者的个人意愿是凌驾于企业创新"和则"规则之上的，它既是驱动创新实施的因素，也是抑制创新实施的因素；二是除领导者之外的其余员工的创新能力和创新意愿，对其施加影响后都能使其发生改变从而发挥最大的主观能动性，当企业组织创新支持条件越能满足员工的创新能力和意愿时，高端装备制造企业创新"和则"作用越大。

②高端装备制造企业创新"谐则"制定和实施。"谐则"方法的实施是在高端装备制造企业的创新活动中，通过"谐则"手段对企业创新活动安排和资源配置方式的设计安排，来实现创新主题的。在高端装备制造企业的创新实践中，活动安排和资源配置是两个抽象的概念，需要通过一定的载体发挥作用，借鉴和谐管理理论，从高端装备制造企业的组织结构、组织制度与规定、工作流程与资源配置机制四个方面的要素着手设计实现创新主题。即组织结构与创新主题越匹配，高端装备制造企业创新"谐则"发挥的效用越大；制度规定设计的越完善，高端装备制造企业就越容易应用其解决问题；工作流程设计的越合理，高端装备制造企业解决创新主题的时间也就越短；资源配置机制越合理，高端装备制造企业就越容易以最短时间、最快速度、最合理地配置企业创新资源，使得企业创新谐则作用最大化。

③高端装备制造企业创新的双规则耦合。高端装备制造企业的创新活动是一种人要素对物要素的作用过程，在实现过程中既要发挥人的主观能动性，又要发挥设计优化的控制机制的作用。因此，高端装备制造企业创新活动更多需要创新双规则的共同作用来推动实施和实现。此外，在一定条件下，"和则"和"谐则"还会发生一定的转换，我们将这两个规则间的共同作用及相互转换称之为创新双规则耦合。高端装备制造企业领导者及高层管理者在运用双规则耦合作用时，一定要分清楚当前情况下，和则、谐则、双规则耦合分别在哪些创新活动中的哪些部分发挥最大作用，只有合理科学地运用好企业创新的和谐双规则，才能更好地促进高端装备制造企业持续创新实现。

（3）企业子创新实现。

高端装备制造企业持续创新实现是由无数个企业子创新的实现组成的。企业持续创新实现过程的基本单元是企业子创新实现，每一个子创新实现都是综合实现过程中的一个重要结点元素，无数个结点元素形成企业持续创新实现的全过程。在高端装备制造企业子创新实现的众多要素中，创新主题辨识是首要环节；用创新双规则及耦合是关键，评价子创新绩效是重点，三个要素活动的紧密配合促进了高端装备制造企业持续创新子项目的顺利实现。

（4）创新主题的漂移诱导。

不断地寻找创新主题、实施创新主题、实现创新主题是高端装备制造企业经营发展的本质需要，也是为了适应企业内外部环境变化的需要，这也是领导者特质在高端装备制造企业创新实践中的体现。每当企业依据现有的创新主题实施创新活动后，在向前发展过程中，由于受到企业内外部环境变化、企业领导者自身思想变化的影响，企业往往会凸显出新的核心性创新问题；即使出现的变化幅度很小，也会导致企业依据现有子创新实现的情况、当前企业所处的内外部环境情况对当前创新主题进行相应的调整，或者开始寻求下一个新的主题，以上因素会导致企业当前创新主题的变化或者转移，可能还会替代当前创新主题而成为企业下一个新的创新主题。因此，我们将高端装备制造企业创新主题漂移归因于两个方面的内容：一是由于企业自身或者企业领导者特性方面发生巨大变化，企业自发涌现出来的新创新主题；二是由于企业领导者为适应内外部环境变化，对现有创新主题进行调整、更替，形成新创新主题。无论哪种创新主题漂移，都是由高端装备制造企业领导者的支持和决策最终决定的，因此企业领导者的个人特征能够通过决定企业创新主题漂移的方向，进而影响高端装备制造企业持续创新的发展方向。

（5）企业持续创新综合实现。

高端装备制造企业是以营利为目的的经营实体，复杂的企业内外部环境都会对企业的持续创新发展造成压力，企业只有通过经常性地调整创新活动，及时调整和优化配置企业资源等手段和方式来应对内外部环境变化带来的创新不稳定，从而规避各种创新风险，保障创新活动的持续实施，并实现企业的持续创新。企业持续创新综合实现是一个包含创新主题、双规则耦合、子创新实现和子创新实现间链接规则的全部要素集合体，并非各个要素的简单相加，而是基于一定的诱导机制和链接规则条件下的有机集合体，因此在保障子创新顺利实施前提下将子创新长期实现下去，是高端装备制造企业持续创新的综合实现。

5.3 高端装备制造企业持续创新实现的决策机制

5.3.1 高端装备制造企业持续创新实现的决策机制框架

决策的定义有很多种，《牛津词典》对于"decision"的解释就有三种：一是决策的行为；二是结果性判断；三是得到的结果。美国百科全书的解释是：决策是在若干个拟可能的备选方案中进行选择。美国现代经济词典对于决策的定义是：组织在确定其政策和实施其政策有效方法时采取的一系列活动，其内容包含事实信息的收集、相关建议的判断、可供选择方法的分析等内容。现代决策论学派的代表 H. A. 西蒙认为，决策作为企业经营的核心，其作用贯穿于企业的各个方面，任何形式的创新都需要决策来明晰其目标和过程。哈佛管理丛书认为，决策是一种解决当前或未来问题的智力活动。西安交通大学的李垣、刘益在其国家自然科学基金项目中，通过分析决策机制的运行模式，阐述了企业技术创新决策机制在不同环境下的模式选择；北京理工大学的李金林、刘春光针对企业技术创新过程中的多目标决策优化问题的模糊性，基于模糊数学的多目标决策方法来解决技术创新过程中新产品开发的投资决策问题；重庆大学的董景荣则从系统和定量的角度研究了企业技术创新的中止决策问题；东南大学的杨勇、达庆利则针对不对称双寡头企业的技术创新投资决策进行了研究分析；王苹则从中小企业的技术创新过程角度出发，对中小企业技术创新决策的模式选择问题进行了深入分析。企业持续创新过程中，决策居于首要地位，选择什么样的创新主题和持续创新发展方向，是持续创新决策需要解决的重要问题。本书将高端装备制造企业持续创新实现的决策机制定义为：高端装备制造企业在企业持续创新实现的目标下，结合对企业内外部信息的加工利用，通过分析和评估企业持续创新项目，最终确定企业持续创新主题目标的综合作用过程。参照决策机制的定义，构建了高端装备制造企业持续创新实现的决策机制框架，其框架如图 5-3 所示。

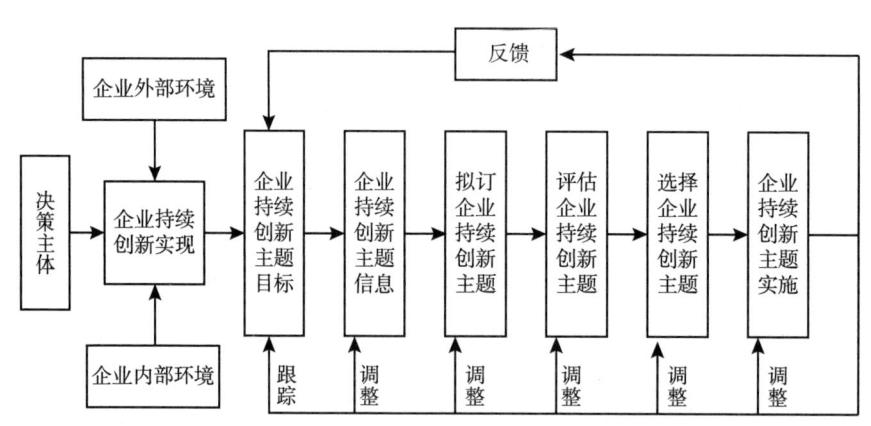

图 5-3 高端装备制造企业持续创新实现的决策机制框架

5.3.2 高端装备制造企业持续创新实现的决策机制分析

5.3.2.1 高端装备制造企业持续创新实现的决策机制要素及功能分析

高端装备制造企业持续创新实现的决策机制中包含决策主体、决策权、决策信息、决策原则四个要素。其中，决策主体是指高端装备制造企业持续创新各种主题选择的最终行为主体，决策权涉及高端装备制造企业持续创新活动过程中的决策权利的划分问题，决策信息是指高端装备制造企业持续创新活动的情报支持内容和沟通方式，决策原则是指高端装备制造企业的决策主体进行持续创新实现决策时遵循的程序和工作方式，四个要素相互影响，相互依存，缺一不可。

高端装备制造企业持续创新实现的决策主体对于企业持续创新主题及企业持续创新行动的选择具有决定性权力。高端装备制造企业持续创新实现的决策过程中，往往会出现决策人和决策分析人两种概念，决策分析人是指通过建立复杂决策问题的数学模型并运用现代化的科学手段求解，需要专门的知识和绩效的人，而决策人是指具有丰富经验和卓越领导与管理才能的决策人，通过对企业内外环境形势进行分析、对后果做出价值判断的人。一般是由决策分析人运用决策理论和系统、科学的方法进行分析、推理，为决策人制定正确决策提供合理的依据，使决策人能够更好地判断预期目标。高端装备制造企业持续创新实现的决策主体指的是决策人，通常是由企业核心领导人和各部门领导人担当决策人的角色，由企业的持续创新战略研究人员、情报人员、核心的研发人员担负决策分析人的职能。

高端装备制造企业持续创新实现的决策权是指对于企业持续创新活动具有选择和安排各项活动及活动开展顺序的权利。高端装备制造企业持续创新实现的决策权分配主要表现在两个方面：一方面是指决策权在企业组织中不同层次和不同部门之间的分配布置，是从高端装备制造企业结构的角度对决策权利的分配；另一方面就是从高端装备制造企业持续创新活动的实际和工作的需要出发，将决策权的一部分分配给下属。高端装备制造企业持续创新决策不会是一次性的瞬间决策，它包含在一定时期内的一系列行动，所以决策权的分配必须要满足整个持续创新实现过程的需要，因此高端装备制造企业持续创新实现的决策组织应该具备以下条件：①能够对研究和做出决策的过程提供相应支持；②能够保证各级创新决策层所做出决策的整体化；③能够支持相互关联的或相互独立的创新决策过程；④能够有效地提高企业持续创新决策的效率。

高端装备制造企业持续创新实现的决策信息是指对决策信息的收集和处理，企业持续创新实现的决策所需信息的搜集、提炼和整理方式及信息沟通途径是影响决策结果科学性、准确性的关键。信息对企业持续创新实现决策的影响首先表现在信息本身能够改变决策者对不确定性因素的认识，其次表现为不同的信息分析方式、信息沟通的实现途径和信息整理的方式都会使客观存在的信息得到不同程度的利用，而后一种效果对持续创新决策的影响经常超过信息本身对创新决策产生的影响。另外，高端装备制造企业持续创新实现的决策信息的收集、整理、传递是有成本的工作，决策的准确与否在很大程度上取决于信息，信息的搜集和处理的成本往往受到工作环境和创新规模的影响。

高端装备制造企业持续创新实现的决策原则是指决策人在决策过程中遵守的决策准则及其优先顺序的界定标准。主要来源于决策人的目标及相应的约束、决策可实施性等方向。主要表现为两种形式：一是作为明确的规定并制定明确的保证措施；二是固化在决策者大脑中的非正式规定的决策偏好。高端装备制造企业持续创新实现决策的整个过程都离不开决策原则的指导，即在决策中要遵循系统原则、动态原则、信息原则、可行性原则等。

5.3.2.2 高端装备制造企业持续创新实现决策机制的过程

高端装备制造企业持续创新实现决策是一个发现、分析和解决问题的系统分析过程。持续创新实现决策，需要科学的过程和程序。其科学性包含两个方面：一是决策程序的每一步都是科学的；二是决策程序中包含了科学的决策技术。如图 5-3 所示，我们可以把高端装备制造企业持续创新实现的决策活动分成以下几个阶段：

（1）准备阶段。

高端装备制造企业持续创新实现的决策过程中，首先是必须进行调查研究和收集相关的数据和信息，这些数据和信息既包含与持续创新项目相关的过去的信息，也包括预测的未来的信息；既包括与持续创新项目相关的技术信息，也包含相应的经济信息；既有确定性的信息，又有不确定性的信息。准备阶段需要明晰高端装备制造企业的决策主体，在此基础上，通过成立专题小组对决策涉及的相关内容进行深入的研究，为决策主体的决策行为提供相关依据。

（2）拟订备选持续创新主题阶段。

高端装备制造企业持续创新实现的决策过程中，确定预定目标是非常重要的任务，依据确定的目标去引导下一步的决策工作。高端装备制造企业持续创新实现的决策目标是从企业追求持续创新实现的总目标出发，从总目标中获取的提炼具体的创新主题，然后按照目标明确、具体、可行等原则确定出创新主题体系。在确定子目标体系后，需要进一步确定为实现创新主题必须实施的子创新项目。备选方案的拟订需要从创新主题生成的子创新项目的特性和要求出发，同时还必须考虑各备选方案的可比性，这样有利于保障评估和优选备选方案的可行性和有效性。

（3）备选持续创新主题评估阶段。

高端装备制造企业持续创新实现的决策过程中针对备选创新主题中包含成本、收益、资源条件、风险等多个方面的内容进行分析、预测和评估，既包含对现有条件和投资风险的分析，也包括对未来发展变化的预测。该阶段工作的最终结果是给出各备选创新主题的评价结果为决策提供依据。

（4）选择备选持续创新主题做出决策。

高端装备制造企业持续创新实现的决策主体，依据企业经营战略情况、现有资源情况，结合创新主题的可行性分析报告，最终决定是否采纳该创新主题。决策主体在对各备选创新主题方案进行分析和评价的基础上，首先删除不可行的主题方案，其次是优选可行的主题方案，最终做出决策。

（5）决策执行阶段。

高端装备制造企业一旦做出决策以后，就会开始集合创新主题所需的各方面要素来执行和实施决策，做出决策并不代表决策工作的结束，唯有不断的回头看，在实践中不断调整和完善决策内容，才能实现更高层次更科学的决策。通常情况下，决策本身较为抽象，只是对客观现实中普遍的、本质的内容把握，可是客观现实不是一成不变的，客观现实的变化一定会影响决策的正常实施，因此密切跟踪决策，关注决策信息反馈是保障决策目标实现的重要手段和途径。

5.4 高端装备制造企业持续创新实现的激励机制

5.4.1 高端装备制造企业持续创新实现的激励机制框架

激励的本质特征，是指通过某些方式方法把个人或群体的需要与组织要达成的目标相结合[163]。激励机制也就是激励主体与激励客体之间通过激励手段与激励因素相互作用关系的总和。它本质上是一种制度的框架，其作用在于帮助企业经营者把企业员工的行为向企业目标靠拢，它的运转主要依靠企业行为管理规范细则及企业员工的发展需求、价值观等因素，以便激发员工的积极性[164]。

行为主义学界在梅奥完成其"霍桑实验"后开始出现否定泰勒"经纪人"假设的思想趋势，并对人的本性进行了进一步的研究，从而促成了管理学角度激励措施的提出。管理学激励理论根据研究激励问题出发点的不同及行为关系的差异可以分为四大类：内容型、过程型、行为改造型及综合型。具体说来，内容型理论也可称之为需要理论，关注点在于激励因素的具体内容，该理论的代表性人物及观点主要有以下几类：生理需要、安全需要、社会需要、尊重需要及自我实现需要为个人需要的五个不同层次，其中生理需要与自我实现需要分别为最低与最高需要层次，人的需要层次是不断上升的，每一种低层次需要得到满足后人类就会向往更高层次需要的满足，其理论也被称为需要层次理论

（Maslow，1943）；人类高级需要细分为权力需要、归属需要与成就需要，组织成败很大程度上取决于该组织中有成就需要者的数量，因此组织应该以成就需要为引导，重点激励组织中具有成就需要的员工（McClelland，1965）；在马斯洛需求层次理论基础上进一步发展出 ERG 理论，他进一步将人的需求划分为生存、相互关系及成长需要三类，其与马斯洛需求层次理论的区别在于其认为人的需要的满足是无序的（Alderfer，1969）；影响人类行为的双因素理论，也就是保健因素和激励因素，其中保健因素的作用在于维持员工的工作现状，而激励因素的作用则在于提高员工工作的积极性（Herzberg，1974）。过程型激励理论的研究重点在于探索需要—动机—行为—目标的引发机制，主要研究学者及观点有以下几类：期望理论，该理论认为人们只有在预期到某一行为有助于实现个人既定目标时，才会被充分激励，从而采取具体行动（Vroom，1964）；员工的激励效果取决于报酬金额与内部相互对比两方面情况的影响，也被称之为公平理论，该理论研究重点在于工资薪酬分配的公平合理性（Adams，1966）；激励因素影响工作动机的诱发原因在于目标，因此可以通过明细、难度及认同度三方面标准设置目标（Locke，1967）。行为改造型激励理论研究重点在于将人的消极行为改变为积极行为，其主要代表人物及观点有以下几类：强化理论，认为改造及修正人的行为应该以学习为基础，利用正向或负向的刺激来激励员工或营造出激励效果较好的环境，行为与结果是种因果关系，某种行为的产生必然是由某种结果导致，因此适当的激励措施可以有效改变人的行为（Skinner，1957），该理论有利于了解人的学习过程以及行为的产生机制。综合型激励理论对以上几种激励理论进行了结合，对于人的行为给出了更为全面具体的解释，其代表性人物及观点有以下几类：将 VIE 理论、公平理论进行结合并提出了绩效—满足感理论，该理论认为人的成绩的取得是由努力程度、概念明确程度及能力三方面因素决定的，并且人们会以自身认定的公正原则对自身所得奖惩进行评价衡量（Edward；Lyman，1967）；把双因素理论和期望理论进行进一步结合，再考虑到工作本身对员工的激励作用，提出了任务内在激励＋任务完成激励＋任务结果激励＝激励力量（House，1972）；将目标设置理论和期望理论进行结合，提出激励是期望、手段和效价的综合作用结果，期望象征结果，手段也就是报酬，效价是指对于报酬的评价和认可（Brown，1986）。

本书在前人研究的基础上，考虑到高端装备制造企业在实际的持续创新过程中，其所处的内外部环境是随时间而变化的，某一时期行之有效的激励手段也是暂时有效，需要随着环境而进行调整与完善，因此，在研究高端装备制造企业持续创新实现的激励机制问题时，要综合考虑企业当前所处的内外部环境情况以及现有有效的激励手段，综合利用物质、非物质激励手段对高端装备制造企业员工进行有效激励和约束。由此构建了高端装备制造企业持续创新实现的激励机制框架（如图 5－4 所示）。

高端装备制造企业持续创新实现的激励机制就是为了实现企业持续创新目标，通过物质激励和非物质激励手段，将企业员工的个人需要与组织发展目标结合起来，充分激发出企业员工的工作积极性和创造力，使企业员工的创新行为服务于企业愿景与目标。高端装备制造企业想要实现持续创新就必须努力完善内部管理机制，改善企业外部环境，为员工创造性地发挥及企业持续发展创造良好的条件，通过企业内外部环境实现对企业员工持续创新的激励。具体实施顺序上应该先对员工进行事先激励，促使其在工作中充分发挥出自己的创新能力与干劲，以良好的精神状态完成工作；然后运用科学的标准和方法对员工工作结果进行公正客观的考核与评价，并根据考核结果对于员工进行相应的奖惩，员工通过对公司内部员工考核结果及奖惩进行对比后会得出相应感受，如果对奖惩满意就受到了正向激励，如果感到不满就受到了负向激励。企业应及时对员工的奖惩评价及感受进行收集、反馈，以便进行改进，从而制定出更科学、公正、具体的激励制度，保障企业创新活动的持续性实现。需要说明的是，激励方式促使企业进行新的创新活动。这一过程不断循环，不断完善，形成了本书研究的激励策略，由于这种激励策略属于事后激励范围，也就是事后的物质激励与非物质激励。

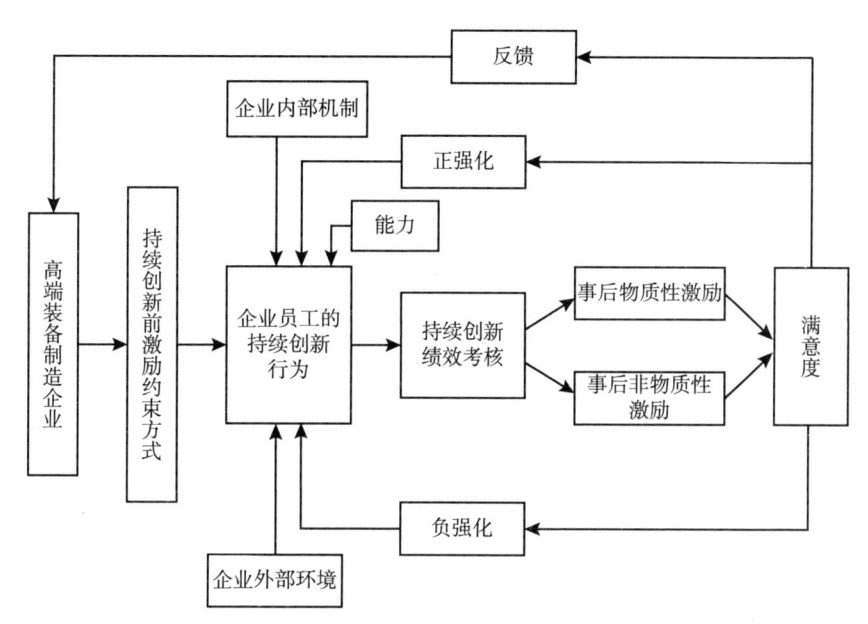

图 5-4　高端装备制造企业持续创新实现的激励机制框架

5.4.2　高端装备制造企业持续创新实现的激励机制分析

5.4.2.1　高端装备制造企业持续创新实现激励机制的要素分析

（1）高端装备制造企业员工的自我激励与需要分析。

根据马斯洛的需要层次理论，要从五个方面对高端装备制造企业员工的需要进行研究：①员工衣食住行等生理需要；②员工对于工作安全、工作保障、工作稳定等安全层面的需要；③员工对于同事间友谊需要、沟通需要及关怀需要等社会交往方面的需要；④员工对于尊重需要、认可需要、信任需要、精神需要等尊重层面的需要；⑤员工对创新工作本身、能力提升、职位晋升等自我实现层面的需要。从该行业企业员工整体情况看，低层次需要中的生理需要及安全需要主要体现在物质上，以上两种需要可以通过物质激励措施实现，而社会交往需要、尊重需要及自我实现需要则要采取物质激励与非物质激励相结合的办法来实现。

（2）员工持续创新的物质性激励与非物质性激励。

物质激励的主要方式是物质刺激，也就是利用物质刺激方式激励本行业企业员工积极主动地参加企业的创新活动中去，从而实现企业的持续创新。具体正向激励的方式有基本工资、补贴、福利及奖金等，负向激励的方式有罚款、降薪、降职等。高端装备制造企业的物质激励方式也更为多样化，除去基本工资与收入外，还包含了员工年薪、福利待遇、股权奖励等多种形式。企业管理者年薪制度是指以年度为周期制定的管理者年度报酬，并根据企业经营情况进行相应调整，该年薪由基本薪资、加薪及风险押金组成。公司白领阶层年薪则由基本工资、奖金、加班费及补贴等组成，计征单位为年度的一种薪资制度。高端装备制造企业员工的福利由保障性福利、生活性福利以及培训性福利组成，保障性、生活性福利作用在于维持和保障员工的基本生活，其主要表现为退休金、免费体检、餐补、医疗保险及交通补贴等，保障覆盖范围包括企业所有在编人员，其激励作用比较有限。培训性福利则表现为较高层次的公费留学、书籍购买补贴、公费研究生等，激励效果更为突出。同时要注意，高端装备制造企业在实施员工福利计划时要保障福利的多样化、公开化、人性化、避免福利现金化等问题。技术入股是将高端装备制造企业关键技术投入及经营管理贡献转化为股权，界定和明晰了产权，通过优化企业治理结构，实现了剩余索取权和剩余控制权的对称分布，从而吸引高端装备制造领域高水平人才到企业中来，提高企业科学技术水平，实现技术人员的知识产权价值。员工股票期权是高端装备制造企业赋予企业内部员工的一种特殊福利，企业员工可以以规定的股票价格购买本公司股份，并可进行出售转让，该种制度一般只针对公司高级管理层、关键技术人员、关键部门职员等对本公司发展具有突出作用的员工。

非物质激励则是除物质以外的方式，旨在满足员工尊重需要与自我实现需要的一种激励手段，其激励层次更高，能够在更高层次上激发企业员工的工作积极性与创造性。具体到高端装备制造企业领域中，非物质激励手段主要表现为情感满足、工作激励、领导认可、创新奖励、学习激励、企业文化、声誉塑造等，其中情感满足又主要包含以下几种手段：尊重员工、信任员工、肯定员工、赞美员工等；工作（事业）激励包含提供合适的工作岗位、制定明确的工作目标、富于挑战性的工作任务等；领导激励包括引导员工认同"共同愿景"、领导要知人善用、领导要注意自身的行为率先示范、要公正讲信用等；创新激励包括为员工提供自主的工作环境、提供弹性工作制、奖励和宽容失败、提倡团队精神等；学习激励包括在管理者重视下开展全员培训、建立健全员工的培养机制、建设畅通的知识共享渠道、建设人才梯队、树立终身学习的思想、创新培训方法等。企业文化激励包括以人为本的管理理念、将企业持续创新文化融入员工的个人价值观、建立以知识为核心的学习型文化、塑造尊重知识尊重人才的企业文化等；声誉机制包括建立充分竞争的人力资本市场、保障员工的预期收益、给予员工一定的社会政治地位、授予员工荣誉、完善相关法律等。

（3）员工持续创新的约束方式。

一切激励都要以一定的约束为基础，没有激励的约束和没有约束的激励都无法实现其效果。高端装备制造企业对于持续创新的约束机制体现为企业内部制度与规定，通过对员工的监测、考核等对其进行奖惩处理，从而实现对于员工行为的约束与规范。高端装备制造企业持续创新实现约束机制是政府和企业共同作用的结果，突出表现为市场约束、产权约束、法律和制度约束、绩效考核约束和社会道德约束五个方面。在市场约束方面，高端装备制造企业员工的努力与否与能力水平会从市场信号上显示出来，提醒企业管理成员采取监督权。市场竞争原则便是优胜劣汰，员工能力不足或者努力程度不够就会被企业和市场所淘汰，而公司则可以通过人才市场等渠道获取符合公司要求的人才。在产权约束方面，高端装备制造企业的利益分配制度主要是通过安排企业的剩余索取权与剩余控制权实现的，以制度的形式，从利益角度影响和约束企业内部利益主体的行为，如：股权激励就是企业向员工分配剩余索取权与剩余控制权的一种具体制度安排。法律和制度约束方面，包含企业内部监督机制约束和外部国家法律约束，其中，高端装备制造企业内部监督机制约束包括：企业制度约束、合同约束、偏好约束、机构约束等；高端装备制造企业的外部国家法律约束包括对整体企业行为的约束和对企业内部的利益主体的约束两个方面。绩效考核约束是运用科学的绩效考核机制对高端装备制造企业员工的工作进行考核的约束，是促进高端装备制造企业员工工作高效和快速运行的方法。社会道德约束是通过营造全员诚信的大环境、良好的舆论环境、发挥媒体的约束作用，使得高端装备制造企业员工更加注重约束自己的行为，预防和减少工作中的"败德"行为。

5.4.2.2 高端装备制造企业持续创新实现激励要素的作用机制

高端装备制造企业持续创新实现的激励机制主要是指在企业持续创新激励约束下，通过对企业员工进行物质激励和非物质激励，来激发全体企业员工在企业持续创新实现活动中的主动性和积极性。

首先，高端装备制造企业员工的需求会对企业机制产生影响，对高端装备制造企业员工进行激励是一个复杂的系统工程，由于不同类型、不同层次、不同个体背景的员工对激励机制的感受都是比较主观的，不同的人对于相同的激励机制会产生不同的评价，因此制定高端装备制造企业激励机制必须考虑企业员工的个人价值观、实际需求、公平感等因素，企业激励要以人为本，进行适当的调整，企业要依据自己企业员工的需求特征来确定自己的激励内容。

其次，物质激励是高端装备制造企业持续创新实现活动中最常见的激励方式，可以在一定程度上增加企业员工的创新热情，但是由于高端装备制造企业员工是企业持续创新实现的主体，此类员工具有明显的群体特征：业务素质突出、工作主动性强；脑力工作为主、工作量与工作价值量化难度大；对工作环境要求高、人员流动性强；自我实现需要强烈、成就欲望强。以上特征决定了此类人才相比物质奖励更加关注自身成长环境与机遇，所以非物质性激励的作用必不可少，但适当的物质性激励则能持续维持员工工作积极性与主动性，充分发挥其创新能力，实现自身价值，也就实现了企业目标。因此，对于员工的激励应该以物质激励与非物质激励相结合的方式，边际递减规律揭示出当物质需求达到较高满足度时，物质激励效果就会消减，此时被激励人会产生强烈的自我实现需求与尊重需求。而高端装备制造企业员工生活层次多样，其对自身信誉、能力等方面的认可更为迫切，这些无形资产也与其薪酬有着密切联系，因此授予其一定的荣誉和认可也就提高了其价值与资本。所以，物质激励与非物质激励是可以互为补充的，不可重此轻彼。

最后，高端装备制造企业持续创新实现的约束与激励是辩证统一的整体。一方面来说，激励和约束在字面上是对立的，因为激励目的在于激发人的积极性，引导人的行为，以促使人向既定目标努力靠近的过程。而约束则包含了约束条件、状态和约束力量等几个方面，目的在于惩罚人违背组织意愿的行为，使其改正行为，向着组织目标努力；另一方面，激励和约束又是统一的，从广义上来看，激励本身也是一种约束，其对于企业员工的激励效果越好，约束和压力也就越大，因为员工对正向激励有依赖感，会想办法继续获得这种激励。总之，激励和约束是不可分离的。

5.5 高端装备制造企业持续创新实现的风险防范机制

5.5.1 高端装备制造企业持续创新实现的风险防范机制框架

创新总是与风险共存的，高端装备制造企业的持续创新实现过程也就是企业发展和探索市场的过程,创新活动存在风险,企业外部的市场环境、技术发展、国家政策及企业内部的管理制度、人员流动等因素都会带来创新风险,因此完善的企业持续创新风险防范机制是高端装备制造企业持续创新实现的保障。高端装备制造企业持续创新实现的风险防范机制则是从众多的风险中识别出对企业创新发展有重大危害的风险类别,既包括常见的风险,也包括高端装备制造企业的持续创新实现特有的风险,依据识别结果进而采取相应措施,规避大风险,防范小风险的作用过程(如图5-5所示)。

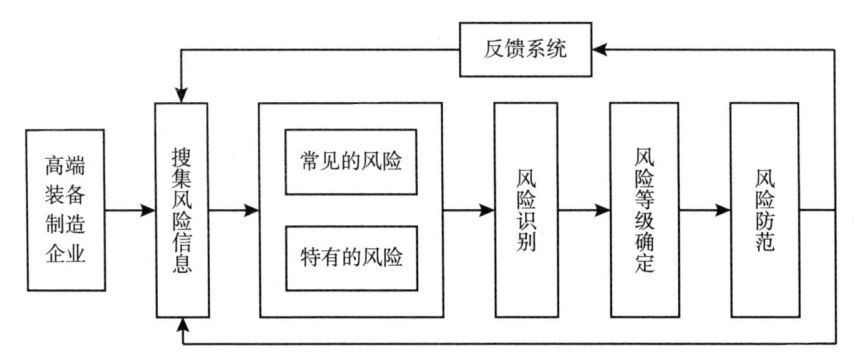

图 5-5 高端装备制造企业持续创新实现的风险防范机制框架

5.5.2 高端装备制造企业持续创新实现的风险防范机制分析

5.5.2.1 高端装备制造企业持续创新实现的风险类型

高端装备制造企业持续创新实现过程中由于经济社会环境的复杂性和不确定性,持续创新的高难度与超前性及市场的多变性,使高端装备制造企业持续创新实现的风险客观上存在。高端装备制造企业持续创新实现的风险主要包括常见的风险和特有的风险。其中,基本常见的风险包括市场风险、技术风险、决策风险、财政风险和制度风险等;特有的风险包括:持续创新项目评估与过程控制风险、企业合作伙伴选择和合作关系风险、知识转移与知识产权风险、人员流失与激励风险等[165]。

用图谱表示，如图 5-6 所示。

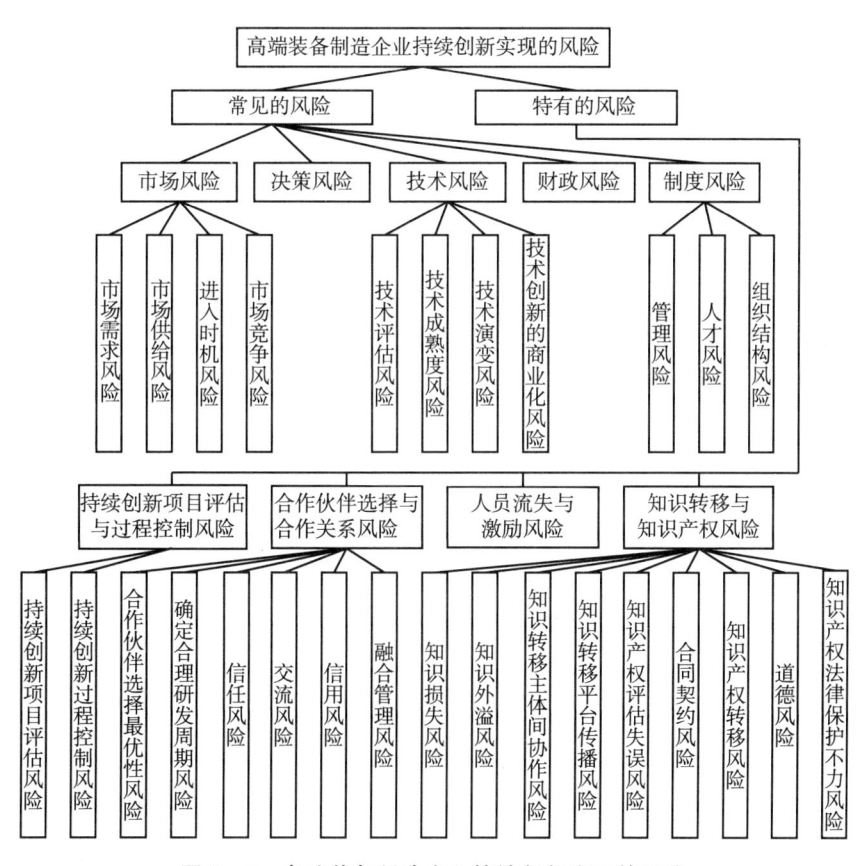

图 5-6　高端装备制造企业持续创新实现的风险

（1）常见的风险。

①市场风险。市场风险指的是由于市场的未知性而引发的风险[165]。例如由于企业产品创新时期对于市场需求了解不够或者市场环境变化快过企业产品研发周期等原因导致企业创新产品推出时面临过时或不符合市场需求等，从而导致产品销售困境。创新的目的在于产品商业化，如果创新的结果无法获得相应收益，则意味着创新的失败。而且，创新产品的商业化过程变化较快，创新活动更加容易因为外界环境的影响而陷

于失败。

高端装备制造企业持续创新实现的市场风险主要包括市场需求风险、市场供给风险、进入时机风险、市场竞争风险等。其中，市场需求风险是指由于顾客对新产品的外观、设计、性能、质量不了解及原有的消费惯性，使企业事先难以对市场容量大小和范围做出准确的估计，同时随着创新的进行，市场前景可能发生了很大的变化。市场供给风险主要包括资金供给、原材料供给和技术设备供给风险，其中原材料供给风险主要表现在三个方面：一是过分依赖国际市场进口的风险；二是由于原材料市场的买方竞争激烈，原材料价格上升迅速，创新成本随之增加；三是由于原材料的质量不稳定导致产品瑕疵。进入时机风险是指由于创新产品研发周期过短或过长，导致新产品推向市场的时候超出市场需求水平或者落后于市场需求水平，以至于新产品无法获得良好的销路；另外，新产品退出后也难以预测其市场扩散的速度。市场竞争风险主要是指竞争对手通过模仿、仿制等不正当手段推出类似产品，导致新产品失去价格优势，被竞争对手超越。此外，成熟的销售体系与营销渠道也必不可少，如果渠道不成熟也会导致新产品无法获得较高的市场占有率。

②技术风险。技术风险主要是由新技术不确定性、可行性、效果等因素引起的，这也是企业持续创新风险中的主要风险。一方面，企业技术水平不高和信息匮乏会导致企业技术创新风险；另一方面，企业管理层决策及企业创新技术选择失误也会导致企业技术创新风险[165]。任何一种情况一旦发生都可能导致企业投资失误、创新失败甚至企业破产。

具体到高端装备制造企业领域，其技术风险则包括以下几个方面：技术评估风险、技术成熟度风险、技术演变风险及商业化风险。技术评估风险是指有可能发生的技术评估失误，尤其是对于投资金额大、研发周期长、经济回报不可预见的大型项目，一旦出现技术评估失误将给企业带来巨大的损失。技术成熟度风险是指由于高端装备制造企业面临激烈的市场竞争，其急切需要采取新技术创新出有竞争力的产品，而技术发展规律是不以企业意志为转移的，如果技术不成熟就仓促上马，也会导致企业创新失败。技术演变风险是指当今社会技术发展迅速，由新技术研发的新产品生命周期也在随着新技术生命周期的缩短而缩短，在一项新技术刚刚应用时具有一定的先进性，但随着市场竞争的加剧，会有更多新技术、新产品涌现，原有的新技术就会过时，其指向的新产品也会被淘汰。技术创新的商业化风险是指消费者不熟悉新产品，对新产品从了解到信任需要较长的时间；分销渠道尚未畅通，销售渠道商对于新产品认识不足，销售支撑力度不足；新产品的品质不稳定，市场反馈差；新产品销售增长缓慢，利润少甚至亏损；技术创新商业化阶段越长，越难以获得成功。

③决策风险。持续创新的成功与否很大程度上取决于企业管理层的决策正确与否，在现实中，由于企业管理层的决策失误导致的创新失败案例数量众多。由于高端装备制造企业创新投入巨大，这对于企业管理层决策能力与水平要求更高，一旦发生决策失误，就会给高端装备制造企业带来无法挽回的巨大损失。企业战略决策关系重大，在决策前必须进行充分的市场调研、数据分析以及市场预测，再运用科学的方法进行决策。此外，企业管理制度规范有效及管理层人员相互密切配合也是决策成功的必要因素。

④财政风险。高端装备制造企业创新投入巨大，创新项目前期对资金投入要求高，且回报慢，这就对企业资金实力提出了较高要求。一旦资金投入不可持续或者企业内部财务管理混乱都会导致企业创新项目停滞甚至失败，企业前期投入成为沉没成本，会给企业带来巨大的损失。另外，银行等金融机构出于规避风险的考虑往往对于高风险性的创新性项目贷款持谨慎态度，企业如果在项目中期出现资金紧张状况将难以从银行等金融机构获得资金支持。加之项目后期如果没有持续的资金投入也会导致企业新产品陷入无法量产的困境。

⑤制度风险。制度风险主要是指企业组织机构设置与职能划分等情况无法满足企业创新需要而导致的风险。企业开展持续创新的时候会对

内部各机构部门及其职能提出更高要求，如果原有的企业组织架构无法满足企业创新要求或者企业部门职能不清都有可能导致企业创新活动受阻，如不及时对组织架构进行调整和优化就会导致企业创新活动的失败。

高端装备制造企业持续创新实现的制度风险主要包括以下几种：管理风险、人才风险和组织结构风险等。管理风险是指企业受制于落后的内部管理水平，导致企业创新实施过程难以推进或陷于混乱的风险；人才风险是指企业在创新实施过程中无法获得足够数量、质量的关键性人才，以及企业能否对关键性人才采取行之有效的激励措施从而激发其潜力的风险；组织结构风险是指由于企业内部部门配合不足、关键部门不尽职等原因导致企业无法在创新实施过程中获得有价值的市场信息，使得企业创新项目定位不准，从而导致创新失败的风险。

(2) 特有的风险。高端装备制造企业持续创新实现不仅仅是由企业内部研发部门进行创新，而是将企业内外部各种创新资源结合起来进行创新活动，所以高端装备制造企业持续创新实现不仅面临着市场、技术、财务、竞争、制度等方面的基本风险，还会遇到一些特有的挑战。高端装备制造企业面临的特有风险主要有：持续创新项目评估与过程控制风险、企业合作伙伴选择与合作关系风险、知识转移与知识产权风险、人员流失与激励风险等[165]。

①持续创新项目评估与过程控制风险。持续创新项目评估风险是指由于评估不足、判断失误等因素导致高端装备制造企业选择创新项目时陷入困境，再加上创新活动本身的不确定性，导致企业无法判断哪种项目具有投资价值和良好市场前景。一般来说，企业在选择创新项目的时候会成立专门的项目小组来评估创新项目，但是如果小组专业性不高或时间仓促也会导致项目评估报告不够科学，从而给企业带来损失。另外，即使确定了创新项目，高端装备制造企业在项目实施过程中也会持续对项目投入产出情况进行评估，受企业认知水平所限，一些前期表现不佳但后期发展潜力巨大的创新项目往往会被暂停，而一些前期表现良

好但发展后劲不足的项目往往会得到企业青睐，吸引企业投入巨大人力、物力、财力，虽然这类项目在短期内会给企业带来一定收益，但持续性不足，总收益无法覆盖企业投入成本，从而导致高端装备制造企业持续创新能力和竞争力下降。

过程控制风险是高端装备制造企业在持续创新实现过程中由于研发人员管理不力、研究过程管理不规范及新技术开发混乱等导致的风险。现今高端装备制造企业普遍采用了扁平化的管理架构，上层管理者负责管理的下层人员众多，管理难度加大，管理者难以有效获取个别员工的新创意、新想法，就算获得了新创意、新想法也难以及时向组织反馈，从而导致创新潜力的浪费，甚至导致才能突出的员工流向其他企业，放大了企业持续创新实现过程中的控制风险。

②企业合作伙伴选择和合作关系风险。企业合作关系是高端装备制造企业实现持续创新的重要条件，其合作伙伴选择风险主要体现在两个方面：一是合作伙伴选择的最优性风险，市场可以合作的企业、高校、科研院所、各种平台比比皆是，如何通过科研信息搜寻、筛选、评估出最佳的合作伙伴存在一定的风险；二是确定合理研发周期的风险，因为一旦合作伙伴确定，就要尽快制定研发周期，以希望研发结果早点出来投入市场，获取超额利润，希望周期越短越好，而对方可能由于时间、经历的有限，希望周期越长越好，二者就会存在矛盾和冲突，需要调节与缓和。

合作关系的风险主要包含以下几类：信任风险、交流风险、信用风险、融合管理风险等。其中，高端装备制造企业如果与合作创新伙伴相互信任度不高就会导致企业持续创新成本增大，对于市场反应变慢等。交流风险是指合作各方缺乏有效沟通，在创新项目实施过程中未能达成观念的一致，导致各方合作效率降低。信用风险是指由于法律规范的缺失或者各方所签合作协议的漏洞导致其中一方利用合作机会获取关键技术，并借助合作关系，从而成为高端装备制造企业的竞争对手，创新项目失败解体。管理风险不仅指高端装备制造企业内部组织架构、管理制度、企业文化等方面的缺陷或不足导致的风险，还指合作各方由于内部组织架构、管理制度、企业文化等无法有效融合，从而导致各方出现冲突，最终影响各方合作效率、信任程度及创新项目实施的风险。

③知识转移与知识产权风险。高端装备制造企业持续创新实现是需要外部知识和知识源的，持续创新的实现要求合作各方尽可能多地进行知识交流与转移，而知识转移正是企业持续创新过程中所面临的主要风险。其主要表现为知识损失风险、外溢风险、转移主体间协作风险以及平台风险等。知识损失风险是指由于知识转移过程中的各种问题导致知识破损，从而导致高端装备制造企业创新实现最终失败，知识破损一般是由以下几个方面原因造成的：一是知识转移中转点较多，导致知识传达失真；二是由于部分"隐性知识"难以具体表述，加之转移主体与受体的主观性，导致知识转移变形；三是由于知识具有不可分离的模块化特征，人为故意的分块转移也会导致知识损失。知识外溢风险主要是指由于合作各方保密不到位等原因导致知识外漏，未经授权的第三方获得重要知识的风险。知识转移主体间协作风险是指合作伙伴间密切合作，当彼此间协作出现问题时产生的风险，主要源于以下三个方面：一是知识转移主体中有人受利益驱使，故意向外界泄露知识；二是知识转移方的知识水平与知识接收方知识水平不对称导致知识转移难以进行；三是知识转移方与知识接收方相互不信任，转移方故意隐藏部分重要知识，导致知识转移失败。知识转移平台传播风险是指由于平台的某些局限性可能会使转移的知识不完整，导致知识转移失败；由于网络本身的安全隐患导致知识转移过程中发生关键知识泄露；由于日益多元化的平台传播知识管理的困难程度导致存在潜在的知识转移风险。

高端装备制造企业持续创新实现的知识产权风险是由于知识产权管理不当、法律保护不当、道德风险等原因导致的知识产权持有者面临当前或潜在权益损失的风险。具体表现为知识产权评估失误、合同契约不规范、知识产权转移不当、道德风险及法律保护不力等风险。其中，知识产权评估失误的风险表现在知识产权的定位和定价两个方面，前者表现为对知识产权在本企业中的定位出现"假阴性"或"假阳性"的评估失误；后者表现为对知识产权定价过高或者过低的失误。合同契约风险是指高端装备制造企业与创新合作伙伴所签署的合作契约不完整或有明显漏洞，导致对合作方约束不足，从而引发知识产权纠纷。知识产权转移风险是指知识产权在转移过程中由于管理不规范等原因可能发生外泄等风险。道德风险是指一方共享的知识产权可能遭到另一方的滥用或者外泄的风险，而这种风险往往会给企业带来致命的打击。知识产权法律保护不力风险是指由于知识产权法所覆盖的范围可能不完全、执行不力导致的风险。

④人员流失与激励风险。高端装备制造企业持续创新实现的人员流失风险是由于合作创新导致企业创新重要员工或关键人才流失的风险。高端装备制造企业合作创新过程中要求合作各方人员齐心协力，全力合作。各方长期合作交流，虽然能够促使合作创新项目的顺利进行，但也会使企业观察到对方人员的能力，等到合作结束，一方有可能会提供更高的薪金福利吸引另一方关键人才的加入，从而使另一方企业遭受损失。此外，在高端装备制造企业合作创新过程中往往会有风险投资机构的加入，可能会导致部分掌握研发成果的人员借助风险投资机会离开企业，另立门户，成立竞争性的公司，这对于高端装备制造企业也是一大打击。激励风险是指合作创新中由于风险承担和利益分成的激励不完善导致的创新风险，合作各方在创新过程中应承担与收益相对等的风险，这对各方在创新的积极性及创新的效率方面具有深刻影响，如果没有公平、公正、公开的激励机制，会导致创新积极性低下，创新面临失败的风险。

5.5.2.2　高端装备制造企业持续创新实现的风险防范机制分析

（1）风险的识别。

风险识别的目的在于明确高端装备制造企业在实施持续创新过程中

可能遇到何种风险,这些风险主要有哪些类别与明细,这些风险可能对持续创新实施造成的影响。风险识别要综合多种手段,既要通过感性认识和经验进行初步判断,更要运用科学的方法对各类资料、数据进行归纳与分析,从而预测这些风险发生的可能性与可能造成的损失情况。风险识别的方法与工具众多,如 SWOT 分析、头脑风暴、因果分析法、实地访谈法、情景分析法等。在实际工作中进行风险识别时要结合当前实际情况,灵活运用以上方法。

(2) 风险的等级划分。

高端装备制造企业对于持续创新实现识别出的风险进行等级划分,分为五个等级:最低级、较低级、一般、较高级和最高级。其中,最低等级的风险,此时高端装备制造企业持续创新项目进展一切都很顺利,无须进行过多的干预,保持当前的工作状态即可;较低等级的风险,此时高端装备制造企业持续创新项目进展比较顺利,研发过程与沟通时稍有困难,但是比较容易克服,需要相关技术或者管理方面的努力,及时修正;一般等级的风险,此时高端装备制造企业持续创新项目进展情况一般,虽然能够按时完成相应目标,但是中途问题不断,问题虽多依旧在可控制范围内,需要及时排查问题原因,解决相关问题;较高等级的风险,此时高端装备制造企业持续创新项目进展很不顺利,经常需要多部门、多合作方共同协商才能继续,具有很大的风险,需要各部门、各合作方及时做出调整,规避风险;最高级别的风险,此时高端装备制造企业持续创新项目进展几乎停滞,持续创新面临失败,意味着风险已经形成,没有继续的必要,除非对相关项目的市场、目标重新定位和调整。

(3) 风险的防范策略。

高端装备制造企业对于市场风险的防范策略包括:①对市场容量、顾客偏好、消费习惯等重要信息进行细致调查与分析,使得企业创新实现活动符合市场需求;②充分了解市场供给情况,以保障创新活动中的资金投入、原材料供应以及技术支持等,从而保障产品质量;③科学预判研发产品的性能与市场地位，选择合宜的进入市场时机，避免由于过早或过晚进入市场导致的需求不足或者占有率低等不利情况；④一旦新产品进入后，会面临激烈的市场竞争，除了要实施有效的营销战略组合，建立广泛的销售渠道和网络外，还应防止竞争对手采用反向工程进行模仿。

高端装备制造企业对于技术创新风险的防范包括：①持续不断增强企业的技术创新能力。技术创新能力是企业生存与发展的核心竞争力，高端装备制造企业应通过多种渠道不断增强自身技术水平与核心竞争力，如人才引进、购买专利及与先进企业合作开发等。②加强技术研发与引进的投入。技术研发与引进是企业提高技术水平的主要渠道，同时需要大量资金，但这些资金投入一般可以通过技术创新应用市场化来收回。③充分利用政府的创新支持政策。政府为促进高端装备制造企业创新，在财政、税收、金融等方面给予高端装备制造企业诸多优惠政策与支持，高端装备制造企业应以此为引导，充分利用政府有利政策规避创新风险。④强化技术创新的组织与管理。企业应在创新实施的全过程中加强组织、管理，为技术创新提供组织保障，促成创新目标的实现。⑤加大技术创新人才培养力度。技术创新人才体现出高端装备制造企业的核心竞争力，其数量、质量很大程度上可以决定高端装备制造企业创新的成败，对于创新人才培养的投入往往可以为企业带来数倍的回报，因此高端装备制造企业应适当加大对于技术创新人才的培养，并用有竞争力的薪资待遇留住人才，为企业持续创新提供人才支撑。

高端装备制造企业必须建立符合持续创新需求的决策机制、决策程序及决策标准等，尤其在对创新项目进行决策前要充分收集相关资料与数据，科学论证，形成科学的可行性研究报告，充分揭示项目可能面临的风险，以及规避相关风险的具体措施。及时发现并规避这些风险对于企业创新项目实施的意义重大。对于高端装备制造企业来说，其管理层在面临创新决策时更应该充分收集各类情报信息，科学分析与整理，为决策提供可靠参考，通过科学方法及可靠数据进行科学决策。

高端装备制造企业识别财务风险首先要充分调查了解可能产生财务风险的各种因素，只有充分识别财务风险才能及时采取规避财务风险的相关措施，尽可能减少其引起的损失。在当前经济全球化形势下，高端装备制造企业面临着日益激烈的竞争，其财务风险也存在于持续创新实施的全过程中，因此要尽可能识别并规避财务风险，极力降低财务风险发生的可能性并降低其发生时可能给企业带来的损失。

防范创新制度风险主要有以下几个措施：①提高风险管理意识。要增强抗风险能力首先要增强抗风险意识，高端装备制造企业应以风险管理制度为支撑，在企业全员中建立抗风险意识，提高企业整体抗风险意识。②协调市场、技术与资金的关系。保证市场、技术与资金间循环良好，尽可能避免多个企业主体在实施创新过程中出现原则、理念与目标等方面的冲突，将所有创新主体的意识与行为统一到持续创新实施过程中去，最终促成持续创新目标的实现。

高端装备制造企业对于持续创新项目评估与过程控制风险的防范。在持续创新项目评估方面，应成立专门的评估小组对创新项目进行科学的可行性评估，确保形成的可行性评估报告不会出现重大失误；避免短视行为，不要图短期效益好而放弃了早期表现不佳但未来市场潜力巨大的创新项目。在持续创新过程控制方面，应对创新人员、研究进度及技术开发等内容进行全流程控制，对员工的信息及新想法、新创意进行及时有效地处理，保障留住创新人才；充分利用信息技术、云技术等先进工具，突破原有企业边界，使得广泛分布于社会各个节点的知识、信息、技术得到有力的控制。

高端装备制造企业对于合作伙伴的选择和合作关系风险的防范。在合作伙伴关系选择上，要通过多种手段方式寻找出成本低、收益高、符合企业要求的最佳合作伙伴，继而商定创新项目最佳研发周期问题。在合作关系方面要克服机会主义行为，选择信用度高的伙伴；保障畅通有效的沟通交流机制，建立开放包容的合作组织框架。

高端装备制造企业对于知识转移与知识产权风险的防范。在知识转移风险防范上，应建立科学合理的知识转移标准，尽量保障知识转移中编码、解码过程的客观性；尽可能准确地描述知识转移中的隐性知识，避免隐性知识失真；制定严格完整的合作契约，避免因合作方有漏洞可循而导致的知识外泄；尽量平衡知识转移各方的知识认知水平，减小各方差距，保障知识顺利转移；建立功能齐全的知识转移平台，保障知识转移的安全性与完整性；公正客观地对知识产权进行评估与定价，避免知识产权价格过高或过低；在创新合作各方合作契约中明确界定各方知识产权范围，指明将要研发出的新的知识产权的归属及各方所占比例，避免某一方利用契约漏洞非法牟利，防止合作伙伴对企业知识产权的模仿或挪用等不当使用所导致的道德风险。

高端装备制造企业对于人员流失与激励风险的防范。防范最重要的就是建立与合作伙伴间的创新风险承担与利益分成的激励机制，公平合理的激励机制应以公平、公正为制定原则，使合作各方所需承担的风险与将要获得的收益成正比，同时充分发挥创新合作各方关键技术人员的参与度，并给予其合理的报酬，从而进一步激发其创新积极性与潜力，避免关键人才的流失。

5.6 高端装备制造企业持续创新实现的机制模型构建

高端装备制造企业持续创新实现的机制包含四个要素，即基于和谐管理理论的高端装备制造企业持续创新实现的过程、决策机制、激励机制和风险防范机制。高端装备制造企业持续创新实现机制就是高端装备制造企业在持续创新实现过程中，相应的决策机制、激励机制和风险防范机制共同发挥作用，促进高端装备制造企业持续创新实现的一种功能。其中，高端装备制造企业持续创新实现过程中，在企业创新主题辨识和诱导漂移阶段，决策机制起着主导性作用；在创新的双规则及耦合作用阶段，激励机制发挥着主导性作用；风险防范机制贯穿高端装备制造企业持续创新实现的全过程。在对高端装备制造企业持续创新实现机制要素分析的基础上，构建的高端装备制造企业持续创新实现的机制模型（如图5-7所示）。

高端装备制造企业的一切创新主题的确定都需要进行创新决策，从而明确创新目标和实施过程，这就需要企业具备相应的决策机制，决策机制是依据企业发展的目标，通过整理、利用企业内外部知识和信息，继而通过分析和评估企业持续创新项目，最终确定企业的持续创新主题的综合作用过程，其在高端装备制造企业持续创新实现中具有指挥功能；激励机制是企业激励主体采用激励手段将企业员工行为一致引向企业持续创新的过程，激发企业员工的持续创新热情和积极性，促进实现持续创新目标的综合作用过程，其在高端装备制造企业持续创新实现过程的创新双规则耦合作用中发挥着最为核心的作用；风险是企业持续创新实现与生俱来的敌人，它们藏匿于企业持续创新活动的各个角落，往往在某一天借由某个契机或者某个具体的创新项目突然对企业发动攻击，让企业措手不及，这就要求企业必须先发制人，即通过积极识别判断企业创新项目中的风险，依据识别结果，调整企业相应的持续创新活动，进而保障企业持续创新活动的顺利实现，另外高端装备制造企业持续创新实现过程中的风险包括常见的风险和特定的风险两类，这些风险即贯穿于创新活动中，也会存在于决策机制和激励机制当中，因此高端装备制造企业持续创新实现机制就是将在企业持续创新过程中发挥作用的决策机制、激励机制及风险防范机制进行协同，目的在于使其能够适应内外部环境变化，通过整合信息、共享资源及相互配合等方式降低风险概率，尽可能规避风险，保障企业持续创新活动的顺利实施与实现。

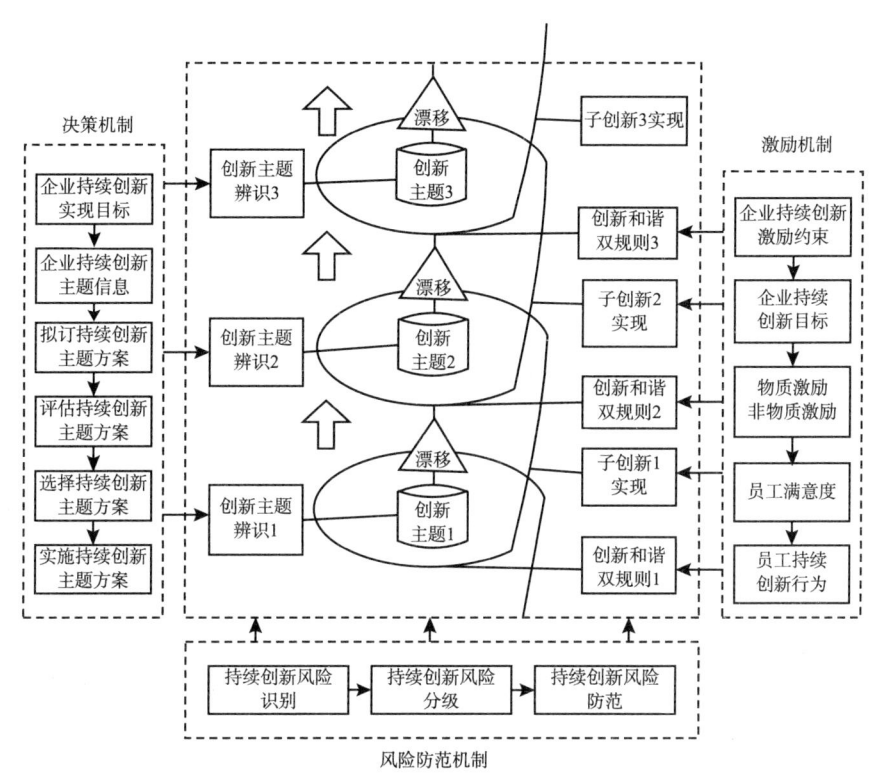

图 5-7　高端装备制造企业持续创新实现的机制模型

5.7　本章小结

本章运用和谐管理理论的相关知识分析了高端装备制造企业持续创新实现的一般过程，在此基础上阐释了高端装备制造企业持续创新实现的决策机制、激励机制、风险防范机制，然后通过分析决策机制、激励机制及风险防范机制在高端装备制造企业持续创新实现过程中的作用功能，构建了高端装备制造企业持续创新实现的机制模型。

第 6 章

高端装备制造企业持续创新实现的绩效评价

在前面通过对高端装备制造企业持续创新实现的形成机理、关键影响因素、实现机制三个方面分析高端装备制造企业是如何实现持续创新的基础上,我们对高端装备制造企业持续创新实现的结果进行评价,来了解我国高端装备制造企业持续创新实现的实际情况。因此,本章通过参照前人研究的基础,运用模糊粗糙集—组合赋权—灰色定权聚类—证据理论的组合综合评价方法对我国高端装备制造企业持续创新实现的绩效进行实证评价,为我们准确了解高端装备制造企业持续创新实现的结果情况提供依据,是高端装备制造企业持续创新实现研究中必不可少的环节。

6.1 高端装备制造企业持续创新实现绩效评价的基本概念

国内外相关研究机构和专家学者们对企业持续创新实现绩效的评价研究从很早就开始了,自 20 世纪 80 年代,经济合作与发展组织

（OECD）和欧盟就开始积极推进创新绩效指标的建立，20世纪90年代以来，OECD出版了设计技术创新能效评价指标体系的《奥斯陆手册》（《Oslo Manual》）[166]，欧共体创新调查委员会（CIS）开始不断制定及修正"创新框架性指标"（SII）、"创新联盟指标"（EIS）、"创新综合指数"（SII）[167]，21世纪初，澳大利亚知识产权研究所（IPRIA）分别从国家和企业两个层面构建创新评价指标体系[168]，中国科技部提出构建了"中关村指数指标体系"（2005）和"杭州创新指数指标体系"（2008）[169]。同时，通过问卷调查，笔者总结出64个衡量企业创新绩效的指标（Driva et al., 2000）[170]；构建了"澳大利亚创新记分牌"的评价指标体系（Paul；Alfons，2006）[171]；从适合顾客当前需要、适合顾客将来需求、速度和成本四个组成部分对创新绩效进行评价（James，2000）[172]；从财务、经营和效率三个层面构建了创新绩效评价指标体系，并对100个契约联盟进行了实证研究（Lunnan et al., 2008）[173]；国内学者中，向刚（2004，2010，2011）对企业持续创新绩效评价研究的较多，分别采用索洛增长方程、模糊粗糙集方法、模糊集贴近度模型等方法构建了企业持续创新绩效的评价模型，并进行了相应的实证评价研究[99][174][175]；另外，段云龙等（2012）运用主成分投影法建立了评价企业持续创新实现绩效模型，选择云南省的19家创新型企业为研究样本进行实证评价，同时又从企业持续创新实现机制出发，构建了基于动力、能力和机遇的企业持续技术创新实现模型，并以联想为例证实了该模型的可行性[66]；李兴宽等（2010）通过经济、社会环境和技术等方面的11个评价指标，运用粗糙集评价模型对云南省7个企业的创新绩效进行了评价[176]；单红梅（2002）构建了包含经济和社会两方面效益的技术创新绩效评价指标体系，采用模糊数学中综合判断方法对企业技术创新的绩效展开评价[177]；裴潇、陈俊（2013）运用灰色关联度模型评价了湖北省高技术企业的创新绩效[178]。以上研究均为企业持续创新实现绩效的评价提供了多样化的研究思路，拓展了持续创新实现绩效评价的研究脉络，但这些研究往往对评价指标体系的确定缺乏科学、定量的标准,评价过程中方法较为单一,由于单一的方法自身的局限性影响着评价结果的可信性,导致评价结果缺乏较强的说服力。本章参照前人的研究,运用模糊粗糙集—组合赋权—灰色定权聚类—证据理论方法对高端装备制造企业持续创新实现的绩效进行评价,并进行相应实证分析,保障了评价过程的科学性和评价结果的可信性。

6.1.1 高端装备制造企业持续创新实现绩效的概念特征

基于学术界对企业持续创新理论的已有研究,结合我国高端装备制造企业持续创新方面的具体实际,可以将高端装备制造企业持续创新实现绩效界定为:在较长一段时间内,为了实现企业的可持续发展目标,高端装备制造企业通过持续地推出和实施产品创新、工艺创新、市场创新、管理创新等创新项目,从而持续取得的包含经济效益、科技效益、社会效益、生态效益在内的创新成果和收益。

持续创新是高端装备制造企业可持续发展的核心,持续性是高端装备制造企业持续创新实现的本质特征,基于本书高端装备制造企业持续创新实现绩效的概念内容,发现其具有如下特征:

(1)系统性。

高端装备制造企业持续创新实现绩效是从整个系统的角度来考虑该企业持续创新实现绩效的,是包含了经济效益、科技效益、社会效益、生态效益在内的多要素的系统评价。

(2)持续性。

高端装备制造企业持续创新实现绩效不同于一般的创新实现绩效,并非单一的、短期的创新实现绩效,而是具有长时期性、持续性的特征,具体体现为企业持续创新实现中经济效益的持续增长,以及科技、社会、生态方面效益的可持续发展。

(3)综合性。

对高端装备制造企业持续创新实现绩效进行评价,不只是评价技创新效益，而是对包含技术创新、管理创新、制度创新等多种创新效益的综合性评价，多角度的综合性评价能够保障评价结果的客观性和全面性。

（4）绿色性。

高端装备制造企业的可持续发展应符合环保要求，这种要求体现在企业的持续创新绩效的生态效益中，即高端装备制造企业的持续创新不应该以牺牲环境为代价，来实现经济的持续增长，保障经济增长和环境保护的双赢局面是高端装备制造企业持续创新发展的必然要求。

6.1.2 高端装备制造企业持续创新实现绩效的构成要素

基于对高端装备制造企业持续创新实现绩效的概念界定，我们可以看出其包含了经济绩效、科技绩效、社会绩效和生态绩效四个组成部分。

（1）经济绩效。

从本质上讲，创新是一个经济概念，经济绩效是创新实现绩效的核心要素。因此，高端装备制造企业持续创新实现绩效的最为直接的体现就是它的经济绩效，显著的、持续增长的经济绩效是推动企业实施持续创新的强大动力，有助于维持高端装备制造企业的强大竞争优势，为企业的可持续发展注入活力。

（2）科技绩效。

创新不单单是一个组织经济发展的源泉，其往往也会促进科技的发展进步。在持续创新实现过程中，高端装备制造企业会通过不断的持续创新活动获取包含发明专利、行业技术标准等在内的产物，是在持续创新过程中有关知识和技术的渐进性积累的结果。

（3）社会绩效。

社会绩效往往是对高端装备制造企业持续创新实现绩效的一个综合反映，是判断持续创新实现是否有利于促进企业经济效益持续增长的重要表现，一般体现为企业在持续创新实现过程中所拥有的产品品牌数量、企业的社会美誉度等多个方面。

（4）生态绩效。

生态绩效一般包含环保产品、能耗降低技术等内容，是高端装备制造企业通过持续创新活动实现的有利于经济、社会、生态协调发展的效益内容。其符合高端装备制造企业可持续发展的要求，在一定程度上体现了高端装备制造企业承担的社会责任。

6.1.3 高端装备制造企业持续创新实现绩效评价的流程及方法

科学评价高端装备制造企业持续创新实现绩效离不开指标的海选、筛选、赋权、聚类和合成评价各个环节。当前包含层次分析方法、数据包络分析方法、模糊综合评价方法等，在评价企业持续创新绩效过程中发挥了重要的作用，但是这些方法本身各有优势也各有缺陷。高端装备制造企业持续创新实现的绩效是一个具备丰富内涵的多层次的综合内容，其评价问题是一种多属性评价。多属性评价的复杂性，以及专家能力和知识的局限性，有可能导致在对高端装备制造企业持续创新实现绩效评价的过程中出现如下特点：评价中存在模糊的、不完全性的信息；评价中会出现属性值缺失的现象。基于这些特征问题，评价者很难从不同角度对评价内容进行准确判断，因此评价者往往只愿意或者只能够通过不完全性的信息进行评价。上述传统的评价方法受自身单一方法的局限性影响，往往不能区分"不知道"和"不确定"信息，在信息不完全情况下，无法实现对高端装备制造企业持续创新实现绩效的客观评价。

因此，本书综合运用模糊粗糙集—组合赋权—灰色定权聚类—证据理论方法对高端装备制造企业持续创新实现绩效进行评价，保证了评价中每一个环节的科学性，四个环节环环相扣，是保障其评价结果科学性、有效性的重要途径。该方法首先利用模糊粗糙集法删除高端装备制造企业持续创新实现绩效评价指标集中同一准则层内给定精度下不影响评价对象分类的指标，由此保障构建的绩效评价指标体系能够显著影响其评价结果；其次利用极差最大化组合赋权方法对 G1 法、G2 法、均值方差法和离差法四种赋权方法的赋权结果进行修正，保障不同赋权方法结果的一致性；最后运用灰色定权聚类和证据理论方法综合评价，保障充分利用定权聚类中得到的各聚类对象所属灰类的信息，能够减少单纯使用聚类系数最大化原则聚类造成的信息损失，保证了最终评价结果的全面性和可靠性。

具体的评价流程如图 6-1 所示。

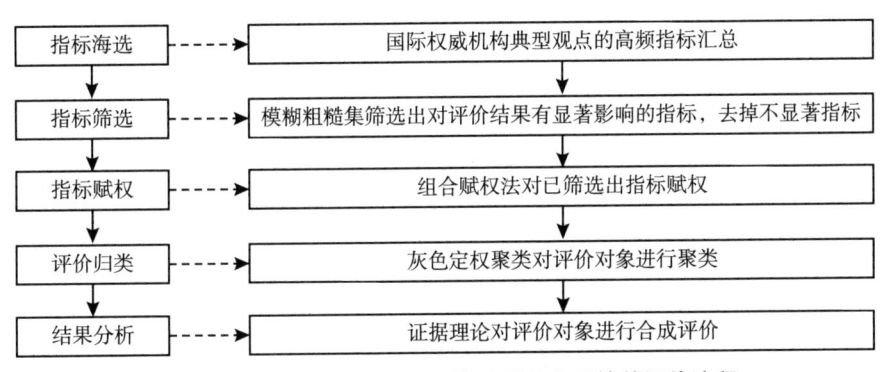

```
指标海选 ----> 国际权威机构典型观点的高频指标汇总
指标筛选 ----> 模糊粗糙集筛选出对评价结果有显著影响的指标，去掉不显著指标
指标赋权 ----> 组合赋权法对已筛选出指标赋权
评价归类 ----> 灰色定权聚类对评价对象进行聚类
结果分析 ----> 证据理论对评价对象进行合成评价
```

图 6-1　高端装备制造企业持续创新实现绩效评价流程

6.2　高端装备制造企业持续创新实现绩效评价指标的体系及权重

6.2.1　评价指标体系设计原则

依据高端装备制造企业持续创新实现绩效的基本内涵，为保障对高

端装备制造企业持续创新实现绩效评价结果的客观性和合理性，首先需要建立科学的评价指标体系，其要求在指标的选取和设计中遵循如下原则：

（1）系统性原则。

要求建立的评价指标体系包含尽可能完整和系统的具体指标内容，精炼而有代表性，避免出现冗余和重复的指标。对企业持续创新实现绩效的评价要做到重点反映经济效益，同时兼顾科技、社会和生态效益。

（2）科学性原则。

科学性原则是保证高端装备制造企业持续创新实现绩效评价结果合理性的基础，因此，在设计指标体系时要以现代统计理论为基础，保障各评价指标之间协调统一，同时能够将企业持续创新实现的要求准确反映出来。

（3）持续性原则。

持续性是高端装备制造企业持续创新实现绩效的核心特征，体现在评价指标中是指企业效益增长的持续性，通过对企业在较长时间内的数据信息进行收集分析，全面考察其持续性特征。

（4）可操作性原则。

可操作性是评价高端装备制造企业持续创新实现绩效的基础条件，缺乏可操作性，则评价活动根本无法进行下去。可操作性具体体现为评价指标和指标测度标准尽可能具体明确、以定量指标为主，计算公式尽可能合理准确等方面。

6.2.2 国际权威机构典型观点高频指标的海选

以国际权威机构（OECD、CIS 和 IPRIA）的典型观点高频指标为重点，结合参考文献的梳理和调查研究海选高端装备制造企业持续创新实现绩效的评价指标。

6.2.3 模糊粗糙集（MC）法筛选指标

6.2.3.1 模糊粗糙集法原理

模糊粗糙集是采用变精度粗糙近似集，计算近似分类质量，在保证 $\gamma_R(X)=1$ 条件下，进行指标约简的方法。

6.2.3.2 模糊粗糙集法筛选指标模型步骤

（1）计算模糊相似类。

设在信息体统 S = {U，C，V，F} 中，令 x_s 和 x_t 为评价的对象，U 为评价的集合，m 为评价指标的个数，v_{ij} 为第 i 个评价对象第 j 个指标标准化后的值[179]。则定义的模糊相似关系 R 为式（6-1）：

$$x_s R x_t = \left\{ (x_s, x_t) \in U \times U \mid \frac{1}{m}\sum_{j=1}^{m} |v'_{sj} - v'_{tj}| \leq \alpha \right\} \quad (6-1)$$

其中，1-α 是对象 x_s 和 x_t 的相似度。在此基础上，定义所有与 x_i 模糊相似的对象集称为 x_i 的模糊相似类[179]，表示为式（6-2）：

$$FR(x_i) = \left\{ x_s \in U \mid \frac{1}{m}\sum_{j=1}^{m} |v'_{sj} - v'_{tj}| \leq \alpha, j = 1, 2, \cdots, m \right\} \quad (6-2)$$

（2）计算变精度粗糙集的下近似集。

将所有指标产生的分类当作 X，把删除某指标 c_i 后的分类当作 FR。其中，|·| 表示集合中所包含元素的数量[179]。其计算公式为式（6-3）：

$$\underline{R}_\beta(X) = U\left\{ x \in U \mid \frac{|X \cap FR(x)|}{|FR(x)|} \geq \beta \right\} \quad (6-3)$$

令 X = {X_1，X_2，…，X_n} 为 U 的一个划分，该分类独立于知识 R，则 X 的下近似集[179]为式（6-4）：

$$\underline{R}_\beta(X) = \{\underline{R}_\beta(X_1), \underline{R}_\beta(X_2), \cdots, \underline{R}_\beta(X_n)\} \quad (6-4)$$

（3）计算近似分类质量系数。

其计算公式[179]为式（6-5）：

$$\gamma_R(X) = \sum_{i=1}^{n} |R_\beta(X_i)|/|U| \qquad (6-5)$$

其中，|·|表示集合中所包含元素的数量。若 γ_R 的值为 1，则说明删除 c_i 后的指标集和所有指标产生分类结果相同，该指标可以删除；否则，保留该指标。

6.2.4 组合赋权法（ZF）确定评价指标权重

6.2.4.1 极差最大化组合赋权法原理

极差最大化组合赋权是对不同的单一赋权方法得到的不同权重进行修正[180]，即在不同评价得分的组合中，其中第 i 个评价对象得分偏离该组合得分均值的程度来确定组合权重。

6.2.4.2 极差最大化组合赋权模型步骤

（1）四种单一赋权方法对已筛选出的指标进行赋权。

四种单一赋权方法对指标赋权的具体过程如表 6-1 所示。

表 6-1　　　　　　　四种单一赋权方法步骤

单一赋权方法	赋权模型构建的步骤
G1 法 主观赋权	用 G1 法确定指标的顺序关系； ①请专家给定相邻指标 x_{k-1} 与 x_k 间的重要程度之比，即 r_k 的理性赋值； ②准则层下第 l 个指标对该准则层的 G1 法权重 w_l 为式（6-6）： $$w_l = \left(1 + \sum_{k=2}^{l} \prod_{i=k}^{l} r_i\right)^{-1} \qquad (6-6)$$ ③由权重 w_l 得出第 l，l-1，…，3，两个指标的权重公式[181]为式（6-7）： $$w_{k-1} = r_k w_k \quad k = l, l-1, \cdots, 3, 2 \qquad (6-7)$$
G2 法 主观赋权	用 G2 法确定指标的顺序关系； ①请专家给出最不重要的唯一一个指标，记为 x_m； ②请专家给出其余指标 x_k 与 x_m 间的重要程度之比，即 a_k 的理性赋值； ③则准则层下第 k 个指标对该准则层的 G2 法权重 w_k 为[181]式（6-8）： $$w_k = a_k \bigg/ \sum_{k=1}^{l} a_k \qquad (6-8)$$

续表

单一赋权方法	赋权模型构建的步骤
均值方差客观赋权	设 w_k 为第 k 个指标的权重，x_{ik} 为第 i 个评价对象第 k 个指标规范化处理后的分值，n 为被评价对象的数量，l 为评价指标的个数[181]，则其权重的公式为式 (6-9)： $$w_k = \sqrt{\sum_{i=1}^{n}\left(x_{ik} - \frac{1}{n}\sum_{i=1}^{n}x_{ik}\right)^2 / n} \Big/ \sum_{k=1}^{l}\sqrt{\sum_{i=1}^{n}\left(x_{ik} - \frac{1}{n}\sum_{i=1}^{n}x_{ik}\right)^2 / n}$$ (6-9)
离差法客观赋权	设 w_k 为第 k 个指标的权重，x_{ik} 为第 i 个评价对象第 k 个指标规范化处理后的分值，n 为被评价对象的数量，l 为评价指标的个数[182]，则其权重的公式为式 (6-10)： $$w_k = \sum_{j=1}^{n}\sum_{k=1}^{n}|x_{ij} - x_{ik}| \Big/ \sum_{i=1}^{l}\sum_{j=1}^{n}\sum_{k=1}^{n}|x_{ij} - x_{ik}|$$ (6-10)

(2) 极差最大化法确定权重向量 $\lambda = (\lambda_1, \lambda_2, \cdots, \lambda_m)^T$。

利用加权平均方法[181]得到第 i 个被评价对象的评价得分为式 (6-11)：

$$Z_i = \sum_{k=1}^{l} x_{ik}\alpha_k^{(j)} \qquad (6-11)$$

根据式 (6-11) 可以得到在每种单一赋权评价方法下每一个被评价对象的得分情况。

对 G1、G2、均值方差和离差法的评价得分组合形成综合得分矩阵 Z，对其标准化得到矩阵 Z^*，把 Z^* 代入式 (6-12) 中，得到矩阵 Z^* 的协方差矩阵 H[180]。即：

$$H = (Z^*)^T Z^* \qquad (6-12)$$

根据最大差距拉开评价对象的级差差异原则，由此得到如下规划问题[180]，如式 (6-13) 所示：

$$\begin{cases} \max \quad \lambda^T H \lambda \\ \text{s. t.} \quad \lambda^T \lambda = 1 \end{cases} \qquad (6-13)$$

由文献可知，式 (6-13) 的最优解即是协方差矩阵 H 的最大特征根所对应的特征向量 W，归一化后，得到权重向量 $\lambda = (\lambda_1, \lambda_2, \cdots,$

$\lambda_m)^T$,其中,λ_i 为第 i 种单一赋权值的调节量[180]。则得式 (6-14):

$$\theta_i = \lambda_1 \alpha_i^{(1)} + \lambda_2 \alpha_i^{(2)} + \lambda_3 \alpha_i^{(3)} + \lambda_4 \alpha_i^{(4)} \quad (6-14)$$

其中,θ_i 为第 i 个指标的组合权重,$\alpha_i^{(1)}$ 为第 i 个指标的 G1 法赋权,$\alpha_i^{(2)}$ 为第 i 个指标的 G2 法赋权,$\alpha_i^{(3)}$ 为第 i 个指标的均值方差赋权,$\alpha_i^{(4)}$ 为第 i 个指标的离差法赋权。

6.3 高端装备制造企业持续创新实现绩效评价模型的构建

6.3.1 评价模型原理

灰色定权聚类,是依据灰色定权聚类系数的值来对聚类对象进行归类的方法,证据理论是运用专家评语构成模糊评语集形式,对以概率形式出现的具有不确定性评价对象的特征集进行融合研究的方法。基于灰色定权聚类与证据理论的综合评价是运用灰色定权聚类对评价对象即高端装备制造企业进行分类,在此基础上,以高端装备制造企业作为识别框架,以灰色聚类系数矩阵为基本概率分配函数式,运用证据理论合成法则合成信度函数,得到综合评价结果[28]。该综合评价方法的优势是能够充分利用定权聚类中得到的各聚类对象所属灰类的信息,能够减少单纯使用聚类系数最大化原则聚类造成的信息损失,保证了最终评价结果的全面性和可靠性。

6.3.2 灰色定权聚类法 (HD) 聚类

6.3.2.1 灰色定权聚类法原理

灰色定权聚类,是在利用灰色系统处理"贫信息、少数据"评价问题时，依据灰色定权聚类系数的值来对聚类对象进行归类的一种方法[125]。

6.3.2.2 灰色定权聚类评价模型的步骤

（1）结合实际数据和专家意见确定白化权函数 $f_j^k(\cdot)(j=1,2,\cdots,m\ k=1,2,\cdots,s)$。

假定有 n 个被评价对象，m 个评价指标，根据第 i 个对象关于第 j 个指标的样本值 $x_{ij}(i=1,2,\cdots,n\ j=1,2,\cdots,m)$，将该对象归入第 k 个灰类之中，称为灰色聚类。将 n 个对象关于 j 指标的取值相应分为 s 个灰类，我们称之为 j 指标 k 子类[126]。将 j 指标 k 子类的白化权函数记为 $f_j^k(\cdot)(j=1,2,\cdots,m\ k=1,2,\cdots,s)$。

设典型白化权函数中，$x_j^k(1)$、$x_j^k(2)$、$x_j^k(3)$、$x_j^k(4)$ 为 $f_j^k(\cdot)$ 的转折点，则该白化权函数的计算公式[126]如式（6-15）所示：

$$f_j^k = \begin{cases} 0 & x \notin [x_j^k(1), x_j^k(4)] \\ \dfrac{x - x_j^k(1)}{x_j^k(2) - x_j^k(1)} & x \in [x_j^k(1), x_j^k(2)] \\ 1 & x \in [x_j^k(2), x_j^k(3)] \\ \dfrac{x_j^k(4) - x}{x_j^k(4) - x_j^k(3)} & x \in [x_j^k(3), x_j^k(4)] \end{cases} \quad (6-15)$$

白化权函数 $f_j^k(\cdot)$ 具有三种表现形式：第一种是上限测度白化权函数，用 $f_j^k[x_j^k(1), x_j^k(2), -, -]$ 表示，此时 $f_j^k(\cdot)$ 无第三个和第四个转折点；第二种是适中测度白化权函数，用 $f_j^k[x_j^k(1), x_j^k(2), -, x_j^k(4)]$ 表示，此时 $f_j^k(\cdot)$ 无第二个和第三个转折点；第三种是下限测度白化权函数，用 $f_j^k[-, -, x_j^k(3), x_j^k(4)]$ 表示，此时 $f_j^k(\cdot)$ 无第一个和第二个转折点。

（2）计算灰色定权聚类系数 δ_i^k。

如若第 j 个指标的第 k 子类的权 $\eta_j^k(j=1,2,\cdots,m\ k=1,2,\cdots,s)$ 与 k 的取值无关，即取任意的 $k_1, k_2 \in \{1,2,\cdots,s\}$，$\eta_j^{k_1} = \eta_j^{k_2}$ 总成

立，则可以将 η_j^k 的上标 k 省略，记做 $\eta_j(j=1, 2, \cdots, m)$。可计算出被评价对象 i 的灰色定权聚类系数 δ_i^k，计算公式[126]为式（6-16）：

$$\delta_i^k = \left\{ \sum_{j=1}^{m} f_j^k(x_{ij}) \cdot \eta_j \right\} \quad (i=1, 2, \cdots, n \quad k=1, 2, \cdots, s)$$

(6-16)

(3) 确定评价对象 i 的所属灰类 k。

依据最大化原则，确定被评价对象 i 的所属灰类 k，用公式[126]表示为式（6-17）：

$$\delta_i^k = \max_{1 \leq k \leq s} \{\delta_i^k\}$$

(6-17)

6.3.3 证据理论（DS）综合评价

6.3.3.1 证据理论原理

证据理论是运用专家评语构成模糊评语集形式，对以概率形式出现的具有不确定性评价对象的特征集进行融合研究的方法[183]~[185]。

6.3.3.2 证据理论评价模型的步骤

(1) 确定识别框架 Θ。

确定 $\Theta = \{A_1, A_2, \cdots, A_n\}$ 为一个辨识框架，其中 n 个被评价对象是该识别框架的子集[186]。

(2) 构建灰色定权聚类系数矩阵 $\sum$。

由灰色定权聚类系数式（6-16）计算被评价对象 i 属于 k 灰类的灰色定权聚类系数并构成灰色定权聚类系数矩阵，用公式[187]表示为式（6-18）：

$$\sum = (\sigma_i^k) = \begin{bmatrix} \sigma_1^1 & \sigma_1^2 & \cdots & \sigma_1^s \\ \sigma_2^1 & \sigma_2^2 & \cdots & \sigma_2^s \\ \vdots & \vdots & \ddots & \vdots \\ \sigma_n^1 & \sigma_n^2 & \cdots & \sigma_n^s \end{bmatrix} \quad (k=1, 2, \cdots, s; \ i=1, 2, \cdots, n)$$

(6-18)

(3) 确定灰色定权聚类系数下基本概率分配 $m_j(A_i)$。

灰色定权聚类系数下的基本概率分配,是在辨识框架 Θ 中,令 $m_j(A_i) = \sigma_j^i / \sum_{i=1}^{s} \sigma_j^i$,其中 $i = 1, 2, \cdots, s$;$j = 1, 2, \cdots, n$,且对于 $\forall A = 1, 2, \cdots, n$,至少存在一项 $\sigma_j^i \neq 0$,则 $m_j(A_i)$ 可以用来表示第 j 条证据支持命题 A_i 发生的程度[187]。即式(6-19)所示:

$$M = \begin{bmatrix} m_1(A_1) & m_2(A_1) & \cdots & m_s(A_1) \\ m_1(A_2) & m_2(A_2) & \cdots & m_s(A_2) \\ \vdots & \vdots & \ddots & \vdots \\ m_1(A_n) & m_2(A_n) & \vdots & m_s(A_n) \end{bmatrix} \quad (k = 1, 2, \cdots, s; i = 1, 2, \cdots, n)$$

(6-19)

(4) 运用 Dempster 合成法则合成信度函数。

对于 $\forall A \subseteq \Theta$,$\Theta$ 上的两个集函数 m_1,m_2 的 Dempster 的合成法则[184]为式(6-20):

$$(m_1 \oplus m_2)A = \frac{1}{1-K} \sum_{B \cap C = A} m_1(B) m_2(C) \quad (6-20)$$

其中:$K = \sum_{B \cap C = \phi} m_1(B) m_2(C)$

对于 $\forall A \subseteq \Theta$,$\Theta$ 上的有限个集函数 $m_1, m_2, \cdots, m_n$ 的 Dempster 合成法则[187]~[188]可以表示为式(6-21):

$$(m_1 \oplus m_2 \oplus \cdots \oplus m_n)A = \frac{1}{1-K} \sum_{A_1 \cap A_2 \cdots \cap A_n = A} m_1(A_1) m_2(A_2) \cdots m_n(A_n)$$

(6-21)

其中,$K = \sum_{A_1 \cap A_2 \cdots \cap A_n = \phi} m_1(A_1) m_2(A_2) \cdots m_n(A_n)$

(5) 根据信度函数最大化原则,确定综合评价结果。

6.4 高端装备制造企业持续创新实现绩效评价的实证研究

6.4.1 高端装备制造企业持续创新实现绩效评价指标的海选

6.4.1.1 评价指标的海选

依据国际权威机构经典观点的高频指标原则,按照"持续创新实现"和"可持续发展"要求,从高端装备制造企业持续创新实现的经济绩效、科技绩效、社会绩效和生态绩效四个准则层方面入手海选汇总了27个指标层指标,如表6-2中的第(1)、第(2)列所示。

表6-2 高端装备制造企业持续创新实现绩效评价的海选指标集

(1) 准则层	(2) 指标层	(3) 参考文献	(4) 指标类型	(5) 筛选结果
经济绩效 C_1	新产品销售收入 c_1	[117][169][177][178]	正向	删除
	新产品销售收入占全部销售收入的比重 c_2	[117][174][175][176]		保留
	单位产品成本降低率 c_3	[117][169][177][178]		删除
	企业工业增加值的平均增长率 c_4	[117][174][175]		保留
	企业经济效益持续增长情况 c_5	[64][117][119][176]		删除
	创新产品销售利润率 c_6	[66][177]		删除
	全员劳动生产率的平均值 c_7	[117][169][174][175]		保留
	创新产品市场占有率 c_8	[66][176]		删除
	持续创新对企业经济效益增长的贡献率 c_9	[64][119][174][175]		保留

续表

（1）准则层	（2）指标层	（3）参考文献	（4）指标类型	（5）筛选结果
科技绩效 C_2	所获专利授权数 c_{10}	[169][174][175][177]	正向	保留
	近五年专利申请数 c_{11}	[117][169][176]		删除
	近五年的科研论文数 c_{12}	[117][169][178]		删除
	技术标准级别及数量 c_{13}	[117][169][174][175]		保留
	生产周期缩短时间 c_{14}	[66][117][169][178]		删除
社会绩效 C_3	创新产品商业成功率 c_{15}	[174][177]	正向	删除
	品牌创建绩效 c_{16}	[174][175]		保留
	品牌强度 c_{17}	[176]		删除
	用户对创新产品的接受程度 c_{18}	[177]		删除
	企业质量保证体系指数 c_{19}	[174]		保留
生态绩效 C_4	新产品环保绩效 c_{20}	[174][175]	正向	保留
	新产品环保合格程度 c_{21}	[176]		删除
	新产品减排率 c_{22}	[169][177]		保留
	新技术减排率 c_{23}	[169][174][175][176]		删除
	产品回收利用率 c_{24}	[117][177]		删除
	原材料及能源再利用率 c_{25}	[117][177]		保留
	绿色创新产品数 c_{26}	[169][174][177]		删除
	每万元产值能耗降低率 c_{27}	[169][174][175][177]		保留

6.4.1.2 样本选取与数据来源

评价一个企业的持续创新的实现绩效，需要对该企业在较长一段时间内的数据进行统计分析，基于对高端装备制造企业持续创新实现的相关数据的完整性需要，本书选取了包括航空动力、中航动控、中航重机、中信海直、中国卫星、合众思社、中国南车、中国北车、中国重工、海油工程、中集集团、中国船舶、汉钟精机、华东数控、陕鼓动力这15家上市的大型高端装备制造企业为样本进行评价。指标原始数据来源于近十年的《中国战略性新兴产业发展年鉴》《中国海洋工程年鉴》《中国城市轨道交通年度报告》《中国 500 强企业发展报告》，以及各企业上市年报表、国家知识产权局和国研网。

6.4.2 基于模糊粗糙集的指标筛选

在准则层内利用模糊粗糙集筛选指标，选取相似度为 0.7，精度为 0.9，运用式（6-1）~式（6-5）求得 $\gamma_R(X)$ 的值，通过判断 $\gamma_R(X)$ 是否为 1 来确定指标的保留与删除，当为 1 时，删除该指标，当不为 1 时，保留该指标。本书从 27 个海选的评价指标中筛选出 12 个评价指标，具体的指标筛选结果如表 6-2 中的第（5）列所示。详细的指标解释如下：

①新产品销售收入占全部销售收入的比重 c_{11}：用新产品销售总收入除以 5 年的总销售收入表示。反映企业创新产品对经济增长的作用。

②企业工业增加值的平均增长率 c_{12}：用企业在持续创新时期内每年的工业增加值的增长率的平均数表示。能够在一定程度上反映企业持续创新的成效。

③全员劳动生产率的平均值 c_{13}：用企业在持续创新时期内年工业增加值与全体员工数量的比值表示。反映了企业的生产技术水平、员工的技术熟练程度等方面内容。

④持续创新对企业经济效益增长的贡献率 c_{14}：用企业持续创新带来的经济增长在企业全面经济增长中的比例表示，在此处借鉴向刚的 Cobb-Douglas 生产函数模型进行计算。反映了持续创新这一种要素对经济增长的影响作用。

⑤所获专利授权数 c_{21}：用企业在持续创新时期内获得的包含发明、外观专利、外观设计等方面的专利数量表示，能够在一定程度上反映出企业的持续创新过程。

⑥技术标准级别及数量 c_{22}：用企业在持续创新时期内采用的由企业自身主持或参与制定的国家级、省部级行业技术标准的数量表示，此处

将1个国家级技术标准等量于3个省部级技术标准。

⑦品牌创建绩效 c_{31}：用企业在持续创新时期内生产的国家级和省级名牌产品和驰名商标数量表示，此处将1个国家级名牌产品和驰名商标等量于3个省级名牌产品和驰名商标。

⑧企业质量保证体系指数 c_{32}：用企业在持续创新时期内符合企业质量保证体系要求的产品数量占全部生产产品数量的比重表示。

⑨新产品环保绩效 c_{41}：用企业在持续创新时期内生产的新产品符合环保要求的程度表示。该指标是定性指标，需要专家依据其产品生产的过程和产品成品两个方面进行判断打分。

⑩新产品减排率 c_{42}：用企业在持续创新时期内通过产品创新实现的每万元产值中对废水、废气、废物的排放量与持续创新之前的排放量的比值来表示。反映通过创新对环境损害的减少程度。

⑪原材料及能源再利用率 c_{43}：用企业在持续创新时期内对单位原材料、能源消耗率与持续创新之前的单位原材料、能源消耗率的比值表示。

⑫每万元产值能耗降低率 c_{44}：用企业在持续创新时期内通过创新实现的每万元产值需要消耗能源的减少量与企业持续创新之前消耗能源数量的比值表示。

6.4.3 组合赋权确定绩效评价指标权重

运用表6-1中的四个单一赋权方法原理模型，分别得出每一种方法对于该评价指标体系的指标赋权值，其结果如表6-3中第（3）、第（4）、第（5）、第（6）列所示，利用加权平均式（6-11），得到每种单一赋权方法对每一个被评价对象的得分，建立综合得分矩阵，标准化矩阵后，利用式（6-12）和式（6-13）求得权重向量：$\lambda = [0.25 \quad 0.25 \quad 0.25 \quad 0.25]^T$，继而运用式（6-14），得到了该评价指标体系各指标的组合赋权值，结果如表6-3中的第（7）列所示。

表6-3　高端装备制造企业持续创新实现绩效的评价指标权重

（1）准则层	（2）指标层	（3）G1法 α_1	（4）G2法 α_2	（5）均值方差法 α_3	（6）离差法 α_4	（7）组合权重 θ_{ij}	（8）准则层权重 θ_i
经济绩效 C_1	新产品销售收入占全部销售收入的比重 c_{11}	0.066	0.068	0.071	0.071	0.069	0.404
	企业工业增加值的平均增长率 c_{12}	0.091	0.077	0.084	0.088	0.085	
	全员劳动生产率的平均值 c_{13}	0.123	0.132	0.106	0.112	0.118	
	持续创新对企业经济效益增长的贡献率 c_{14}	0.129	0.138	0.140	0.121	0.132	
科技绩效 C_2	所获专利授权数 c_{21}	0.127	0.108	0.112	0.125	0.118	0.231
	技术标准级别及数量 c_{22}	0.106	0.110	0.117	0.118	0.113	
社会绩效 C_3	品牌创建绩效 c_{31}	0.081	0.094	0.094	0.079	0.087	0.175
	企业质量保证体系指数 c_{32}	0.092	0.094	0.077	0.089	0.088	
生态绩效 C_4	新产品环保绩效 c_{41}	0.048	0.037	0.040	0.047	0.043	0.190
	新产品减排率 c_{42}	0.048	0.057	0.058	0.045	0.052	
	原材料及能源再利用率 c_{43}	0.045	0.034	0.039	0.042	0.040	
	每万元产值能耗降低率 c_{44}	0.044	0.051	0.062	0.063	0.055	

6.4.4　基于灰色定权聚类的绩效聚类

（1）结合实际数据和专家意见确定白化权函数。

取 $\theta = \{\theta_1, \theta_2, \theta_3, \theta_4, \theta_5\} = \{$很高，高，一般，低，很低$\}$ 5 个灰类，进行评价。结合专家意见，得到各指标对应的白化权函数分别为：

$f_{11}^1[0.74, 0.75, -, -]$，$f_{11}^2[0.49, 0.50, 0.75, 0.76]$，$f_{11}^3[0.29, 0.30, 0.50, 0.51]$，$f_{11}^4[0.19, 0.20, 0.30, 0.31]$，$f_{11}^5[-, -, 0.20, 0.21]$；$f_{12}^1[0.49, 0.50, -, -]$，$f_{12}^2[0.39, 0.40, 0.50, 0.51]$，$f_{12}^3[0.24, 0.25, 0.40, 0.41]$，$f_{12}^4[0.14, 0.15, 0.25, 0.26]$，

$f_{12}^5[-,-,0.15,0.16]$;$f_{13}^1[3499,3500,-,-]$,$f_{13}^2[2499,2500,3500,3501]$,$f_{13}^3[1999,2000,2500,2501]$,$f_{13}^4[999,1000,2000,2001]$,$f_{13}^5[-,-,1000,1001]$;$f_{14}^1[0.79,0.80,-,-]$,$f_{14}^2[0.69,0.70,0.80,0.81]$,$f_{14}^3[0.49,0.50,0.70,0.71]$,$f_{14}^4[0.29,0.30,0.50,0.51]$,$f_{14}^5[-,-,0.30,0.31]$;$f_{21}^1[84,85,-,-]$,$f_{21}^2[49,50,85,86]$,$f_{21}^3[24,25,50,51]$,$f_{21}^4[4,5,25,26]$,$f_{21}^5[-,-,5,6]$;$f_{22}^1[6,7,-,-]$,$f_{22}^2[4,5,7,8]$,$f_{22}^3[2,3,5,6]$,$f_{22}^4[0,1,3,4]$,$f_{22}^5[-,-,1,2]$;$f_{31}^1[6,7,-,-]$,$f_{31}^2[4,5,7,8]$,$f_{31}^3[2,3,5,6]$,$f_{31}^4[0,1,3,4]$,$f_{31}^5[-,-,1,2]$;$f_{32}^1[0.79,0.80,-,-]$,$f_{32}^2[0.69,0.70,0.80,0.81]$,$f_{32}^3[0.49,0.50,0.70,0.71]$,$f_{32}^4[0.29,0.30,0.50,0.51]$,$f_{32}^5[-,-,0.30,0.31]$;$f_{41}^1[7,8,-,-]$,$f_{41}^2[4,5,8,9]$,$f_{41}^3[3,4,5,6]$,$f_{41}^4[1,2,4,5]$,$f_{41}^5[-,-,2,3]$;$f_{42}^1[0.49,0.50,-,-]$,$f_{42}^2[0.24,0.25,0.50,0.51]$,$f_{42}^3[0.14,0.15,0.25,0.26]$,$f_{42}^4[0.04,0.05,0.15,0.16]$,$f_{42}^5[-,-,0.05,0.06]$;$f_{43}^1[0.49,0.50,-,-]$,$f_{43}^2[0.34,0.35,0.50,0.51]$,$f_{43}^3[0.14,0.15,0.35,0.36]$,$f_{43}^4[0.04,0.05,0.15,0.16]$,$f_{43}^5[-,-,0.05,0.06]$;$f_{44}^1[0.49,0.50,-,-]$,$f_{44}^2[0.34,0.35,0.50,0.51]$,$f_{44}^3[0.14,0.15,0.35,0.36]$,$f_{44}^4[0.04,0.05,0.15,0.16]$,$f_{44}^5[-,-,0.05,0.06]$

（2）计算灰色定权聚类系数矩阵。

依据式（6-16），得到这15家高端装备制造企业持续创新实现绩效评价的灰色聚类系数，构成灰色聚类系数矩阵如式（6-22）所示。

$$\sum = (\sigma_i.) = \begin{bmatrix} \sigma_1^1 & \sigma_1^2 & \sigma_1^3 & \sigma_1^4 & \sigma_1^5 \\ \sigma_2^1 & \sigma_2^2 & \sigma_2^3 & \sigma_2^4 & \sigma_2^5 \\ \sigma_3^1 & \sigma_3^2 & \sigma_3^3 & \sigma_3^4 & \sigma_3^5 \\ \sigma_4^1 & \sigma_4^2 & \sigma_4^3 & \sigma_4^4 & \sigma_4^5 \\ \sigma_5^1 & \sigma_5^2 & \sigma_5^3 & \sigma_5^4 & \sigma_5^5 \\ \sigma_6^1 & \sigma_6^2 & \sigma_6^3 & \sigma_6^4 & \sigma_6^5 \\ \sigma_7^1 & \sigma_7^2 & \sigma_7^3 & \sigma_7^4 & \sigma_7^5 \\ \sigma_8^1 & \sigma_8^2 & \sigma_8^3 & \sigma_8^4 & \sigma_8^5 \\ \sigma_9^1 & \sigma_9^2 & \sigma_9^3 & \sigma_9^4 & \sigma_9^5 \\ \sigma_{10}^1 & \sigma_{10}^2 & \sigma_{10}^3 & \sigma_{10}^4 & \sigma_{10}^5 \\ \sigma_{11}^1 & \sigma_{11}^2 & \sigma_{11}^3 & \sigma_{11}^4 & \sigma_{11}^5 \\ \sigma_{12}^1 & \sigma_{12}^2 & \sigma_{12}^3 & \sigma_{12}^4 & \sigma_{12}^5 \\ \sigma_{13}^1 & \sigma_{13}^2 & \sigma_{13}^3 & \sigma_{13}^4 & \sigma_{13}^5 \\ \sigma_{14}^1 & \sigma_{14}^2 & \sigma_{14}^3 & \sigma_{14}^4 & \sigma_{14}^5 \\ \sigma_{15}^1 & \sigma_{15}^2 & \sigma_{15}^3 & \sigma_{15}^4 & \sigma_{15}^5 \end{bmatrix} = \begin{bmatrix} 0.192 & 0.476 & 0.106 & 0.093 & 0.003 \\ 0.034 & 0.201 & 0.461 & 0.103 & 0.003 \\ 0.052 & 0.154 & 0.455 & 0.027 & 0.004 \\ 0.063 & 0.172 & 0.479 & 0.023 & 0.006 \\ 0.156 & 0.486 & 0.104 & 0.019 & 0.017 \\ 0.006 & 0.044 & 0.108 & 0.442 & 0.006 \\ 0.201 & 0.501 & 0.113 & 0.104 & 0.009 \\ 0.177 & 0.493 & 0.101 & 0.018 & 0.008 \\ 0.009 & 0.047 & 0.113 & 0.426 & 0.009 \\ 0.003 & 0.009 & 0.021 & 0.132 & 0.504 \\ 0.008 & 0.046 & 0.114 & 0.423 & 0.009 \\ 0.002 & 0.007 & 0.017 & 0.124 & 0.501 \\ 0.004 & 0.032 & 0.112 & 0.456 & 0.011 \\ 0.002 & 0.007 & 0.011 & 0.141 & 0.503 \\ 0.011 & 0.159 & 0.477 & 0.102 & 0.003 \end{bmatrix}$$

(6-22)

(3) 确定评价对象 i 的所属灰类 k。

依据最大化原则,运用式(6-17)计算确定被评价对象 i 的所属灰类 k,结果如表 6-4 第(4)、第(5)列所示。

6.4.5 基于证据理论的绩效评价

(1) 计算基本概率分配函数。

以上述企业作为识别框架,依据式(6-19)得到灰色聚类系数矩阵的基本概率分配函数式(6-23):

$$M = \begin{bmatrix} m_1(A_1) & m_2(A_1) & m_3(A_1) & m_4(A_1) & m_5(A_1) \\ m_1(A_2) & m_2(A_2) & m_3(A_2) & m_4(A_2) & m_5(A_2) \\ m_1(A_3) & m_2(A_3) & m_3(A_3) & m_4(A_3) & m_5(A_3) \\ m_1(A_4) & m_2(A_4) & m_3(A_4) & m_4(A_4) & m_5(A_4) \\ m_1(A_5) & m_2(A_5) & m_3(A_5) & m_4(A_5) & m_5(A_5) \\ m_1(A_6) & m_2(A_6) & m_3(A_6) & m_4(A_6) & m_5(A_6) \\ m_1(A_7) & m_2(A_7) & m_3(A_7) & m_4(A_7) & m_5(A_7) \\ m_1(A_8) & m_2(A_8) & m_3(A_8) & m_4(A_8) & m_5(A_8) \\ m_1(A_9) & m_2(A_9) & m_3(A_9) & m_4(A_9) & m_5(A_9) \\ m_1(A_{10}) & m_2(A_{10}) & m_3(A_{10}) & m_4(A_{10}) & m_5(A_{10}) \\ m_1(A_{11}) & m_2(A_{11}) & m_3(A_{11}) & m_4(A_{11}) & m_5(A_{11}) \\ m_1(A_{12}) & m_2(A_{12}) & m_3(A_{12}) & m_4(A_{12}) & m_5(A_{12}) \\ m_1(A_{13}) & m_2(A_{13}) & m_3(A_{13}) & m_4(A_{13}) & m_5(A_{13}) \\ m_1(A_{14}) & m_2(A_{14}) & m_3(A_{14}) & m_4(A_{14}) & m_5(A_{14}) \\ m_1(A_{15}) & m_2(A_{15}) & m_3(A_{15}) & m_4(A_{15}) & m_5(A_{15}) \end{bmatrix} = \begin{bmatrix} 0.209 & 0.168 & 0.038 & 0.035 & 0.002 \\ 0.037 & 0.071 & 0.165 & 0.039 & 0.002 \\ 0.057 & 0.054 & 0.163 & 0.010 & 0.003 \\ 0.068 & 0.061 & 0.172 & 0.009 & 0.004 \\ 0.170 & 0.171 & 0.037 & 0.007 & 0.011 \\ 0.007 & 0.016 & 0.039 & 0.168 & 0.004 \\ 0.218 & 0.177 & 0.040 & 0.039 & 0.006 \\ 0.192 & 0.174 & 0.036 & 0.007 & 0.005 \\ 0.010 & 0.017 & 0.040 & 0.162 & 0.006 \\ 0.003 & 0.003 & 0.008 & 0.050 & 0.316 \\ 0.009 & 0.016 & 0.041 & 0.161 & 0.006 \\ 0.002 & 0.002 & 0.006 & 0.047 & 0.314 \\ 0.004 & 0.011 & 0.040 & 0.173 & 0.007 \\ 0.002 & 0.002 & 0.004 & 0.054 & 0.315 \\ 0.012 & 0.056 & 0.171 & 0.039 & 0.002 \end{bmatrix}$$

(6-23)

（2） Dempster 合成法则合成信度函数。

运用 Dempster 合成法则式（6-21）得到了这15家样本企业的合成信度函数式（6-24）：

$$1 - K = \sum_{A_1 \cap A_2 \cdots \cap A_{10} \neq \phi} m_1(A_1) m_2(A_2) \cdots m_{10}(A_{10}) = 0.00000066$$

$(m_1 \oplus m_2 \oplus m_3 \oplus m_4 \oplus m_5)(A_1) = 0.1339;$

$(m_1 \oplus m_2 \oplus m_3 \oplus m_4 \oplus m_5)(A_2) = 0.0482;$

$(m_1 \oplus m_2 \oplus m_3 \oplus m_4 \oplus m_5)(A_3) = 0.0195;$

$(m_1 \oplus m_2 \oplus m_3 \oplus m_4 \oplus m_5)(A_4) = 0.0355;$

$(m_1 \oplus m_2 \oplus m_3 \oplus m_4 \oplus m_5)(A_5) = 0.1261;$

$(m_1 \oplus m_2 \oplus m_3 \oplus m_4 \oplus m_5)(A_6) = 0.0037;$

$(m_1 \oplus m_2 \oplus m_3 \oplus m_4 \oplus m_5)(A_7) = 0.5275;$

$(m_1 \oplus m_2 \oplus m_3 \oplus m_4 \oplus m_5)(A_8) = 0.0629;$

$(m_1 \oplus m_2 \oplus m_3 \oplus m_4 \oplus m_5)(A_9) = 0.0092;$

$$(m_1 \oplus m_2 \oplus m_3 \oplus m_4 \oplus m_5)(A_{10}) = 0.0019;$$
$$(m_1 \oplus m_2 \oplus m_3 \oplus m_4 \oplus m_5)(A_{11}) = 0.0079;$$
$$(m_1 \oplus m_2 \oplus m_3 \oplus m_4 \oplus m_5)(A_{12}) = 0.0007;$$
$$(m_1 \oplus m_2 \oplus m_3 \oplus m_4 \oplus m_5)(A_{13}) = 0.0036;$$
$$(m_1 \oplus m_2 \oplus m_3 \oplus m_4 \oplus m_5)(A_{14}) = 0.0005;$$
$$(m_1 \oplus m_2 \oplus m_3 \oplus m_4 \oplus m_5)(A_{15}) = 0.0126。 \quad (6-24)$$

6.4.6 评价结果分析

综合计算式（6-22）、式（6-24）的结果，我们可以得到这15家样本企业持续创新实现绩效的综合评价结果（如表6-4所示）。

表6-4 高端装备制造企业样本的持续创新实现绩效综合评价结果

（1）序号	（2）企业名称	（3）灰色聚类系数	（4）最大化系数	（5）归类	（6）信度函数值	（7）排序
1	航空动力	[0.192, 0.476, 0.106, 0.093, 0.003]	0.476	θ_2	0.1339	2
2	中航动控	[0.034, 0.201, 0.461, 0.103, 0.003]	0.461	θ_3	0.0482	5
3	中航重机	[0.052, 0.154, 0.455, 0.027, 0.004]	0.455	θ_3	0.0195	7
4	中信海直	[0.063, 0.172, 0.479, 0.023, 0.006]	0.479	θ_3	0.0355	6
5	中国卫星	[0.156, 0.486, 0.104, 0.019, 0.017]	0.486	θ_2	0.1261	3
6	合众思社	[0.006, 0.044, 0.108, 0.442, 0.006]	0.442	θ_4	0.0037	11
7	中国南车	[0.201, 0.501, 0.113, 0.104, 0.009]	0.501	θ_2	0.5275	1
8	中国北车	[0.177, 0.493, 0.101, 0.018, 0.008]	0.493	θ_2	0.0629	4
9	中国重工	[0.009, 0.047, 0.113, 0.426, 0.009]	0.426	θ_4	0.0092	9
10	海油工程	[0.003, 0.009, 0.021, 0.132, 0.504]	0.504	θ_5	0.0019	13
11	中集集团	[0.008, 0.046, 0.114, 0.423, 0.009]	0.423	θ_4	0.0079	10
12	中国船舶	[0.002, 0.007, 0.017, 0.124, 0.501]	0.501	θ_5	0.0007	14
13	汉钟精机	[0.004, 0.032, 0.112, 0.456, 0.011]	0.456	θ_4	0.0036	12

续表

（1）序号	（2）企业名称	（3）灰色聚类系数	（4）最大化系数	（5）归类	（6）信度函数值	（7）排序
14	华东数控	[0.002, 0.007, 0.011, 0.141, 0.503]	0.503	θ_5	0.0005	15
15	陕鼓动力	[0.011, 0.159, 0.477, 0.102, 0.003]	0.477	θ_3	0.0126	8

由表6-4可以看出，航空动力、中国卫星、中国南车、中国北车均属于企业持续创新实现绩效"高"的一类，中航动控、中航重机、中信海直、陕鼓动力均属于企业持续创新实现绩效"一般"的一类，合众思社、中国重工、中集集团、汉钟精机均属于企业持续创新实现绩效"低"的一类，海油工程、中国船舶、华东数控均属于企业持续创新实现绩效"很低"的一类；这15家高端装备制造企业持续创新实现绩效大小的综合排序是：中国南车＞航空动力＞中国卫星＞中国北车＞中航动控＞中信海直＞中航重机＞陕鼓动力＞中国重工＞中集集团＞合众思社＞汉钟精机＞海油工程＞中国船舶＞华东数控。同时可以看出这15家具有代表性的高端装备制造企业持续创新实现绩效没有属于"很高"类的企业，即没有持续创新实现绩效"很高"类的企业，这说明我国高端装备制造企业持续创新实现绩效还需整体提升，其中影响经济绩效实现的原因是我国高端装备制造业产品的技术含量低，缺乏成套生产力，整体竞争力不高；影响科技绩效实现的原因是高端装备制造业新产品的开发能力较差，尤其是重要产品和工艺技术对国外技术的依赖性大，具有自主知识产权的技术较少，同时企业人员结构不合理，科技人员流失严重；影响社会绩效实现的原因是高端装备制造业制造工艺和自动化技术水平低，市场竞争力缺乏；影响生态绩效实现的原因是缺乏持续稳定的创新发展战略、完善的能源环保、税收政策的引导和制约。高端装备制造企业要取得更高的持续创新实现绩效，就应该注重加强国际间技术交流与合作，鼓励研发联盟，技术互补研发具有国际竞争力的核心产

品；注重提升高端装备制造企业的自主创新意识，加大研发力度，尤其是高端装备制造行业的关键技术和共性技术等；注重培育创新型人才，实施有效的人员激励机制，成立具有较强团结协作意识的科研队伍；顺应持续创新发展的要求，从而加快促进高端装备制造企业的产品和技术创新，有利于保障企业技术竞争优势，实现企业持续创新，促进企业的可持续健康发展。

6.5 本章小结

通过对高端装备制造企业持续创新实现绩效的概念界定与特征分析，阐述了包括经济绩效、科技绩效、社会绩效和生态绩效四个构成要素。综合运用模糊粗糙集、组合赋权、灰色定权聚类和 D-S 证据理论构建了高端装备制造企业持续创新实现绩效的评价模型，并以 15 家高端装备制造企业为例进行了实证研究，并对评价结果展开了详细分析，证实了该评价模型方法的实用性和有效性。

第 7 章

高端装备制造企业持续创新实现的路径构建

在前面分析高端装备制造企业持续创新是如何实现及实现的结果如何的基础上,需要对高端装备制造企业持续创新实现提供相应的路径指引。本章从前面识别出的影响高端装备制造企业持续创新实现的关键因素角度入手,构建了高端装备制造企业持续创新实现的路径。

7.1 基于持续创新意愿视角下的企业持续创新实现路径框架

7.1.1 持续创新意愿的内涵作用

高端装备制造企业持续创新实现是内外因要素相互作用影响的综合过程。根据辩证唯物主义观点,事物的发展是内外因相互作用的结果,内因是引起事物变化的根源,决定了事物变化发展的方向;外因则是引起事物变化的第二位原因,是事物发展变化的条件,外因通过内因起作用。由此可知，内因是高端装备制造企业持续创新实现的重要依据。企业持续创新意愿是指高端装备制造企业进行持续创新的动机和愿望的强度，反映了高端装备制造企业对实现持续创新行为的接受程度，具体表现为企业的潜在经济效益、潜在科技效益、潜在社会效益和潜在生态效益。也就是说企业持续创新意愿是高端装备制造企业为了追求持续创新收益而产生持续创新行为的意愿程度。突出体现为：企业主体及其员工在新思想、新事物、新技术方面的接受程度。持续创新意愿是高端装备制造企业进行开展持续创新活动的重要影响因素，也是高端装备制造企业持续创新实现的内在动机。一个企业，持续创新的意愿越强烈，则该企业对待持续创新的态度就会越积极，就会更加积极主动地去采取行动，更加容易去接受新思想、新事物、新技术，至此持续创新获得成功的可能性就越大。因此，企业持续创新意愿是高端装备制造企业持续创新实现路径的前提因素，具有主要引导作用。高端装备制造企业拥有了企业持续创新意愿后，为了追求持续的创新收益，受限于自身资源的不足，会努力寻求合作伙伴，进行积极地合作，通过提升自身的组织学习能力，从而实现持续创新。

7.1.2 持续创新意愿视角下的高端装备制造企业持续创新实现路径构建

7.1.2.1 路径要素分析

（1）企业合作。

高端装备制造企业与外部组织间的合作关系包括前文提出的四种：

第一，是与包含供应商和用户的纵向合作关系。其中，企业与供应商合作，共同参与创新研发和设计，进行技术融合，对不同的创意进行多角度评估，保障评估的客观性和公正性，供应商通过点明产品研发设计中的不合理部分，有利于减少企业的资源浪费、节省企业的研发时间、提升企业的创新效率；企业与用户合作，用户将需求信息告知企业，有利于企业识别创新方向，有利于企业平衡产品性能减少创新成本，按照用户需求开展创新活动，有利于企业增加产品的销量。

第二，是与竞争对手和互补性企业的横向合作关系。其中，企业与竞争对手合作，集中双方优势开发新产品，适应消费市场的多样性需求，有利于企业通过降低创新不确定性来减少创新失败率；有利于企业在同行业中的话语权增加；企业与互补性企业的合作，集中双方的互补性资源进行创新研发，有利于企业从创新源头开始就降低创新的失败率，有利于企业实现产品的商业化。

第三，是与包含高校、研究所和政府的官学研合作关系。企业与高校或者科研机构开展合作，共同进行创新研发，有利于企业获取必要的创新资源和设备，有助于企业在创新成果转化中获取巨大的收益；企业与政府合作，借助和利用政府提供的各种支持政策，有利于为企业创造良好的创新大环境。

第四，是与包含风险投资机构、技术中介机构和知识产权机构在内的公共平台机构合作关系。企业与风险投资机构合作，有利于解决企业在持续创新过程中资金投入不足的问题，为企业带来更多的价值信息；企业与技术中介机构合作，充分发挥技术中介机构甄选、分类和存储信息的能力，有利于企业减少信息搜寻的成本和时间，有利于帮助企业打破信息封锁局面，实现信息对称，提高创新成功率；企业与知识产权机构合作，依托知识产权机构的技术支持，有利于企业填补持续创新过程中的技术空白。

企业与外部组织间的合作关系的建立是高端装备制造企业持续创新的重要途径，也是高端装备制造企业持续创新意愿下的需求行为。企业与外部组织的合作关系体现为合作的广度和深度两个方面，广度方面是高端装备制造企业与大量的外部组织建立多种合作关系，突出表现为企业合作伙伴的数量；深度方面是指高端装备制造企业与外部组织的合作深度，包含参与度、信任和承诺的程度，突出表现为企业合作伙伴间的合作效果。企业持续创新意愿下的企业合作是高端装备制造企业为了实现企业持续创新意愿，通过与外部组织建立合作关系，弥补自身在持续创新活动中资源不足的主要途径。

（2）组织学习。

组织学习定义为：组织通过理解和认知来改变组织发展进程的一种学习过程（Foil；Lyles，1985）。学习是获得新观念的行动过程，组织学习是指组织探索和比较组织遇到的实际结果与预期结果之间存在的差距的过程（Argyris；Schon，1978）。组织学习是指知识在不同的个人或组织间相互转移的过程，并指出有效的学习机制能够促进知识的获取和运用（Powell et al.，1996）。学习是促进企业内部了解和帮助内部员工创造新知识的重要方式，在此基础上将学习分为适应性学习和生成性学习，并对其在管理上的差异进行分析（McGill et al.，1992）。不同学者对于组织学习的理解和界定各不相同，但是总体说来，组织学习的本质没有差别，是指知识在不同个体和组织间的转移，以及不断被创造的过程。

高端装备制造企业的组织学习是在企业持续创新意愿引导下的合作行为实现的主要目标，是企业进行知识的获取、整合和应用的全过程，也是知识转移的全过程。知识转移是知识在两个或两个以上的主体间的活动过程，知识转移广泛存在于每个人、每个组织之间，是一个不断学习的过程。高端装备制造企业的知识转移是指以企业主体作为知识的接受方从知识的发送方那里获取相应知识、技术，通过整合、消化，然后将其运用到企业生产运营中的整体过程。即高端装备制造企业经历了知识的获取、整合和应用的全过程，并不代表企业就能够高效率的实现持续创新活动，但是企业对知识的获取、整合和应用的程度能够反映和促进企业高效的持续创新实现。高端装备制造企业组织学习实现的程度突出表现为知识转移的实现效果和程度。

7.1.2.2　路径框架构建

基于高端装备制造企业持续创新实现的关键影响因素识别，对企业持续创新实现的路径要素分析，构建了基于持续创新意愿视角下的高端装备制造企业持续创新实现的路径框架（如图 7-1 所示）。

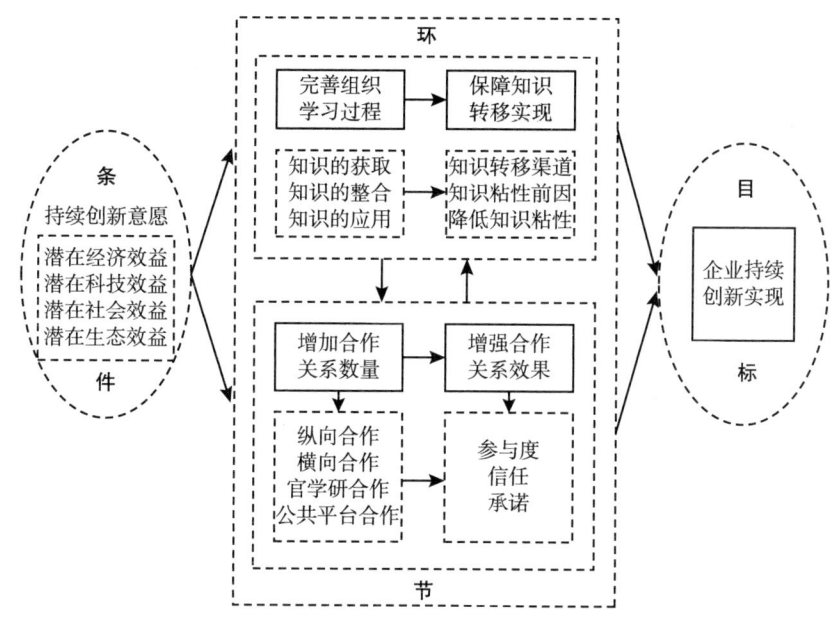

图 7-1　高端装备制造企业持续创新实现的路径框架

高端装备制造企业持续创新实现是在企业持续创新意愿引导下，促进企业与外部组织建立合作伙伴关系，提升组织学习能力的路径下实现的。前文实证研究验证了高端装备制造企业持续创新意愿、企业组织学习过程、企业合作关系数量对高端装备制造企业持续创新实现具有显著的正向影响，表明通过完善高端装备制造企业的组织学习过程，即从企业知识的获取、知识的整合、知识的应用层面努力是促进高端装备制造企业持续创新实现的主要途径；通过增加高端装备制造企业与用户、供应商、竞争对手、互补企业、政府、高校、科研院所、风险投资机构、科技中介机构、知识产权机构等外部组织间的合作关系数量也是促进高端装备制造企业持续创新实现的主要途径；但是，高端装备制造企业通过完善组织学习、增加合作关系数量促进高端装备制造企业持续创新实现仅仅只是横向层面、数量上的关系，纵向层面、质量上的关系并没有被识别出来,唯有识别出深层次的作用关系,才可以最大效果的发挥企业组织学习和企业合作的路径作用。其中,企业组织学习中最重要的部分是知识转移环节,唯有保障知识转移的顺利实现,才能保障组织学习的有效实施;企业合作的关系数量仅仅是数量上的多少,并不代表合作的质量就高,唯有在合作数量的基础上保障合作的质量即合作的效果,才能充分发挥企业合作的路径作用。因此后文分别对于知识转移和企业合作效果两个关键环节进行了验证分析。

7.2 基于知识转移的关键环节验证分析

7.2.1 知识转移的相关理论基础

近些年学者们对知识转移的相关命题进行了深入的探讨,主要聚焦于知识转移与相关领域中其他变量之间的关系、知识转移的正面积极的影响因素、知识转移的后果、知识转移的动因等。代表文献有:在社会活动中,活动群体的特征对各种类型的知识转移产生影响(Julia et al., 2014)[189];合作能力在转移机制与知识转移中发挥中介作用(Chen et al., 2014)[190];信任、沟通和关系适应的灵活性等能够促进知识转移,从而提升新产品开发绩效(Zhao; Marilyn, 2012)[191];实践社区是组织中影响知识转移的有效因素(Krishnaveni; Sujatha, 2012)[192];动态知识团队能激发知识资源的转移与整合过程,从而提升组织绩效(Gardner et al., 2012)[193];IT 服务外包模式能够推进企业知识转移,扩充知识积累,提高生产力(Young; Vijay, 2012)[194]。然而关于知识转移负面制约因素的研究成果较少,实践证明知识转移受到很多因素的制约,主要集中在知识黏性和知识转移渠道两大方面。知识黏性是技术创新研究领域的一个崭新视角,通过对知识黏性进行多维度探索,挖掘出阻碍知识转移的源头，及时采取预防措施，以保证知识畅通无阻的转移。国外学者分别从组织内外两个层面对知识转移中的知识黏性进行研究，研究成果集中于知识黏性的前因和知识转移具体过程。国内学者关于知识黏性与知识转移之间联系的文献屈指可数，已有的文献侧重于运用统计方法验证了知识黏性对知识转移的作用机理，得出知识黏性与知识转移存在显著负向相关关系的结论[195]。知识转移渠道的存在是知识转移发生的前提，多元化知识转移渠道有利于组织吸收知识，实现知识交融、整合和创新，提升创新绩效[196]，达到知识成功转移的目的。知识转移渠道和知识黏性共同影响知识转移，知识转移渠道与知识黏性也存在某种相关关系。但到目前为止，缺乏实证分析三者关系的研究。因此，本书构建了专门针对知识黏性、知识转移渠道、知识转移之间的路径模型，以促进知识转移的实现。

7.2.2 知识转移环节的理论模型与相关假设

（1）知识转移渠道与知识转移。

知识转移渠道是知识主体之间进行科学知识流动、传递和吸收的通道[196]。运用实证方法证明知识传输渠道与知识转移显著正相关（Ghoshal；Bartlett，1998）[197]。知识转移渠道强作用于知识转移，企业组织层面间的知识转移取决于知识转移渠道的宽广程度（Strach；Everett，2006）[198]。传播学理论是基于知识转移机理视角，对知识传播等一系列过程进行分析探讨，其中包括知识转移渠道对知识转移的影响。知识转移渠道的丰富与多元化，能够增速企业与外部主体信息流和数据流，提升企业对有效知识信息辨别与转化能力，增加组织与外部主体进行知识整合与交换频数，最终实现知识转移效用最大化。

企业组织间知识转移存在动力因素，其中能力势差有助于企业寻找可靠的知识，弥补缺陷。从熵理论的角度，吴洁等（2007）提出组织知识的进化在于内部系统不断流入负熵流，直至出现负熵值[199]。负熵流依托渠道的通畅，一旦被阻断，企业内部将面临知识吸收停滞的状态。基于开放的市场环境，企业与外部组织间相互交流与学习，将知识引进组织内部进行消化吸收再创新以服务于组织绩效[200]。对隐性知识转移中存在的知识损耗与嵌入问题，张志勇和刘益（2007）依据社会、制度网络构建双重网络模型探析组织间知识转移渠道[201]。纵横交错的知识转移渠道导致组织内的知识分享层级呈现网络化状态，知识转移的路径平坦，企业组织间更快实现知识有效创新集成。

因此，根据相关的研究，提出本书的第一个研究假设：

H1：知识转移渠道与知识转移之间显著正相关。

（2）知识黏性前因、知识黏性与知识转移。

知识黏性为知识的主要特征，首先提出黏性这一概念，定义为"转移知识的难度"。众多学者基于组织间知识转移视角对知识黏性进行研究，集中关注黏性知识转移障碍成因与促进知识转移的建议。始于最优实践的传递过程，总结出四种导致知识黏性的内因：知识因素（模糊性，难验证）、知识源体（缺乏激励，信赖性脆弱）、知识受体（缺乏激励，无消化与存储能力）、情境因素（系统背景贫乏，内部交流障碍）。内部关系网络脉络与凝聚性具有跨越知识黏性障碍、促进知识转移的效用（Reagans，2003）[202]。知识模糊性，以及导致知识模糊性的因素、局部环境、文化差异[203]、知识特性、伙伴亲密程度、知识差距与知识转移活动影响知识黏性程度，进而影响知识转移量。张莉（2009）归纳出知识黏性前因包括知识转移主体（知识转移双方转移意愿，知识母体转移能力，知识受体知识存量和吸收能力，知识主体间的知识距离和信任）、知识本身属性（知识的内隐性、复杂性、无序性）和知识转移情境（组织战略，组织文化，知识网络）三大类[204]。知识黏性前因直接影响知识黏性的大小，与知识黏性密切相关。

知识转移主体双方的转移意愿高，知识发送方会减少对知识防护措施，自愿传递知识，知识接收方基于明确需求意图前提下主动积极配合知识转移，知识模糊性逐渐削弱。知识源知识转移成本取决于自身转移经验和知识完善度，知识发送方经验丰富、操作娴熟和知识成熟更便于知识转移，降低知识转移成本，知识黏性小。知识受体知识存量辅助其吸收和应用新知识，知识受体吸收能力强，提高知识源知识转移效率，节省精力与时间，加快知识转移速度，降低知识黏性。知识母体黏滞和知识受体黏滞形成的黏性知识增加了知识转移的难度[205]。知识主体间的知识距离即人才储备、企业文化、资金规模、战略路线等相接近，双方之间信任增强，知识贡献和获取意愿增强，知识交流和沟通的模糊性降低，对知识黏性起到抑制作用[206]。

隐性知识的非结构化特征和知识熵导致知识难以编码与表达，隐性知识黏附于思想、产品、过程、服务与方法中，在传递过程中易损耗，致使知识转移失败率高，产生知识黏性。知识的复杂性为知识主体员工专业胜任力和机器设备精度设立较高阈值，知识接收方对学习和存留知识产生畏惧心理[207]，限制知识的传播与吸收，知识黏性增大。

知识易嵌入于个体、产品、管理、技术特定环境中，嵌入的深浅决定知识转移的难易[208]。知识的转移取决于知识传递、理解和消化的容易程度。知识需求者须为所获得的知识付出成本，吸收方意图将知识成本最小化。另外，知识独占性产生的保护意识，知识的累加性对接收方能力的要求，知识环境依赖性[204]均导致了知识黏性的产生，知识黏性困扰知识主体，拦截知识输出与输入，增加知识转移难度。知识黏性不利于知识模仿、流动和创新活动，降低了知识渗透、交叉的概率。作为障碍成分的知识黏性妨碍或中止知识在组织间进行转移。由此，提出以下假设：

H2：知识黏性在知识黏性的前因与知识转移之间起中介作用。

H2a：知识黏性在知识转移主体与知识转移之间起中介作用；

H2b：知识黏性在知识本身属性与知识转移之间起中介作用；

H2c：知识黏性在知识转移情境与知识转移之间起中介作用。

（3）知识转移渠道、知识黏性前因与知识黏性。

知识转移可以通过知识转让、知识引进、知识交流、信息传播、技术援助、人才流动等渠道进行[204]。企业组织环境缺乏有效的、多元化的知识转移渠道，知识互动的网络结构比较单一，不利于知识的溢出。对知识转移主体而言，知识转移渠道少，知识在转移过程中易阻塞，减少知识转移双方转移意愿，增加转移成本，扩大知识距离，削弱知识源转移能力，主体间交流的匮乏也降低了双方的信任程度。

知识转移渠道的拓展扩充，在组织层面上激发知识主体进行联盟合作，此时知识内隐性引起知识模糊性，知识复杂性、无序性产生知识黏性，不利于双方进行沟通，知识主体有意识的提升对知识的编码和表达能力，通过译解降低知识的抽象性，采取措施克服知识的不确定性、无规则性和随机性。

所有知识都是产生于在特定情境中，并创造其价值[209]。知识转移渠道影响知识与组织情境的匹配程度，繁多的、横斜向散射的知识转移路径适应于扁平的、有机的、分权的、部门整合能力强的、反馈速度快的企业[196]，知识交流渠道的拓展扩充有利于多种知识相互作用，提高了企业的知识转化水平。同时，支持企业推崇知识流动与学习的战略观点，形成激励知识获取、整合、再创新，促进知识转移的文化氛围，优化知识网络结构，提高网络运行效率，从而抑制了知识黏性的存在。由此，提出以下假设：

H3：知识黏性的前因在知识转移渠道与知识黏性之间起中介作用。

H3a：知识转移主体在知识转移渠道与知识黏性之间起中介作用；

H3b：知识本身属性在知识转移渠道与知识黏性之间起中介作用；

H3c：知识转移情境在知识转移渠道与知识黏性之间起中介作用。

（4）治理机制的调节作用。

治理机制是一种基于契约治理和基于信任治理的保护企业间进行正常交易的机制，其目的是协调控制各方行动，抑制机会主义倾向，重视交易过程中发生的专项投资，获得效益[208]，保障市场秩序。治理机制具体分为交易机制和关系机制。根据交易成本理论，交易机制涵括契约和交易专项投资两种（Liu Yi et al.，2009）[210]~[211]，倚重监督和激励作用。关系机制溯源于关系交换理论，包括组织间信任和个人关系，强调氛围与情感因素。

　　契约治理基于正式的程序和明确的法律制度，对合作方的具体权利和义务进行了充分的说明，清晰详尽地描述了参与方合作的内容、目标、任务、政策，以及对未知事件的处理方式，通过列出合同事项，强制性监督约束主体，来降低交易风险，巩固合作关系。首先，契约治理为企业间知识转移进行严格担保，拓展扩宽了知识转移渠道，降低了知识黏性，促进了知识转移的发生。组织间利用契约建立合作研发关系，通过多渠道知识共享，如派驻技术人员从生产实践环节中进行产品核心技术、生产包装技术等显性知识的交流。契约条款中对技术接口和规范等内容的详细解释，增强了组织间知识吸收的明晰性，缩短了接收能力的差距性，促进了隐性知识的传播。以契约为手段，监视组织行为，规避企业交易过程中可能出现的知识窃取或滥用等机会主义行为，惩罚并禁止与公平交易大相径庭的行为，保证公平性，避免了组织间因自身利益和知识保护而产生的误解与冲突，激发组织间合作动机，培养良好关系，拓展扩宽交流渠道，强化企业主体知识转移意愿和能力，降低知识本身属性产生的不利影响。基于契约正式保障机制背景下，组织对知识转移的情境支持程度越高，越利于降低知识黏性，达到知识转移的目的。

　　交易专项投资是指只在核心交易关系中发挥效用与价值的资产[212]。交易专项投资是另一种发挥激励协调作用的交易机制。专项投资发生于特定合作环境中，基于经济效应，企业为获取自身所需资源而产生的关系投入，比如为合作伙伴提供免费的技术培训、进行项目资金补助或派驻管理、技术专员对合作伙伴进行指导等。专项投资情境重置难度高，专属依赖性强，使其具有黏附效应，体现为投资方信誉担保。同时，表达出持久合作的恒心与意愿，巩固组织关系网络，提升彼此间信任程度。一旦合作关系被解除，专项投资方将蒙受巨额亏损，促进投入方的合作意愿，催生知识贡献动机，通过多渠道输送信息数据流，使得组织间的交流更加顺畅，互动更频繁。企业间知识交互的意义在于，组织间正式交互与非正式交互的越频繁，越有助于知识的转移（Sammarra；

Biggiero，2008）[213]。因此，提出以下假设：

H4a：交易机制会正向调节知识转移渠道与知识黏性前因的关系；

H4b：交易机制会正向调节知识转移渠道与知识黏性的关系；

H4c：交易机制会正向调节知识转移渠道与知识转移的关系。

关系机制植根于关系交换理论，关注焦点是组织间进行长期的、重复交易和合作，社会关系对组织间在持久的经济交互过程中所体现的价值。关系机制主要由两个层面构筑，企业间关系与个体间关系层面。企业间关系的存在形式表现为各方的信任关系，强调情感因素。企业间搭建的信任机制让企业认为合资伙伴具有可信赖性和仁爱心的品质，摒弃唯利是图的原则，不会因利益彼此产生冲突，帮助各方在企业理念和文化上达成共识，高效完成合作任务。个体间关系是指企业关键环节员工间的个人友谊，包括企业间管理层之间、技术层之间、业务层之间通过接触形成个人印象，依据印象引导决策行为，控制交易关系。

信任是组织知识贡献的前提，表现为对合作伙伴有信心，机会主义行为发生的不确定性减弱。企业主动识别出值得信赖的合作企业，为了维护彼此之间的友谊，加大对信任关系的投入，使得信任充当催化剂，加快组织间知识转移的有效反应发生[214]。企业间构建信任体系，有助于降低知识黏性，促进知识转移。信任的存在帮助组织间打破隔阂，缩短知识主体之间距离，打消核心知识被窃取的顾虑[215]。因此，不需要浪费多余的财力和物力去应对合作不稳定性风险，知识转移成本降低。基于信任情境下，知识主体之间会提高知识本身质量，悉心传授技能与心得，相互探讨与协作，以诚挚的态度相信知识的真实性与时效性，知识交互更顺畅。李瑶等（2011）认为信任治理消除了企业与合作伙伴之间因为知识产权问题带来的困扰，积极编织合作网络，主动联系，彼此之间忽略繁文缛节，形成高度默契，横跨知识转移障碍，促进知识转移的发生[216]。

个体间关系是中国情境背景下催生的一种专属机制，对企业间进行知识交互有着正向的推进作用。知识可以通过多渠道进行转移，个体在其中扮演导航作用。个体是知识传播的载体，个体间通过频繁的来往建立良好关系，在知识归集的过程中往往会产生头脑风暴，通过思维与思维间的摩擦，迸发出新的主意与思想，进而体现知识的应用价值。知识、数据和信息以无形的体态存在于组织中，难以精度衡量和编码成正规的程序与模式，特别是缄默知识。个人间信任会促使个人乐意传授其经验和方法，缄默知识得到了有效的转移。良好的个人关系会使知识主体相信知识在将来会获得回报，增强彼此间知识转移的信念和意愿。由此，本研究根据上述论述，提出如下假设：

H5a：关系机制会正向调节知识转移渠道与知识黏性前因的关系；

H5b：关系机制会正向调节知识转移渠道与知识黏性的关系；

H5c：关系机制会正向调节知识转移渠道与知识转移的关系。

知识转移环节的概念模型如图 7-2 所示。

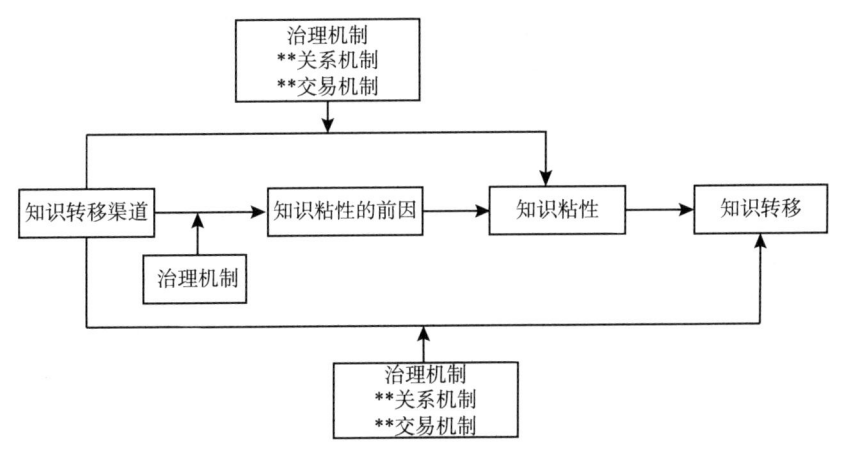

图 7-2 知识转移环节的概念模型

7.2.3 知识转移环节的实证分析

7.2.3.1 变量测度

本书变量的度量均借鉴了已有研究，变量涵盖多个指标，指标无固定排序，以防出现纰漏，对变量的测度采取 1~5 级 Likert 量表（控制变量除外），以数字 1~5 对企业目前状态进行评定。1 表示完全同意，5 表示完全不同意。

知识转移渠道（以下简称 KTO）量表借鉴张光磊等相关学者设计的 6 个题项问卷，根据本研究的知识转移对象为企业与外部主体条件进行适当调整，列举条目和"你所在组织的直接的上、下级与你交流，能迅速对你传达的信息做出反应"和"你所在组织与你直接的上、下级交流，能迅速对他们传达的信息做出反应"。

知识黏性的前因参考张莉等学者开发的 3 维度量表，问项 13 个。知识转移主体（以下简称 IQ_1）（7 题），列举条目如"知识发送方的知识转移能力弱""知识接收方的知识存量小""知识主体间缺乏信任"。知识本身属性（以下简称 IQ_2）（3 题），包括"转移知识的内隐性突出""转移知识表现为复杂难懂""转移知识的无序性明显"。知识转移情境（以下简称 IQ_3）（3 题），包括"组织战略重视组织间知识转移""组织文化倾向于组织间知识转移""组织知识网络操作效率低"。

知识黏性（以下简称 KI）量表采用张莉设计的 4 个题项，包括"知识转移经费投入大""知识转移投入与产出比大""消化吸收再创新投入大""知识转移全流程耗费时间少"。

知识转移（以下简称 TKI）量表参考杨燕等学者应用的 3 个指标问项，分别是"企业获得与之建立合作关系主体知识隐蔽程度大""建立合作伙伴关系后企业对该主体技术依赖降低程度大""合作方的知识被企业学习并有效的转移到其他产品设计程度大"。

治理机制包括交易机制（以下简称 TM）和关系机制（以下简称 IM）。交易机制中的契约量表借鉴相关学者（Cannon et al., 2000）[217] 设计的 3 个指标，主要反映知识主体构建实质交易关系过程中对契约的依赖性。交易专项投资量表选取 4 个问项，反映知识主体对专属合作关系重视程度（Anderson, 2003）。关系机制中的信任量表引用 6 项指标，体现企业与关联主体的信任程度。个人关系量表参考李瑶等实证研究中的 5 项指标，表达个人间关系的友好程度。

本书选取了少量可能影响组织间知识转移的控制变量，比如员工学历、性别、企业员工数量等。（问卷全文参见附录2）

7.2.3.2 数据样本的收集

本研究的实证数据主要来源于国内高端装备制造行业内五大行业。选择的企业处于行业中的中上游水平，知识交流、共享层面和渠道相对丰富，相关治理机制比较完善，具有一定的代表性与说服力。首先，根据国内外相关量表编制调查问卷，咨询专家意见，不断修葺与改善，最终呈现一份较全面的问卷。在调研前，为了打消被调研企业对信息不安全的顾虑，捍卫其利益，特制作一份信息保密承诺书。

通过四种方式对问卷采集，首先最主要的方式是走访企业，诚恳陈述调研目的并获得支持后，现场指导问卷选填；其次是电话访谈，通过电话交流进行问卷的填写；然后是邮寄问卷到企业相关负责人，规定其在指定时间内寄回；最后是通过 E-mail 发送问卷到被调查企业。本次调研发放问卷总数 500 份，回收问卷 458 份，有效问卷为 416 份，问卷有效率达 83.2%。具体的样本数据信息如表 7-1 所示。

表 7-1　　　　　　　　样本信息（n=416）

样本信息		样本信息具体内容
企业规模		大型（26.9%）、中等（49.3%）、小型（23.8%）
企业所处行业		航空装备（22.1%）、卫星及应用（20.9%）、轨道交通（20.2%）、海洋工程装备（18.8%）和智能制造（18.0%）
企业性质		国有控股（47.0%）、私营和私人控股企业（34.0%）、外资和合资（19.0%）
企业年龄		小于5年（30.7%）、5~10年（44.1%）、大于10年（25.2%）
员工	职位	高层（52.5%）、中层（34.3%）、基层（13.2%）
	学历	高中（10.1%）、大专（22.3%）、本科（38.9%）、硕士（28.7%）
	性别	男（68.4%）、女（31.6%）
	工作时间	小于2年（5.3%）、2~5年（19.2%）、5~10年（28.7%）、大于10年（46.8%）

7.2.3.3 数据分析和检验

(1) 变量的信度检验与效度检验。

本研究均借鉴相关参考文献中的成熟量表测度变量,充分保障各构念的内容效度。选择主成分方法对显变量进行探索性因子分析,通过KMO值,巴特球形检验 Sig. 值和因子载荷值对变量的结构效度进行判断。表7-2是运用SPSS17.0软件对效度分析得出的结果,显示了各变量的KMO大于0.6,Sig. 值远远小于0.001,因子载荷值均超过0.5,均达到最低标准水平,指标的结构效度通过检测,达到令人满意的水平。

信度评定问卷题项的准确性、严谨性与可靠性。本书应用Cronbach's α,评估潜变量的信度。高度一致性的α系数标准为[0.7, 0.9],可以接受的临界点一般认定为0.6。表7-2是运用SPSS17.0软件对信度分析得出的结果,Cronbach's α系数普遍远大于0.6,证明潜变量的各项指标具有较高的稳定性,达到内部一致性水平,可信度高。

表7-2 信度和效度分析结果

变量	问项个数	Cronbach's α	KMO	Bartlett 检验 Sig.	因子载荷
KTQ	6	0.927	0.891	0.000	0.521~0.633
IQ_1	7	0.845	0.754	0.000	0.857~0.886
IQ_2	3	0.866	0.628	0.000	0.845~0.920
IQ_3	3	0.897	0.644	0.000	0.804~0.933
KI	4	0.845	0.756	0.000	0.527~0.882
TKI	3	0.827	0.821	0.000	0.720~0.779
TM	7	0.945	0.876	0.000	0.854~0.910
IM	11	0.682	0.909	0.000	0.588~0.727

(2) 变量相关性检验及结构方程模型的路径分析。

表7-3反映了本书所有变量的相关系数,显示变量之间存在显著

的正相关或负相关关系（p<0.05），可以进一步使用结构方程进行路径系数检验和使用层次回归分析验证调节变量的存在。本书验证了知识转移渠道与知识转移存在显著的正相关关系（γ=0.565，p<0.001），假设 H1 通过。

表7-3　　　　　　　　　　　　因素相关系数

变量	KTQ	IQ$_1$	IQ$_2$	IQ$_3$	KI	TKI	TM	IM
KTQ	1	0.352***	-0.157*	0.445***	-0.274**	0.565***	0.421***	0.335***
IQ$_1$	0.352***	1	-0.264**	0.338***	-0.252**	0.382***	0.291**	0.458***
IQ$_2$	-0.157*	-0.264**	1	-0.168*	0.450***	-0.192*	-0.336***	-0.410***
IQ$_3$	0.445***	0.338***	-0.168*	1	-0.250**	0.496***	0.551***	0.618***
KI	-0.274**	-0.252**	0.450***	-0.250**	1	-0.582***	-0.220**	-0.340***
TKI	0.565***	0.382***	-0.192*	0.496***	-0.582***	1	0.501***	0.524***
TM	0.421***	0.291**	-0.336***	0.551***	-0.220**	0.501***	1	0.500***
IM	0.335***	0.458***	-0.410***	0.618***	-0.340***	0.524***	0.500***	1

注：*p<0.05，**p<0.01，***p<0.001。

本书需分别解释知识黏性与知识黏性的前因的中介作用，巴伦（Baron）等指出，中介变量发挥完全中介作用的条件是外因潜变量显著影响中介变量，中介变量显著影响内因潜变量。为了验证假设 H2 和假设 H3，本书调试三个嵌套模型，相关指标比较结果列于表7-4中。模型1是模型2和模型3构建的参照体，度量完全中介效应，知识黏性扮演完全中介角色的路径为：IQ$_1$→KI→TKI；IQ$_2$→KI→TKI；IQ$_3$→KI→TKI，知识黏性的前因完全中介于知识转移渠道与知识黏性：KTQ→IQ$_1$→KI；KTQ→IQ$_2$→KI；KTQ→IQ$_3$→KI。相比于部分中介新增的 KTQ→KI、IQ$_1$→TKI、IQ$_2$→TKI、IQ$_3$→TKI 通道和直接作用于目标终点知识转移 KTQ→TKI、IQ$_1$→TKI、IQ$_2$→TKI、IQ$_3$→TKI 通道，完全中介模型匹配了优越的模型参数指标（$\chi^2/df = 2.852$，RMSEA = 0.075，

TLI=0.921，CFI=0.986），完全中介模型更符合模型简约性原则，即知识黏性和知识黏性的前因都发挥完全中介作用（如表7-4所示）。以知识黏性和知识黏性的前因为完全中介变量前提下，标准化路径系数如表7-5和图7-3所示，知识黏性的前因三大维度，知识转移主体、知识本身属性和知识转移情境均对知识黏性具有显著影响（$\beta = -0.228$；$p<0.01$；$\beta = 0.315$，$p<0.001$；$\beta = -0.178$，$p<0.05$），知识黏性显著影响知识转移（$\beta = -0.651$，$p<0.001$）；知识转移渠道对知识转移主体、知识本身属性和知识转移情境产生显著影响（$\beta = 0.446$，$p<0.001$；$\beta = -0.328$，$p<0.001$；$\beta = 0.526$，$p<0.001$）。假设H2和假设H3通过检测，知识黏性在知识黏性的前因与知识转移之间起完全中介作用，知识黏性的前因在知识转移渠道与知识黏性之间起完全中介作用。

表7-4　　　　　　　　　　SEM模型间的比较

SEA	χ^2/df	RMSEA	TLI	CFI	$\Delta\chi^2/df$
模型1（完全中介模型）	2.852	0.075	0.921	0.986	
模型2（部分中介模型）	6.814	0.124	0.746	0.864	3.962
模型3（直接作用模型）	8.372	0.229	0.614	0.412	5.520

表7-5　　　　　　　　　SEM模型标准化路径系数

变量间的关系	标准化路径系数	CR值	p值	假设是否通过
KTQ→IQ$_1$	0.446***	>1.96	$p<0.001$	通过
KTQ→IQ$_2$	-0.328***	>1.96	$p<0.001$	通过
KTQ→IQ$_3$	0.526***	>1.96	$p<0.001$	通过
IQ$_1$→KI	-0.228**	>1.96	$p<0.01$	通过
IQ$_2$→KI	0.315**	>1.96	$p<0.01$	通过
IQ$_3$→KI	-0.178*	>1.96	$p<0.05$	通过
KI→TKI	-0.651***	>1.96	$p<0.001$	通过

注：* $p<0.05$，** $p<0.01$，*** $p<0.001$。

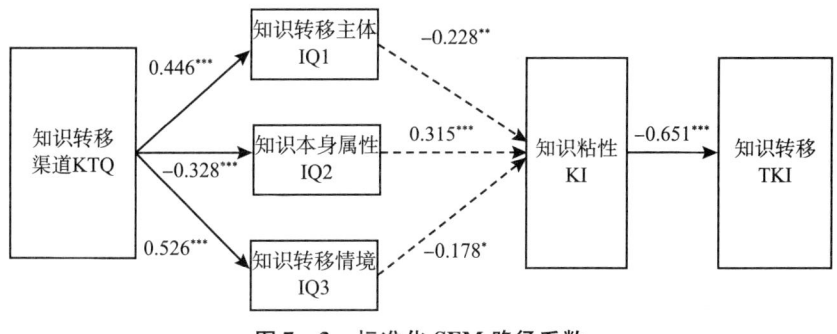

图 7-3 标准化 SEM 路径系数

（3）调节变量检验。

本研究使用层次回归分析辨析治理机制是否正向调节知识转移渠道与知识黏性前因、知识转移渠道与知识黏性、知识转移渠道与知识转移的关系。借鉴艾肯和西（Aiken and West）[218]的思路，首先分别以 IQ_1、IQ_2、IQ_3、KI 和 TKI 为因变量建立回归方程，导入控制变量和主效应（交易机制调节：KTQ 和 TM 为自变量；关系机制调节：KTQ 和 IM 为自变量），接着增加交互项自变量，键入调节效应（交易机制调节：KTQ∗TM 为自变量；关系机制调节：KTQ∗IM 为自变量）。分析结果如表 7-6 和表 7-7 所示，可知知识转移渠道与交易机制交互效应对知识转移主体（β=0.278，$p<0.01$）、知识本身属性（β=0.301，$p<0.001$）、知识转移情境（β=0.628，$p<0.001$）、知识黏性（β=0.512，$p<0.001$）和知识转移（β=0.557，$p<0.001$）产生显著影响，知识转移渠道与关系机制交互效应显著作用于知识转移主体（β=0.294，$p<0.01$）、知识本身属性（β=0.498，$p<0.001$）、知识转移情境（β=0.512，$p<0.001$）、知识黏性（β=0.147，$p<0.05$）和知识转移（β=0.228，$p<0.01$）。对回归方程加入调节效应后，R^2 值都有所增加，DW 值均在 2 附近。因此，假设 H4a、H4b、H4c、H5a、H5b 和 H5c 均得到证实。

表7-6　　　　　　　　交易机制调节作用的回归分析

变量	IQ₁	IQ₁	IQ₂	IQ₂	IQ₃	IQ₃	KI	KI	TKI	TKI
第一步（控制变量）											
学历	0.044	0.025	0.023	0.014	0.026	0.041	0.052	0.023	0.015	0.026
性别	0.048	0.052	0.036	0.061	0.071	0.052	0.017	0.027	0.047	0.039
员工数量	0.041	0.029	0.028	0.033	0.027	0.056	0.034	0.028	0.079	0.047
第二步（主效应）											
KTQ	0.448***	0.337***	0.275**	0.157*	0.095	0.045	0.077	0.158*	0.055	0.189*
TM	0.256**	0.156*	0.127*	0.446***	0.217**	0.011	0.289**	0.356**	0.596***	0.394***
第三步（调节效应）											
TM * KTQ		0.278**		0.301***		0.628***		0.512***		0.557***
adjusted R²	0.270	0.280	0.180	0.187	0.220	0.229	0.340	0.343	0.410	0.414

注：* $p<0.05$，** $p<0.01$，*** $p<0.001$。

表7-7　　　　　　　　关系机制调节作用的回归分析

变量	IQ₁	IQ₁	IQ₂	IQ₂	IQ₃	IQ₃	KI	KI	TKI	TKI
第一步（控制变量）											
学历	0.032	0.017	0.053	0.031	0.029	0.086	0.039	0.027	0.017	0.040
性别	0.036	0.069	0.039	0.054	0.058	0.037	0.026	0.018	0.063	0.059
员工数量	0.087	0.036	0.025	0.018	0.056	0.072	0.091	0.083	0.035	0.042
第二步（主效应）											
KTQ	0.224**	0.151*	0.287**	0.191*	0.057	0.028	0.288**	0.094	0.692***	0.089
IM	0.286**	0.188*	0.336**	0.384***	0.284**	0.336**	0.482**	0.516**	0.664***	0.097
第三步（调节效应）											
IM * KTQ		0.294**		0.498***		0.512***		0.147*		0.228**
adjusted R²	0.25	0.253	0.41	0.417	0.56	0.562	0.28	0.285	0.37	0.375

注：* $p<0.05$，** $p<0.01$，*** $p<0.001$。

7.2.3.4 实证结果分析

(1) 知识转移渠道对知识转移具有显著正向影响。

紧密交织的知识转移渠道降低组织间知识转移成本耗损速率，促进企业边界成长；推动企业间实施知识联盟战略，弱化隐含背景语言造成的知识沟通障碍，知识受体不仅对知识输出过程更明晰，也能更深入的熟知知识设计原则、核心参数设定等复杂机理，不断储存知识，充实知识存量并在此基础上进行知识再创新，实现知识转移的理想目的。因此，企业应该积极的拓展扩宽企业与外部主体间的知识转移渠道，有效地促进知识转移，实现知识转移效用最大化。

(2) 知识黏性在知识黏性的前因与知识转移之间发挥中介作用。

知识的本身特征导致缄默知识、抽象知识和无序知识的产生，这些知识粘附性强，对知识主体知识处理技能提出了更高的要求，提高知识编码能力使知识单一化。另外，组织应该创造良好的知识转移环境和氛围，以战略做支撑，以文化为熏陶，优化知识网络，提高运行效率，追溯知识黏性根源，截断知识黏性出路，保证知识转移顺利进行。

(3) 知识黏性的前因在知识转移渠道与知识黏性之间起中介作用。

企业应积极构建知识转移渠道，完善知识网络，制定相应的战略，创造有利于知识转移的文化氛围，各类知识可经过不同路径到达终点，隐性知识、复杂知识和无序知识也更容易进行输送。丰富的知识转移渠道隔断了导致知识黏性产生的源流，降低了企业间的知识黏性。

(4) 治理机制正向调节知识转移渠道与知识黏性前因、知识转移渠道与知识转移、知识转移渠道与知识黏性之间的关系。

企业应重视治理机制，在交易过程中发挥交易机制和关系机制的缓冲作用。实施治理机制的交易主体表现出强烈的合作意愿，开辟更多的渠道来传输知识，降低知识转移成本，减少知识损耗，检讨知识黏性成因，克服知识黏性导致的组织创新功能退化等缺陷。完善契约治理，增强法律效应，规范和约束知识主体间关联行为，知识主体需对自身的行为负责，否定独自挪用和窃取知识的想法，对机会主义行为的防范具有现实意义。扩大交易专项投资，激励对方在投入的技术环节取得突破，增强交易主体间好感，促进组织间交互气氛的透明。努力发展知识主体间信任，以真诚的态度建立合作伙伴关系，将信念付诸交易行动中，维护合作方权益，巩固组织层面友谊。另外，组织间良好的个人关系也会增强组织层面的信任，为彼此间知识交流创造有利条件。治理机制协助企业充分利用各种渠道进行知识转移，从而削弱了知识黏性的危害性。

7.3 基于合作效果的关键环节验证分析

7.3.1 合作效果的相关理论基础

现代学者较多地对组织合作中的参与、交流、信任度等与合作绩效分配的关系进行深入研究。有研究提出：普遍意义上来看，项目合作方越多，项目可利用的关系和资源也就越多，促成合作成功的有利因素也就越多（Andrea, 1994）[219]，此外，合作方参与度越高就越能促成合作绩效的产生，尤其是企业管理层的参与。合作参与度很大程度上取决于合作方之间的信任度、相互关系及合作方之间的信息交流与沟通等（Hardy, 2003）[220]。相关文献研究表明，信任度是影响合作的众多因素中尤其重要的一个因素，合作方的相互信任能够促成合作的良好结果；合作方之间的信任可有效地避免合作伙伴的机会主义行为，促进合作方的沟通与衔接，从而有效地降低交易成本并避免不必要的冲突。组织寻求合作伙伴的渠道主要是现有的社会资源与合作伙伴，以及通过网络资源来获取合法的合作伙伴并建立起信任关系；承诺及时是企业间维持良好合作关系的持续性图谋，也是双方努力维持良好关系的保证，承诺体现出了各合作方之间合作关系的重要性及各方维持这种关系的强烈愿景。此外，各方合作中的业务情况还不可避免地会受到个人关系的影响。信任与承诺能够有效地反映出企业合作关系良好与否，也是合作关系良好的主要表现。合作方对于合作关系做出的承诺能够进一步促进各方合作绩效的产生（Holm et al.，1999）[221]，李忆和司有和（2009）提出合作方企业的承诺对合作绩效的促进体现在维持良好合作关系与进一步加大投入两个具体方面，从而提高自身运营绩效。对于组织间合作的绩效，不同领域的研究者赋予合作不同的效果，学习和创新领域的研究则认为合作的目的在于促进新知识的创造，而不局限于转移已有知识。通过直接效果、知识创造效果和社会效果三个方面来衡量组织间的合作效果（Hardy，2003）[220]。

7.3.2 合作效果环节的理论模型与相关假设

（1）参与度与合作效果。

参与度可以反映各合作方资源与情报的共享程度、重大决策的参与度、各方合作的层次与级别等。如要在合作中达到较高参与度就要求各合作成员之间深入交互、建立起良好信任关系，以及实现各合作方的信息交流，合作中参与的人数越多，合作程度也就越深[222]。一般来说，合作关系越紧密就越利于各合作方共享自身资源与情报，从而通过资源与情报的转移来建立起有效的组织能力，帮助合作各方提升效益，最终服务于项目目标的实现；这种共享也能够帮助合作中的弱势方补充其内部能力的缺失，在合作的过程中通过知识的学习、转移实现新知识的创新；能够有效地提高各合作方跨越自身组织的影响力，并对其他合作方的意识和行为产生有利影响。综上所述，我们提出以下假设：

H1：合作参与度对合作效果有正向促进作用。

（2）信任与合作效果。

良好的信任关系能够有效地促进各合作方的沟通与协调，从而保障各合作方之间信息传递的完整性与细致性;有效地鼓励各方协力解决合作中出现的问题;促使双方互帮互助,同时也使得合作关系更加稳固和开放[223]。在合作过程中建立起的信任关系能够有效地促进各合作方之间创造出新的知识和信息,这样也对合作方进行了正向引导,避免了不必要的矛盾与冲突,保障了良好的合作效果。通过实证研究证明合作产品开发的企业之间的相互信任关系可以显著提高产品质量,促进企业产品竞争力(Zaheer et al., 1998)。通过研究跨国企业合作中易出现的信任危机等问题,发现企业合作关系的恶化会对企业绩效产生明显的抑制作用(Bell et al., 2000)。以双方信任为基础建立起的良好合作关系符合各合作方的共同利益,这种共同利益对于各合作方也能起到一定的约束作用,从而对双方绩效水平产生有利影响(Hoetker, 2004)。后续研究进一步证明较高的信任度能够有效地改进合作方产品质量、服务品质及降低生产成本等,进而提高企业竞争力(Krause, 2007)。原因如下:第一,良好的信任关系能够使合作方免去后顾之忧,抑制住合作中的机会主义行为,减少各方监控投入,减少交易成本;第二,良好的信任关系能够促成各合作方知识的转移,并建立起利于知识转移的渠道;第三,在合作中各方有机会频繁接触,从而建立起良好的信任关系,这种良好关系能够有效地减少各合作方的谈判投入和监督成本。综上所述,我们提出以下假设:

H2:信任对合作效果有正向促进作用。

(3)承诺与合作效果。

承诺能够体现各合作方的合作态度,减少不确定因素,避免机会主义行为,保障了各合作方的共同利益。研究表明长期合作的承诺和优惠待遇对于制造企业来说尤其重要,因为这种承诺能够有效地吸引供应商,提高双方的企业绩效(Helper, 1996)。对于合作企业中高层管理者的承诺进行深入研究,得出管理者的承诺是企业合作的重要变量,在各行各业企业合作中普遍具有正向的影响(Ragatz et al., 1997)。通过收集企业一定时期销售数据对企业合作关系承诺的具体路径进行了实证研究，发现合作承诺能够对企业绩效产生积极影响（Alllett，2005）。研究进一步证实了企业向关键供应商的合作关系承诺对于企业自身绩效的提升效果明显（Krause，2007）。潘文安和张红（2008）选取问卷调查等方式研究了合作企业之间的信任、承诺情况对于企业绩效表现的影响，结果表明组织间信任、个人间信任对于企业绩效存在正向激励的作用。综上所述，我们提出以下假设：

H3：承诺对合作效果有正向促进作用。

综合以上分析的内容，我们形成了如下的研究模型（如图7-4所示）。

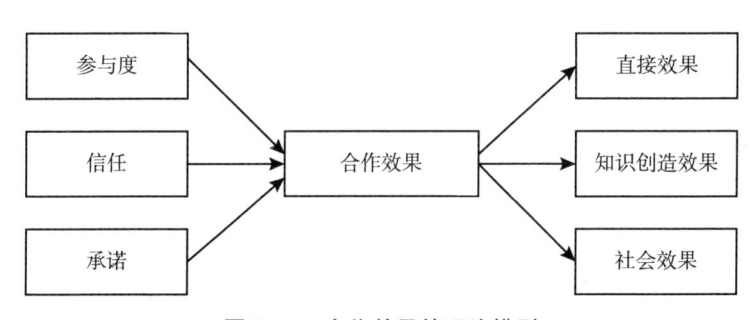

图7-4 合作效果的理论模型

7.3.3 合作效果环节的实证分析

7.3.3.1 变量测度

本书中变量的度量均借鉴了已有研究，变量涵盖多个指标，指标无固定排序，以防出现纰漏。对变量的测度采取1~5级Likert量表（控制变量除外），以数字1~5对企业目前状态进行评定。1表示完全同意，5表示完全不同意。

参与度（以下简称CY）量表借鉴赵文红等设计的3个题项，即：①从高层管理人员到基层人员均参与合作；②双方各级人员接触频繁；③双方能为维护长期合作而积极参与在管理、产品和服务上的决策。

信任（以下简称 XR）量表借鉴 3 个题项，即：①双方互相告知可能对合作伙伴有影响的事件和变动；②双方不只关注自身利益，也愿意进一步改进合作；③合作伙伴在合作中提出的建议能够得到企业的支持。

承诺（以下简称 CN）量表借鉴 3 个题项，即：①双方会尽最大的努力去维持与对方的合作关系；②双方都打算长期维持与对方的合作关系；③双方非常愿意做出一些承诺去维持与对方的合作关系（Fynesk-Brain，2005）。

合作效果（以下简称 HX）量表借鉴了对于合作效果的设计题项。即包括直接效果、知识创造效果、社会效果三个维度 9 个题项。其中，直接效果（以下简称 ZX）包含：①合作规模较合作之初发生了较大的变化；②合作范围较合作之初变化较大；③从合作伙伴那里获得了相关技能。知识创造效果（以下简称 CX）包含：①从合作伙伴那里获得了新的知识和重要的信息；②从合作伙伴那里学习到新的管理能力；③通过合作企业实现了管理方面的创新；④通过合作企业实现了服务方面的创新。社会绩效包括（以下简称 SX）：①更多新的合作伙伴的加入；②通过合作在领域内获得了更大的影响力。（问卷全文参见附录3）

7.3.3.2 数据样本的收集

本书的实证数据主要来源于国内高端装备制造行业内五大行业。选择的企业处于行业中的中上游水平，知识交流、共享层面和渠道相对丰富，相关治理机制比较完善，具有一定的代表性与说服力。首先，根据国内外相关量表编制调查问卷，咨询专家意见，不断修葺与改善，最终呈现一份较全面的问卷。在调研前，为了打消被调研企业对信息不安全的顾虑，捍卫其利益，特制做一份信息保密承诺书。

通过四种方式对问卷采集，首先最主要的方式是走访企业，诚恳陈述调研目的并获得支持后，现场指导问卷选填；其次是电话访谈，通过电话交流进行问卷的填写；再次是邮寄问卷到企业相关负责人，规定其在指定时间内寄回；最后是通过 E-mail 发送问卷到被调查企业。本次调研发放问卷总数 500 份，回收问卷 489 份，有效问卷为 447 份，问卷有效率达 89.4%。具体的样本数据信息如表 7-8 所示。

表 7-8　　　　　　　　　样本信息（n=447）

样本信息		样本信息具体内容
企业规模		大型（29.5%）、中等（47.9%）、小型（22.6%）
企业所处行业		航空装备（20.8%）、卫星及应用（18.3%）、轨道交通（19.5%）、海洋工程装备（17.7%）和智能制造（23.7%）
企业性质		国有控股（45.0%）、私营和私人控股企业（37.1%）、外资和合资（17.9%）
企业年龄		小于 5 年（34.0%）、5~10 年（44.3%）、大于 10 年（21.7%）
员工	职位	高层（50.1%）、中层（33.3%）、基层（16.6%）
	学历	高中（8.1%）、大专（17.7%）、本科（38.0%）、硕士（36.2%）
	性别	男（66.2%）、女（33.8%）
	工作时间	小于 2 年（8.1%）、2~5 年（18.6%）、5~10 年（32.0%）、大于 10 年（41.4%）

7.3.3.3　数据分析和检验

（1）变量的信度检验与效度检验。

本书均借鉴相关参考文献中的成熟量表测度变量，充分保障各构念的内容效度。选择主成分方法对显变量进行探索性因子分析，通过 KMO 值，巴特球形检验 Sig. 值和因子载荷值对变量的结构效度进行判断。表 7-9 是运用 SPSS17.0 软件对效度分析得出的结果，显示了各变量的 KMO 大于 0.6，Sig. 值远远小于 0.001，因子载荷值均超过 0.5，均达到最低标准水平，指标的结构效度通过检测，达到令人满意的水平。

信度评定问卷题项的准确性、严谨性与可靠性。本书应用 Cronbach's α，评估潜变量的信度。高度一致性的 α 系数标准为 [0.7, 0.9]，可以接受的临界点一般认定为 0.6。表 7-9 是运用 SPSS17.0 软件对信度分析得出的结果，Cronbach's α 系数普遍远大于 0.6，证明潜变量的各项指标具有较高的稳定性，达到内部一致性水平，可信度高。

表7-9　　　　　　　　　信度和效度分析结果

变量	问项个数	Cronbach's α	KMO	Bartlett检验 Sig.	因子载荷
CY	3	0.867	0.633	0.000	0.805~0.932
XR	3	0.836	0.617	0.000	0.846~0.921
CN	3	0.834	0.746	0.000	0.526~0.881
ZX	3	0.855	0.743	0.000	0.856~0.887
CX	4	0.910	0.857	0.000	0.522~0.634
SX	2	0.826	0.811	0.000	0.721~0.778

（2）验证性因子分析。

在前面信度与效度分析的基础上，进一步使用AMOS17.0统计分析软件对本书所提出的企业合作关系效果变量采用极大似然估计程序进行验证性因子分析。其结果如表7-10所示，可以看出其验证性因子分析的各项指标值均满足拟合指标要求，表明该模型具备较好的适配度。结合图7-5的内容，可以看出企业合作效果的探索性因子分析结果与验证性因子分析结果相一致，并且题项在各变量上的因子载荷都大于0.66。由此可以得出：企业合作效果变量模型比较符合实际样本情况，表明测量模型中这个部分比较合理。

表7-10　　　　企业合作效果验证性因子分析的拟合指标值

拟合指数	x^2/df	RMR	RMSEA	GFI	AGFI	NFI	TLI	IFI
建议值	<3	<0.05	<0.08	>0.9	>0.9	>0.9	>0.9	>0.9
检测值	2.212	0.039	0.064	0.933	0.921	0.947	0.924	0.930

第7章 高端装备制造企业持续创新实现的路径构建

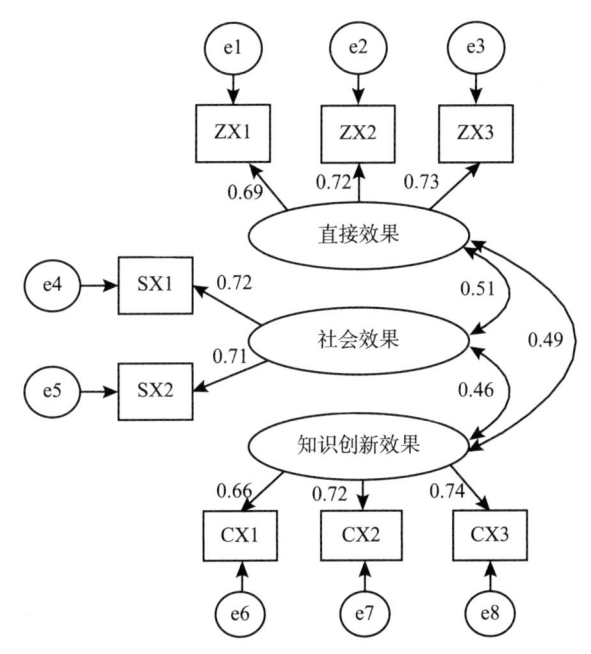

图 7-5 合作关系效果的验证性因子分析

（3）模型假设检验。

大样本数据通过了验证性因子分析，为结构方程建模研究奠定了基础。以下将运用结构方程建模方法，通过极大似然法（ML）验证高端装备制造企业合作关系效果的模型设计和相关理论假设。分析结果如表7-11和图7-6所示。参与度对合作效果有显著的正向作用（Beta = 0.447，$p<0.01$），假设1得到验证；信任对合作效果有显著的正向作用（Beta = 0.326，$p<0.01$），假设2得到验证；承诺对合作效果有显著的正向作用（Beta = 0.340，$p<0.01$），假设3得到验证。

表 7-11　　　　　　结构方程模型拟合程度分析结果

拟合指数	x^2/df	RMR	RMSEA	GFI	AGFI	NFI	TLI	IFI
建议值	<3	<0.05	<0.08	>0.9	>0.9	>0.9	>0.9	>0.9
检测值	2.488	0.042	0.075	0.925	0.901	0.956	0.919	0.937

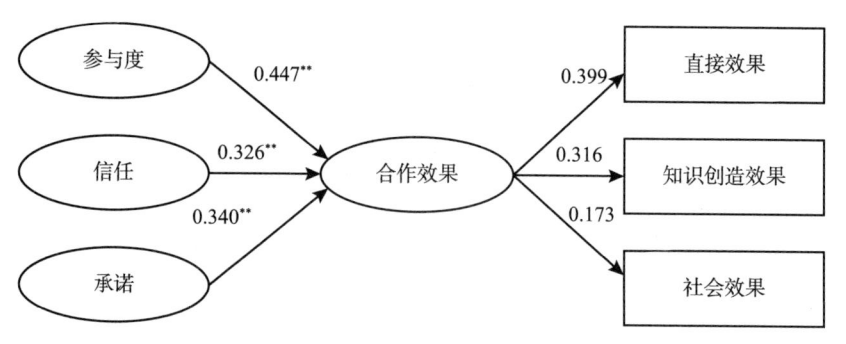

图 7-6　结构方程模型路径系数

7.3.3.4　实证结果分析

从参与度、信任及承诺三个方面对合作效果之间的关系进行实证分析，结果表明参与度、信任及承诺均会正向影响合作关系的效果。首先，参与度与合作效果有明显的正向关系，说明组织间合作高的参与度对合作的直接效果、知识创造效果、社会效果有积极的作用；其次，信任与合作效果有显著的正向关系，说明合作组织间的良好的信任关系可以促进合作的直接效果、知识创造效果、社会效果的实现；最后，承诺与合作效果也有显著的正向关系，说明合作组织间有效承诺能够保障合作的直接效果、知识创造效果、社会效果的实现。

7.4　高端装备制造企业持续创新实现的路径分析

随着世界经济一体化进程的加快，国际竞争的日趋激烈，许多高端装备制造企业已经认识到传统的思维模式是一味地强调竞争，那些仅依靠自身资源的企业只会陷入与竞争对手的恶性对立中，这并不利于企业的生存和发展，任何一个高端装备制造企业本身都不可能只在其内部就可获得所需要的全部物资投入和信息，越来越多的高端装备制造企业意识到合作的重要性，因此高端装备制造企业在追求持续创新利益的意愿驱动下，企业主体不得不通过建立合作关系，从组织外部获取资源，同时企业与外部组织间的合作也由简单生产合作演变为研发、生产、配送、交付等一系列长期全面合作，甚至缔结联盟关系，对企业持续创新活动中欠缺的资源进行补充。高端装备制造企业的组织学习是企业将外部资源内部化的主要环节，组织学习的过程和效果直接影响了高端装备制造企业持续创新的实现。企业的最终目标在于实现利益最大化，高端装备制造企业同样是为了达成企业持续创新意愿，通过大量建立合作伙伴关系，增强企业合作关系的效果，完善企业的组织学习过程，保障知识转移实现的途径来促进企业持续创新实现的。即要促进我国高端装备制造企业的持续创新实现的关键途径包含：

高端装备制造企业在持续创新实现过程中要积极与外部组织发展建立合作关系，增加合作关系的效果。从企业合作关系的数量上来说，高端装备制造企业通过与供应商和用户、竞争对手和互补性企业、政府和学研机构、风险投资机构、技术中介机构和知识产权机构这些组织和部门建立广泛的合作关系，增加创新项目合作的机会和数量；从企业合作关系的效果上来说，高端装备制造企业与外部组织间的高参与度、良好信任和有效的承诺发挥着重要作用，即在合作参与度方面，高端装备制造企业里面无论是高层管理人员还是各级人员都积极地参与合作，与外部组织、员工经常性接触，能够从长期合作的角度来参与管理及服务的决策；良好的信任方面，高端装备制造企业不单单关注自身的单方面利益，也会关注对合作双方都有利的改进，同时也会知会合作伙伴可能对合作伙伴有影响的事件和变化；有效的承诺方面，高端装备制造企业会尽自身最大的努力去维持与对方的合作关系，打算长期维持与对方的合作关系，愿意做出能维持合作关系的承诺。另外，企业家之间的密切的私人关系往往能够成为企业建立和发展合作关系的基础，亲密的企业家私人关系能够有效地增强合作企业间的信任感。总之，高端装备制造企业通过增加合作关系数量，增强合作关系效果两个方面实现企业合作能够有效地促进企业持续创新实现。

高端装备制造企业的组织学习包含知识的获取、整合和应用三个过程，也是将外部知识内部化的全过程，企业通过与外部组织建立良好的合作关系，有利于促进企业的组织学习过程，增加企业知识获取的渠道。高端装备制造企业能够从企业外部获取大量的知识资源并不代表企业就拥有了这些知识资源，唯有掌握了这些知识资源才表明企业的组织学习的有效性。即要通过保障知识转移的实现才是高端装备制造企业持续创新的重要途径。拓宽知识转移渠道，降低知识黏性是保障企业知识转移的实现途径，即知识转移需借助知识转移渠道这种外部力量，在外力直接作用下，知识经过发酵流程将情境语言转化成中立语言，通过组织间语言积极调制和联结学习方式，增速企业的知识认知、萃取、整合、内化以及表达过程；知识作为企业在激烈竞争中成败的决定性资源，知识主体非常重视对知识产权的保护，需借助一定的利益激励手段或者建立合作网络驱使知识主体主动分享和传播知识，在转移双方的多次相互作用后，双方集聚了较大的知识存量，知识相似性缩短了双方的知识距离，孕育了效能感，以信任为主的情感因素在组织间逐渐萌芽，知识主体接触的频率提升，有效地降低了组织间知识黏性存在；知识可以通过知识转让、知识引进、知识交流、信息传播、技术援助、人才流动等渠道进行转移，企业与外部主体间需建立多元化的知识转移渠道，利用各种途径转出和吸纳新知识，定期检查自身知识水平，形成知识学习的惯性，惯性作用促使知识主体膨胀对先进知识获取的欲望，强化知识转移意愿，提升知识消化吸收能力，提高知识编程的熟练程度，并自发地组建知识联盟，知识交互次数的增多有助于知识主体间建立良好的伙伴关系，增强知识主体间信任，达到接近的知识高度，弱化知识的黏性特征。总之，高端装备制造企业通过拓宽知识转移渠道、降低知识黏性等方面促进了知识转移的实现，保障了组织学习，最终促进企业持续创新实现。

7.5 本章小结

本章在前面研究的基础上，基于企业持续创新意愿视角，构建高端装备制造企业持续创新实现的路径框架，即由持续创新意愿引导下，通过增加企业合作关系，增强合作关系效果，保障组织学习过程，促进知识转移实现的企业持续创新路径。并分别对路径中合作关系效果和知识转移实现两个关键环节部分进行了实证检验，保障了路径的客观性和合理性。

第 8 章

促进高端装备制造企业持续创新实现的政策措施

参照本书对高端装备制造企业持续创新实现的定义界定，及其相应特征，依据对其形成机理、关键影响因素、实现机制、实现绩效评价、实现路径的阐述与实证研究，本章从营造高端装备制造企业持续创新实现的良好政策环境、加强高端装备制造企业持续创新实现的基础平台建设、完善高端装备制造企业持续创新实现的企业举措、重点支持科技重大项目四个方面提出了促进我国高端装备制造企业持续创新实现的相关政策措施。

8.1 营造高端装备制造企业持续创新实现的良好政策环境

8.1.1 完善高端装备制造企业持续创新实现的政策体系

政府相关政策支持是高端装备制造企业持续创新实现环节中不可或

缺的重要条件。政府政策体系支持的目标是支持高端装备制造企业进行持续创新活动,减少高端装备制造企业持续创新实现的障碍,降低高端装备制造企业持续创新实现的风险,并且营造有利于高端装备制造企业持续创新实现的制度和社会氛围。完善的政府政策体系主要包含经济体制、法治环境和管理体制等。

(1) 经济体制。

经济体制突出表现为公平、竞争和透明,以市场为手段进行资源配置,是所有体制的基础。高端装备制造企业的微观主体地位在市场经济体制作用下得以体现,其持续创新实现活动得以进入良性发展。首先,政府依据市场经济运行的原理、特征及规律,进一步的健全和完善现有市场经济规则,通过供求关系、价格、竞争等市场要素来实现对高端装备制造企业持续创新资源的合理配置,实现对其持续创新实现活动的引导和推动。因此,有必要对我国社会主义市场经济体制进行进一步的完善,建立健全已有市场经济体制,严格规范市场竞争行为,高端装备制造企业的持续创新需要一个公平、透明、公开的市场环境。其次,需要由政府来主导建立起适应市场规律的现代企业制度,发挥市场在高端装备制造企业持续创新活动中资源配置方面的主导作用,保障高端装备制造企业能够在市场竞争中以独立法人的地位享有持续创新收益。明确高端装备制造企业的产权关系,使高端装备制造企业成为集持续创新投资、决策和收益为一体的持续创新主体,增强高端装备制造企业的持续创新动力。

(2) 法治环境。

法治环境是具有公平、竞争、透明、有序、开放的市场体制的基础和保障。法治经济的完善即可以体现出一个公平的市场经济环境。由于高端装备制造企业创新活动的复杂性和竞争性,也只有健全的法律体系才能在市场经济环境中规范和调节高端装备制造企业的持续创新活动[224]。政府可以制定鼓励创新政策、完善立法和执法等法律制度来引导和保障高端装备制造企业的持续创新实现。首先,建立健全知识产权保护制度，即从法律层面上明确创新产权的归属，用法律手段保障高端装备制造企业对其持续创新成果的时间上的垄断权，通过专利制度排除模仿者对于创新者的利益侵犯，对高端装备制造企业的持续创新实现提供有效激励。其次，建立健全法制体系，规范市场经济秩序，明晰市场竞争规则，强化依法行政，主要包括民法、公司法、竞争法、破产法、反垄断法等相关法律规章制度。

（3）管理体制。

管理体制同样是政策体系的重要部分，必须适应经济体制的发展，经济体制的变革必然引发管理体制的变革。市场经济体制要求保障高端装备制造企业的微观主体地位，而不能以政府手段对其进行直接干预，因此有必要尽快进行政府行政体制改革，以政府直接组织高端装备制造企业持续创新活动为主向，以政府进行宏观调控、为高端装备制造企业持续创新实现提供条件和服务为主的职能转变。另外，政府还可以通过奖励、表彰等方式来激励高端装备制造企业的企业家和研发创新人员，从精神层面和物质层面两个方面来满足企业家和创新人员的需求，激励其持续创新行为活动，这样形成的鼓励高端装备制造企业持续创新实现的示范效应，在一定程度上指明了高端装备制造企业内部激励和市场激励的实现方向。

8.1.2 落实高端装备制造企业持续创新实现的政策措施

在宏观制度环境下制定出的微观政策支持对于高端装备制造企业持续创新实现的保障更为有效，即高端装备制造企业持续创新实现的政策支持系统类型包含激励型、引导型、保护型、协调型四种[225]。其中，激励型政策支持是指通过金融政策、财政政策为高端装备制造企业持续创新实现提供资金，通过财政、税收等手段减轻高端装备制造企业税赋压力，以相关信息政策及设施补贴等手段为引导，为高端装备制造企业持续创新活动提供服务和动力，为高端装备制造企业持续创新实现创造出有利的外部环境。引导型政策支持是指通过产业政策、科技政策和人才政策等方式来对高端装备制造企业持续创新实现的方向进行有利引导，推进高端装备制造产业结构调整、优化和升级。保护型政策支持是指通过制定相关创新成果交易政策、专利保护政策等来保障高端装备制造企业能够享有其持续创新活动的成果。协调型政策支持是指通过区域协调政策、官产学研合作政策等来协调高端装备制造企业持续创新实现过程中各个主体合作时出现的各类矛盾。

政府作为公共政策的制定者和实施者，应从财政政策、税收政策和金融政策等领域支持高端装备制造企业持续创新活动。即政府通过制定扶持政策、投入创新资金、扶植创新项目、提供创新服务等多种方式为高端装备制造企业持续创新活动提供全方位支持；通过财政税收政策，把税收优惠从企业向具体创新研发项目转变，在实施税收优惠过程中，注意把握事前激励和事后控制的原则，引导和鼓励高端装备制造企业增加在自主技术创新方面的投入，鼓励高端装备制造企业对外部引进技术消化吸收后的再创新，鼓励其持续开展自主创新[226]。通过不断改善金融环境，对银行信贷进行支持、成立政策性银行、为高端装备制造企业持续创新提供宽松的融资渠道，保障高端装备制造企业持续创新活动的资金来源。

8.2 加强高端装备制造企业持续创新实现的基础平台建设

8.2.1 加强融资平台建设

高端装备制造企业持续创新实现离不开充足的资金保障，没有金融机构的投入和支持，高端装备制造企业持续创新活动会因为缺乏必要的物质基础而无法实现，因此我们要加强高端装备制造企业持续创新的融资平台建设。

完善高端装备制造企业持续创新投资机制，具体做法分为政府财政投资和风险投资两个方面。政府投资一般金额较大、利率较低，成为高端装备制造企业持续创新实现的主要资金来源，政府通过财政拨款、税金减免等渠道，来支持高端装备制造企业持续创新实现活动的开展；政府要适当放宽限制，允许符合条件的金融机构在风险投资中占据控股地位，这也相当于推进金融机构业务创新，为高端装备制造企业持续创新风险投资拓宽融资渠道，建立持续创新收益与风险共同承担机制，促进高端装备制造企业持续创新实现。同时，政府要制定完善的监督制度，设立专门的监督部门，对高端装备制造企业持续创新实现的全过程进行法制、经济和保密监督，保障高端装备制造企业持续创新活动的有效推进。

高端装备制造企业持续创新实现需要良好的融资环境，而这种环境则来源于完善、高效的金融政策支持。首先，运用市场化方式运作金融信贷，减少政府的行政干预，引导金融机构重点支持高端装备制造企业持续创新实现活动，差别化对待不同地区、不同规模企业的融资需要；其次，支持贷款浮动利率，鼓励对高端装备制造企业持续创新活动的融资优惠力度，强化利率在高端装备制造企业持续创新实现过程中的优化资源配置的引导功能，充分发挥利率的宏观调控功能。

高端装备制造企业持续创新实现离不开政府采购和政府补贴的融资平台作用。其中，政府采购的作用相当于营造市场需求，保障高端装备制造企业持续创新活动的销售渠道，改善持续创新市场化早期需求不足，是应对初期市场风险的有效方式，为高端装备制造企业持续创新活动开辟初期市场[227]，为持续创新实现营造良好的融资环境；政府补贴是通过分担高端装备制造企业持续创新活动风险，增强高端装备制造企业持续创新意愿，增加其持续创新的积极性。政府采购和政府补贴是高端装备制造企业持续创新实现融资平台的重要补充和完善。

8.2.2 加强中介服务平台建设

中介服务是技术市场化的必然产物,是依附于买卖双方的第三方机构,能够通过有效传递信息、协调产需、降低成本、提高效率来发挥纽带和桥梁作用;能够加速知识传播,促进高端装备制造企业与高校、科研机构之间沟通联系;增加高端装备制造企业与政府之间的交流机会。中介服务对于高端装备制造企业持续创新实现来说,可以把企业、学研机构、政府有机联系起来,形成一个有效促进高端装备制造企业持续创新实现的高效运转体系,有利于帮助高端装备制造企业花费少量的时间去理解和把握政府政策,有助于高端装备制造企业短时间内获得合适的持续创新项目,并在持续创新活动中获取有利的技术支撑和知识积累。

建立起规范的高端装备制造企业创新服务平台,主要指中介组织及其服务体系,促进高端装备制造企业持续创新实现的自组织活动[228]。其中,中介服务平台应具有完善的职能和完整的体系,包括金融机构、创新中心、孵化中心、信息咨询中心等,以及会计师事务所、资产评估事务所及法律事务所等。应充分发挥中介平台的专业服务职能,建立有效的运行机制,整合社会资源、为高端装备制造企业持续创新实现活动提供技术、人才、信息、金融等方面的转让、咨询、评估等服务,建立起网络化的综合性服务平台,对高端装备制造企业持续创新活动进行有利引导,为其提供完整的配套服务。

推进高端装备制造企业行业协会的建设,充分发挥行业协会的服务职能,规范其服务,加强中介服务机构的资格认定、从业人员资质评定、中介质量考核及行业交流等,建立起信誉监察体系。此外,高端装备制造企业行业协会应加强内部建设,完善自身职能,争取成为职能完备、效率突出、管理规范的中介行业组织[229],为高端装备制造企业持续创新实现提供更好的支撑和服务。

8.3 完善高端装备制造企业持续创新实现的企业举措

8.3.1 加强企业持续创新观念建设

企业的战略发展目标和核心价值观是企业的灵魂，高端装备制造企业的持续创新实现需要企业转变思想，拥有持续创新观念。高端装备制造企业的企业家作为企业持续创新活动的领导者、组织者和核心，应自觉树立起持续创新精神和意识。高端装备制造企业的战略发展目标是高端装备制造企业的企业家通过对企业内外部资源和环境进行分析、评估、预测，制定出来的长期发展目标和整体规划，并用于企业生产经营活动，从而保证企业的持续健康发展。

因此，在促进高端装备制造企业持续创新实现的过程中，关键要加强企业持续创新观念的建设，尤其是高端装备制造企业企业家的持续创新观念的建设，具有持续创新精神和意识的企业家在企业持续创新观念的建设中发挥着重要的影响，即企业家通过自上而下的方式给企业员工做出榜样，使得企业持续创新观念深入每一个员工的脑海里，才能使企业持续创新观念在企业持续创新实现中发挥积极的引导作用。

8.3.2 增加企业持续创新研发投入

充足的投入是高端装备制造企业持续创新实现的保障，提高了持续创新投入能力。高端装备制造企业持续创新研发投入，既需要持续创新研发资金的投入，也包含持续创新人才的投入。一般情况下认为，企业的研发资金投入占其总销售额5%以上时，企业才具有一定的竞争力，

2%的比例只能维持企业最基本的生存；当前，高端装备制造企业持续创新过程中，用于持续创新研发投入的费用应该在销售收入中的比重较大，应该是在3%以上，对于规模较大的高端装备制造企业，其持续创新研发投入的费用在销售收入中的比例应该在10%以上，这样的经费保障才可能促进高端装备制造企业的持续创新活动。在持续创新人才资源投入上，高端装备制造企业不但要积极引进企业外部的创新型人才，同时还要加强企业内部的人才培养和奖励。

高端装备制造企业持续创新实现的关键在于创新人才的作用，最终归结为创新型人才的积累。高端装备制造企业持续创新实现过程中要求最大限度地发挥创新人才的积极性、主动性和创造性。高端装备制造企业应制定完整的创新人才培养规划及奖励政策，总体上明确企业持续创新活动所需创新型人才类型，并提供相应经费推进人才培养；加大创新型人才引进力度，充分利用人才市场等渠道，提供有竞争力的薪资待遇，广泛引入国内外创新人才，为高端装备制造企业的持续创新实现活动提供专业的人才保障。此外，高端装备制造企业可以聘请高等院校、科研院所等的高技术人才、管理人才于定期到企业进行技术指导和员工培训等工作，或者聘请他们到公司兼职，与这些科研机构保持良好的合作关系。高端装备制造企业还经常参加一些人才交流会和人才招聘会，获得与企业持续创新活动相匹配的创新型人才。

公平合理的激励机制是高端装备制造企业持续创新实现的重要保障。高端装备制造企业内部经营者着眼于企业持续创新目标，追求长远利益；充分尊重知识和知识创造者，合理有效的激励措施能够充分调动创新型人员的积极性，使他们竭尽所能，继而形成高端装备制造企业持续创新内在动力和能力。完善的人才激励机制，即高端装备制造企业要建立和完善与企业持续创新实现目标相适应的人才管理体制。首先，高端装备制造企业要将企业的持续创新目标与创新型人才的个人目标有效结合起来，增加创新型人才持续创新的动力；其次，高端装备制造企业要通过有效的收入分配制度，使收入分配向取得创新发明成果的创新型人才倾斜，向企业持续创新关键岗位倾斜，从而将技术、知识等要素纳入收益分配环节。

8.3.3 完善企业知识管理体系建设

随着知识经济的到来，知识资源已经代替物质资源，成为企业新的核心资源。德尔菲公司在对知识管理发展情况的调查中发现，85%以上的企业认为知识管理给自身带来了战略性的竞争优势[230]。高端装备制造企业持续创新实现过程中，知识管理系统已经成为最重要的内容和部分，建立完善的高端装备制造企业知识管理体系，有助于知识的传播、学习和共享，有助于隐性知识显性化，有助于提高高端装备制造企业对知识的利用率；掌握好知识的保护度和开放度，拓宽组织间知识转移的渠道，有助于促进高端装备制造企业的持续创新实现。

高端装备制造企业知识管理系统是促进知识在企业和外部组织之间、企业内部各部门之间、企业内部相关人员之间进行的内外交流和共享机制，由于每个组织、每个个人会因为背景、经历及知识结构的不同，对于知识的接受程度和理解程度也会有很大差异，必须通过高端装备制造企业的知识整合能力，将精确具体的知识与模糊抽象的知识、已有的知识和新的知识进行整合[231]。知识的整合本身就是一种知识产生的过程，同时新产生的创意知识必须以现有的知识为支撑，与现有的知识相结合，才能共同实现其创新价值[232]。因此，应大力完善高端装备制造企业的知识管理体系建设，增加知识转移的渠道、协调企业内外部交流沟通、增强企业的知识运用能力，推进高端装备制造企业的持续创新实现。

8.3.4 积极参与企业外部组织合作

高端装备制造企业持续创新实现是高端装备制造企业与其他企业、

高校、科研院所、中介机构、政府等组织进行资源整合，围绕创新项目进行合作的结果。因此，高端装备制造企业应该积极参与企业外部组织间的合作。对合作伙伴的选择极其重要，在选择企业作为合作伙伴时，要兼顾上下游企业及同位企业；在选择学研机构时，要充分利用临近区域的人才资源，多与在相应技术领域科研能力雄厚的学研机构进行技术合作，同时也要站在国际视角上与国外学研机构的紧密合作；在选择中介机构时，要充分关注信息较为全面、创新网络服务较好的中介组织。

  高端装备制造企业持续创新活动合作机制是旨在实现持续创新活动合作主体间的优势互补，带动整个持续创新合作系统的合作共荣机制，是保障企业与外部组织合作持续创新最主要的条件。既包括企业与企业之间的持续创新合作，也包括企业与其他持续创新成员，例如政府、研究院、高校和中介组织间的持续创新合作。企业与企业之间可以通过技术联盟、人才交流的方式进行合作，解决企业所面临的共同技术难题；企业与其他持续创新主体间的合作，可以全方位和多角度的提升高端装备制造企业持续创新实现的集约水平，企业与学研机构建立合作关系，通过将高端装备制造企业与学研机构的持续创新需求和持续创新行为有机结合并实现成果转化；可以充分发挥学研机构的科技孵化器作用，通过建立高校创新基地、建立大学科技园、设立创新基金等方式，实现科技成果转化；增强高端装备制造企业与学研机构的合作效果，促进高端装备制造企业的持续创新实现。

8.4 重点支持科技重大项目

8.4.1 加大对高端装备制造企业科技项目资金支持

  为满足科技攻关及社会进步的需要，国家财政对于事关国计民生的重大科技项目的经费投入增长迅速，自20世纪90年代以后先后实施了包括自然科学基金、863计划、知识创新工程等一系列的重大科技计划和工程，有效地推进了我国科技进步和社会发展，其中高校及研究所等机构成为这些计划和工程进行科研支持的主要对象，高端装备制造企业持续创新研发得到的支持却比较有限。同时，政府对于科技创新的投入重点一般在于基础研究层面、新产品研发等技术创新的末端，较少支持处于基础研究层面与新产品开发之间的企业持续创新层次，缺乏对高端装备制造企业持续创新活动的资金投入和政策支持。

反观西方发达国家，在近几十年来，政府通过研究拨款和税费减免等途径对企业持续创新进行直接或者间接的支持，在企业发展初期，政府一般直接采用资金支持、技术扶持等方式推动企业创新活动，当企业实力壮大之后，政府会逐渐转向政策优惠、政府担保等方式推动企业创新。政府资金投入既能直接增强企业综合实力，又能增强企业持续创新活动的信心。高端装备制造企业持续创新实现活动由于其项目的复杂性与庞大性尤其需要政府资金支持。因此，政府有必要通过直接资金注入或设立专项活动资金等方式加大对高端装备制造企业持续创新活动的直接和间接支持力度。

8.4.2 鼓励高端装备制造企业参与政府科技计划项目

高端装备制造企业持续创新活动目的并不局限于企业内部，其成功与否还取决于其外部环境，政府应主导建立起一个鼓励创新、公平竞争、知识产权保护得当、公共服务完善的外部环境。此外，政府还应通过财政投入、税收支持、信贷支持和知识产权保护政策等多种手段，引导和鼓励高端装备制造企业积极参与政府的科技计划项目，通过实施重大科技研发项目，引导和鼓励高端装备制造企业加大创新投入，鼓励其成为科技创新投资的主导力量。

尽管目前已经有一部分高端装备制造企业被引入到我国的一些科技

发展和技术创新的国家计划当中，但是由于高校和科研机构始终占据实施主体地位，高端装备制造企业在项目计划中一般作为辅助力量存在，无法发挥其主导作用，难以在国家项目实施中获取提升其持续创新能力的必要补充。高端装备制造企业作为市场竞争主体，不仅仅是新技术应用和商品提供的主体，还可以是新技术的研发者和新产品的开发者。因此，要明确高端装备制造企业在持续创新活动中的主体地位，高端装备制造企业自身也有必要提高自身创新实力，才能在激烈的市场竞争中占据优势地位；此外，政府应积极引导和支持高端装备制造企业参与各项国家重大项目，例如优先支持高端装备制造企业获得国家级或省级科技项目、优先推荐高端装备制造企业在重大科技项目中发挥主导作用等方式，不断提高高端装备制造企业的持续创新能力。

8.5　本章小结

本章主要从营造良好的持续创新政策环境、加强基础平台建设、完善企业举措、重点支持科技重大项目四个方面提出了促进我国高端装备制造企业持续创新实现的政策建议。营造良好的持续创新政策环境主要是从完善高端装备制造企业持续创新实现的政策体系和落实高端装备制造企业持续创新实现的政策措施两个方面进行阐释；加强基础平台建设主要是从加强融资平台建设和加强中介服务平台建设两个方面进行阐释；完善企业举措主要是从加强企业持续创新观念建设、增加企业持续创新投入、完善企业知识管理体系、积极参与企业外部组织合作四个方面进行阐释；重点支持科技重大项目主要是从加大对企业科技项目的资金支持、鼓励企业参与政府科技计划项目两个方面进行阐释。

结　　论

　　高端装备制造业是我国的战略性新兴产业，处于价值链高端和产业链的核心环节、决定整个产业链的综合竞争力，是带动我国整个装备制造产业升级发展的重要引擎，而作为主体的高端装备制造企业唯有通过持续创新才能持续拥有核心竞争力，才能在日益激烈的国际市场竞争中立于不败之地。因此，在这一时代背景下，有必要对高端装备制造企业持续创新实现的形成机理、关键影响因素、实现机制、绩效评价、路径构建及相关政策展开深入研究，揭示高端装备制造企业为何要实现持续创新、如何实现持续创新、实现持续创新的绩效高低、实现持续创新的路径，结合国情与国外经验，提供相关对策建议，有利于增强高端装备制造企业的核心竞争力，促进高端装备制造企业的持续创新实现，实现我国高端装备制造行业的可持续发展。

　　本书在分析了国内外高端装备制造企业持续创新的现状基础上，揭示出我国高端装备制造企业持续创新存在高端装备和关键核心零部件大多依赖进口；高端装备产品的质量与稳定性能不高；高端装备配套产品发展滞后，缺乏总承包能力；高端装备制造企业创新投入不足等问题。究其原因，是由于高端装备和关键核心零部件设计和制造的技术难度大；高端装备制造企业自主创新能力不足；核心基础零部件/元器件、关键基础材料、先进基础工艺及产业技术基础发展滞后，限制企业创新；高端装备制造企业技术人才队伍不稳定。对比美国、日本、欧盟的高端装备制造企业持续创新发展状况，我们得到如下启示：要转变政府职能，建立持续创新支撑体系；确立高端装备制造企业的创新主体地位;加强技术引进后的消化吸收与二次开发;高度重视对创新人才的培养。

从企业持续创新动力、企业持续创新能力、企业持续创新机遇,以及这三者间的耦合作用角度展开对高端装备制造企业持续创新实现形成机理的研究。首先,企业持续创新动力方面,从企业持续创新内部动力要素和外部动力要素的作用功能,以及内外部动力要素间的作用关系进行阐述,继而通过建立动力测度指标体系,对高端装备制造企业持续创新的动力进行实证测度。其次,企业持续创新能力方面,对企业持续创新的战略能力、项目集群集成能力及项目实现能力三个构成要素展开分析,继而通过建立能力测度指标体系,对高端装备制造企业持续创新的能力进行实证测度。然后,企业持续创新机遇方面,从战略性机遇和非战略性机遇两个方面分析其作用,继而通过建立机遇测度指标体系,对高端装备制造企业持续创新的机遇进行实证测度。最后,对企业持续创新动力、能力和机遇三者间的综合作用关系进行阐述说明,构建耦合度模型,并进行实证测度。

运用扎根理论识别高端装备制造企业持续创新实现的影响因素,构建理论模型,通过发放调查问卷收集数据,对回收的497份有效问卷进行SEM模型分析,验证该模型得出:企业组织学习要素、企业合作要素、企业持续创新意愿要素均直接正向影响高端装备制造企业的持续创新实现,另外企业持续创新意愿还分别通过正向影响企业组织学习和企业合作来间接影响企业的持续创新实现,企业持续创新态度通过正向影响企业持续创新意愿,进而影响企业的持续创新实现。

依据和谐管理理论对高端装备制造企业持续创新实现的过程进行阐述分析,继而通过分析决策机制、激励机制和风险防范机制三个方面在高端装备制造企业持续创新实现过程中的作用和功能,由此构建了高端装备制造企业持续创新实现的机制模型,对高端装备制造企业持续创新实现机制进行阐释说明。

从企业持续创新实现的经济绩效、社会绩效、科技绩效和生态绩效四个方面着手建立了高端装备制造企业持续创新实现的绩效评价指标体系，运用极差最大化组合赋权方法对指标赋权，结合灰色定权聚类与证据理论方法构建综合评价模型，对 15 家典型的高端装备制造企业的持续创新实现绩效进行实证评价研究，证实了该评价模型方法的科学性和适用性。实证结果显示，这 15 家样本企业中没有持续创新实现绩效"很高"类的企业，这说明我国高端装备制造企业持续创新实现绩效普遍还需提升。

依据高端装备制造企业持续创新实现的关键影响因素分析，构建了基于企业持续创新意愿视角下的高端装备制造企业持续创新实现的路径框架。在此基础上，建立了知识转移环节的假设模型，通过问卷调查收集数据，对回收的 416 份有效问卷进行 SEM 模型分析，并验证了该模型；建立了企业合作效果环节的假设模型，通过问卷调查收集数据，对回收的 447 份有效问卷进行 SEM 模型分析，并验证了该模型；最终得到在持续创新意愿视角下通过完善企业组织学习过程，保障了知识转移实现；增加企业合作关系数量，增强企业合作关系效果是促进高端装备制造企业持续创新实现的有效路径。

从营造良好的持续创新政策环境、加强持续创新实现基础平台建设、完善企业持续创新实现的企业举措、重点支持科技重大项目四个方面提出促进我国高端装备制造企业持续创新实现的政策建议。从完善政策体系和落实政策措施两个方面着手为企业持续创新实现营造良好政策环境；从加强融资平台建设和加强中介服务平台建设两个方面来加强持续创新实现的基础平台建设；从加强企业持续创新观念建设、增加企业持续创新研发投入、完善企业知识管理体系建设、积极参与企业外部组织合作四个方面完善高端装备制造企业持续创新实现的企业举措；从加大对企业科技项目的资金支持、鼓励企业参与政府科技计划项目两个方面来实施重点支持科技重大项目。

附录 1

高端装备制造企业持续创新实现关键影响因素调查问卷

尊敬的女士/先生：

您好！

识别高端装备制造企业持续创新实现的关键影响因素对促进高端装备制造企业持续创新实现有着重要意义。为了探究高端装备制造企业持续创新实现的关键影响因素，课题组设计了这一份调查问卷。敬请您在百忙之中抽出宝贵的时间填写问卷，此次调研采取不记名方式，调查结果仅用于学术研究，并予以严格保密，感谢您对本研究的支持！

——×××大学经济管理学院

第一部分：背 景 信 息

请您根据自己和所在公司的情况如实填写或在合适的"□"打"√"，题目均为单选。

（一）个人情况

1. 性别：□男 □女 2. 年龄：_____ 3. 学历：_____ 4. 进入公司年限：____年 5. 职务：□高层管理者 □中层管理者 □基层管理者

(二) 企业情况

1. 企业名称：_____

2. 企业成立于_____年

3. 企业员工总人数约为_____人。

4. 企业性质：□国有　□民营　□三资

5. 企业所属行业：□航空装备制造业　□卫星及其制造业　□轨道交通装备制造业　□海洋工程装备制造业　□智能制造业

第二部分：影响高端装备制造企业持续创新实现的关键因素

请您对以下描述与企业实际情况的符合程度进行评价，并在相应数字上打"√"，用 1~7 表示符合程度，"完全不符合＜……＞完全符合"。

企业持续创新态度	完全不符合＜……＞完全符合						
1. 企业高层领导有强烈的创新欲望	1	2	3	4	5	6	7
2. 企业高层领导对持续创新有强烈的投资意愿	1	2	3	4	5	6	7
3. 企业高层领导对技术和发明有敏锐感知能力	1	2	3	4	5	6	7
4. 企业高层领导勇于面对不确定性，鼓励向风险挑战	1	2	3	4	5	6	7
5. 企业持续创新行为取决于企业高层领导的支持	1	2	3	4	5	6	7
6. 企业的社会责任就是利润最大化	1	2	3	4	5	6	7
7. 企业愿意承担履行社会责任所产生的额外成本	1	2	3	4	5	6	7
8. 企业愿意承担除了创造利润的其他社会责任	1	2	3	4	5	6	7
9. 企业承担社会责任有利于自身发展	1	2	3	4	5	6	7
10. 企业具有广泛的社会责任感	1	2	3	4	5	6	7
11. 社会责任能够阻止企业不规范行为的产生	1	2	3	4	5	6	7
12. 行业内有许多竞争对手	1	2	3	4	5	6	7
13. 企业与竞争对手提供的产品差别不大	1	2	3	4	5	6	7
14. 竞争对手正试图提供更好的产品和服务，从而占领市场	1	2	3	4	5	6	7

续表

企业持续创新态度	完全不符合＜……＞完全符合						
15. 企业的竞争者也在积极地进行技术创新活动	1	2	3	4	5	6	7
16. 企业对竞争者的创新行动回应相当迅速	1	2	3	4	5	6	7
企业持续创新意愿	完全不符合＜……＞完全符合						
1. 新产品销售收入占产品销售收入的比重较高	1	2	3	4	5	6	7
2. 企业单位产品生产成本比较低	1	2	3	4	5	6	7
3. 企业全员劳动生产率比较高	1	2	3	4	5	6	7
4. 企业专利申请数量比较多	1	2	3	4	5	6	7
5. 企业生产的技术标准数量较大	1	2	3	4	5	6	7
6. 企业生产中的质量体系标准数量较多	1	2	3	4	5	6	7
7. 企业经常荣获"名牌产品企业""诚信企业"等称号	1	2	3	4	5	6	7
8. 企业具有良好的公众形象	1	2	3	4	5	6	7
9. 企业维护利益相关者关系的成本较低	1	2	3	4	5	6	7
10. 企业员工数逐年增多	1	2	3	4	5	6	7
11. 企业"三废"的排放量比较少	1	2	3	4	5	6	7
12. 企业"三废"的排放达标率比较高	1	2	3	4	5	6	7
13. 企业对"三废"及余热余压进行了充分的回收综合利用	1	2	3	4	5	6	7
14. 企业单位工业增加值的综合能耗比较低	1	2	3	4	5	6	7
15. 企业对自然资源的综合利用率比较高	1	2	3	4	5	6	7
企业组织学习	完全不符合＜……＞完全符合						
1. 企业经常参加国内外行业展会和交易会	1	2	3	4	5	6	7
2. 企业经常会做市场调研	1	2	3	4	5	6	7
3. 企业总是关注市场竞争者的信息	1	2	3	4	5	6	7
4. 企业总是关注本行业的信息	1	2	3	4	5	6	7
5. 企业成员能快速获取与工作任务相关的知识	1	2	3	4	5	6	7
6. 企业成员能整合获得的知识适应工作需要	1	2	3	4	5	6	7
7. 企业成员能够整合来自内外部的知识	1	2	3	4	5	6	7
8. 团队合作解决问题	1	2	3	4	5	6	7

续表

企业组织学习	完全不符合 <……> 完全符合						
9. 企业组织能及时应用新知识	1	2	3	4	5	6	7
10. 企业组织能恰当地将新知识应用到工作中	1	2	3	4	5	6	7
企业合作	完全不符合 <……> 完全符合						
1. 企业和用户之间有经常性合作行为	1	2	3	4	5	6	7
2. 企业和供应商之间有经常性合作行为	1	2	3	4	5	6	7
3. 企业和竞争对手之间有经常性合作行为	1	2	3	4	5	6	7
4. 企业和互补企业之间有经常性合作行为	1	2	3	4	5	6	7
5. 企业和高校、科研机构之间有经常性合作行为	1	2	3	4	5	6	7
6. 企业和政府之间有经常性合作行为	1	2	3	4	5	6	7
7. 企业和金融机构之间有经常性合作行为	1	2	3	4	5	6	7
8. 企业和科研中介机构之间有经常性合作行为	1	2	3	4	5	6	7
9. 企业和知识产权机构之间有经常性合作行为	1	2	3	4	5	6	7
企业持续创新实现	完全不符合 <……> 完全符合						
1. 企业拥有持续创新产品	1	2	3	4	5	6	7
2. 企业拥有持续创新工艺	1	2	3	4	5	6	7
3. 企业拥有持续创新管理	1	2	3	4	5	6	7
4. 企业拥有持续创新市场	1	2	3	4	5	6	7

本次问卷到此结束，衷心感谢您的协作与配合！

附录 2

高端装备制造企业知识转移调查问卷

尊敬的女士/先生：

您好！

对高端装备制造企业知识转移研究对促进高端装备制造企业的知识转移实现具有重要意义。为了探究高端装备制造企业的知识转移，课题组设计了这一份调查问卷。敬请您在百忙之中抽出宝贵的时间填写问卷，此次调研采取不记名方式，调查结果仅用于学术研究，并予以严格保密，感谢您对本研究的支持！

——×××大学经济管理学院

第一部分：背景信息

请您根据自己和所在公司的情况如实填写或在合适的"□"打"√"，题目均为单选。

（一）个人情况

1. 性别：□男　□女　2. 学历：_____　3. 进入公司年限：_____年　4. 职务：□高层管理者　□中层管理者　□基层管理者

（二）企业情况

1. 企业名称：_____

2. 企业成立于_____年

3. 企业员工总人数约为_____人。

4. 企业性质：□国有控股　□私营和私人控股企业　□外资和合资

5. 企业所属行业：□航空装备制造业　□卫星及其制造业　□轨道交通装备制造业　□海洋工程装备制造业　□智能制造业

第二部分：高端装备制造企业知识转移

请您对以下描述与企业实际情况的符合程度进行评价，并在相应数字上打"√"，用 1 ~ 5 表示同意程度，"完全同意＜……＞完全不同意"。

知识转移渠道	完全同意＜……＞完全不同意				
1. 你所在组织直接的上、下级与你交流，能迅速对你传达的信息做出反应	1	2	3	4	5
2. 你所在组织与你直接的上、下级交流，能迅速对他们传达的信息做出反应	1	2	3	4	5
3. 外部组织的员工与你进行交流，能迅速对你传达的信息做出反应	1	2	3	4	5
4. 你与外部组织的员工交流，能迅速对他们传达的信息做出反应	1	2	3	4	5
5. 外部组织的上、下级与你交流，能迅速对你传达的信息做出反应	1	2	3	4	5
6. 你与外部组织的上、下级交流，能迅速对他们传达的信息做出反应	1	2	3	4	5
知识黏性的前因	完全同意＜……＞完全不同意				
1. 知识发送方的知识转移能力弱	1	2	3	4	5
2. 知识接收方的知识存量小	1	2	3	4	5
3. 知识主体间缺乏信任	1	2	3	4	5

续表

知识黏性的前因	完全同意 <……> 完全不同意				
4. 知识接收方的知识吸收能力弱	1	2	3	4	5
5. 知识发送方和接收方的知识水平差距大	1	2	3	4	5
6. 知识发送方的转移意愿不强	1	2	3	4	5
7. 知识接收方的转移意愿不强	1	2	3	4	5
8. 转移知识的内隐性突出	1	2	3	4	5
9. 转移知识表现为复杂难懂	1	2	3	4	5
10. 转移知识的无序性明显	1	2	3	4	5
11. 组织战略重视组织间知识转移	1	2	3	4	5
12. 组织文化倾向于组织间知识转移	1	2	3	4	5
13. 组织知识网络操作效率低	1	2	3	4	5
知识黏性	完全同意 <……> 完全不同意				
1. 知识转移经费投入大	1	2	3	4	5
2. 知识转移投入与产出比大	1	2	3	4	5
3. 消化吸收再创新投入大	1	2	3	4	5
4. 知识转移全流程耗费时间少	1	2	3	4	5
知识转移	完全同意 <……> 完全不同意				
1. 企业获得与之建立合作关系主体知识隐蔽程度大	1	2	3	4	5
2. 建立合作伙伴关系后企业对该主体技术依赖降低程度大	1	2	3	4	5
3. 合作方的知识被企业学习并有效的转移到其他产品设计程度大	1	2	3	4	5
治理机制	完全同意 <……> 完全不同意				
1. 企业与合作组织的关系受到书面合同制约	1	2	3	4	5
2. 企业与合作组织签订正式合同,明确双方职责	1	2	3	4	5
3. 企业与合作组织均要求将业务往来细节包含在合同当中	1	2	3	4	5
4. 企业要花费很多时间培训合作组织员工	1	2	3	4	5
5. 企业要换掉合作组织将会损失对该组织的投资	1	2	3	4	5
6. 企业为将合作组织变为有效合作组织投入大量资源	1	2	3	4	5
7. 企业为合作组织设置了有效的业务操作方案,有利于提高总业绩	1	2	3	4	5

续表

关系机制	完全同意 <……> 完全不同意				
1. 企业相信合作组织是由于其具有良好的信誉	1	2	3	4	5
2. 企业相信尽管环境变化，该合作组织也愿意帮助企业	1	2	3	4	5
3. 企业认为合作组织在做重大决策时会考虑企业的利益	1	2	3	4	5
4. 企业认为当告知合作组织我们面临的问题时，合作组织愿意帮助企业	1	2	3	4	5
5. 企业相信合作组织会考虑其决策行为对企业的影响	1	2	3	4	5
6. 企业认为当企业需要帮助时，合作组织会及时帮助	1	2	3	4	5
7. 企业领导人与合作组织的领导班子很熟	1	2	3	4	5
8. 企业领导人与合作组织领导班子相互邀请参加年会聚餐或者其他活动	1	2	3	4	5
9. 企业领导人与合作组织领导人会相互访问对方组织	1	2	3	4	5
10. 企业员工与合作组织代表相互帮助	1	2	3	4	5
11. 企业员工与合作组织代表经常沟通	1	2	3	4	5

本次问卷到此结束，衷心感谢您的协作与配合！

附录 3

高端装备制造企业合作效果调查问卷

尊敬的女士/先生：

您好！

对高端装备制造企业合作效果研究对增强高端装备制造企业合作效果具有重要意义。为了探究高端装备制造企业的合作效果，课题组设计了这一份调查问卷。敬请您在百忙之中抽出宝贵的时间填写问卷，此次调研采取不记名方式，调查结果仅用于学术研究，并予以严格保密，感谢您对本研究的支持！

—×××大学经济管理学院

第一部分：背景信息

请您根据自己和所在公司的情况如实填写或在合适的"□"打"√"，题目均为单选。

（一）个人情况

1. 性别：□男 □女 2. 学历：_____ 3. 进入公司年限：_____年 4. 职务：□高层管理者 □中层管理者 □基层管理者

（二）企业情况

1. 企业名称：_____

2. 企业成立于_____年

3. 企业员工总人数约为_____人。

4. 企业性质：□国有控股　□私营和私人控股企业　□外资和合资

5. 企业所属行业：□航空装备制造业　□卫星及其制造业　□轨道交通装备制造业　□海洋工程装备制造业　□智能制造业

第二部分：高端装备制造企业合作效果

请您对以下描述与企业实际情况的符合程度进行评价，并在相应数字上打"√"，用 1~5 表示同意程度，"完全同意＜……＞完全不同意"。

参与度	完全同意＜……＞完全不同意				
1. 从高层管理人员到基层人员均参与合作	1	2	3	4	5
2. 双方各级人员接触频繁	1	2	3	4	5
3. 双方能为维护长期合作而积极参与在管理、产品和服务上的决策	1	2	3	4	5
信任	完全同意＜……＞完全不同意				
1. 双方互相告知可能对合作伙伴有影响的事件和变动	1	2	3	4	5
2. 双方不只关注自身利益，也愿意进一步改进合作	1	2	3	4	5
3. 合作伙伴在合作中提出的建议能够得到企业的支持	1	2	3	4	5
承诺	完全同意＜……＞完全不同意				
1. 双方会尽最大的努力去维持与对方的合作关系	1	2	3	4	5
2. 双方都打算长期维持与对方的合作关系	1	2	3	4	5
3. 双方非常愿意做出一些承诺去维持与对方的合作关系	1	2	3	4	5
合作效果	完全同意＜……＞完全不同意				
1. 合作规模较合作之初发生了较大的变化	1	2	3	4	5
2. 合作范围较合作之初变化较大	1	2	3	4	5

续表

合作效果	完全同意 <……> 完全不同意				
3. 从合作伙伴那里获得了相关技能	1	2	3	4	5
4. 从合作伙伴那里获得了新的知识和重要的信息	1	2	3	4	5
5. 从合作伙伴那里学习到新的管理能力	1	2	3	4	5
6. 通过合作企业实现了管理方面的创新	1	2	3	4	5
7. 通过合作企业实现了服务方面的创新	1	2	3	4	5
8. 更多新的合作伙伴的加入	1	2	3	4	5
9. 通过合作在领域内获得了更大的影响力	1	2	3	4	5

本次问卷到此结束，衷心感谢您的协作与配合！

参 考 文 献

[1] 王越,费艳颖,刘琳琳.产业技术创新联盟组织模式研究——以高端装备制造业为例[J].科技进步与对策,2011(24):70-73.

[2] 刘耀.创新型企业发展模式及其实现持续创新机制研究[D/OL].江西:南昌大学,2009.http://kns.cnki.net/kns/brief/default_result.aspx.

[3] 韩凤晶,石春生.新兴产业企业动态核心能力构成因素的实证分析——基于中国高端装备制造业上市公司的数据[J].中国软科学,2010,12:166-175.

[4] 中华人民共和国工业和信息化部.高端装备制造业"十二五"发展规划[EB/OL].2014-01-30.http://wenku.baidu.com/view/d052eb176c175f0e7cd137e0.html.

[5] 陈柳.加快发展和振兴我国高端装备制造业对策研究[J].创新,2011,5(6):55-62.

[6] 王景胜.装备制造企业可持续技术创新研究[D/OL].辽宁:渤海大学,2012.http://kns.cnki.net/kns/brief/default_result.aspx.

[7] 毛雨.传统装备制造业与高新技术产业协同发展研究[D/OL].黑龙江:哈尔滨理工大学,2007.http://kns.cnki.net/kns/brief/default_result.aspx.

[8] 张全刚.黑龙江省装备制造业自主创新的实现路径及对策研究[D/OL].黑龙江:哈尔滨工业大学,2006.http://kns.cnki.net/kns/brief/default_result.aspx.

[9] 吉田茂. 激荡的百年史 [M]. 李杜, 译. 陕西: 陕西师范大学出版社, 2005: 128.

[10] 摩尔. 公司进化论——伟大的企业如何持续创新 [M]. 陈劲, 译. 北京: 机械工业出版社, 2007: 2-7.

[11] 霍巴赫. 可持续创新指标体系 [M]. 孙磊, 宋凌艳, 马民涛, 译. 北京: 机械工业出版社, 2010: 11.

[12] KAIZEN I M. The key to Japan's Competitive Success [M]. New York: Random House, 1986: 23.

[13] COLE R E. From Continuous Improvement to Continuous Innovation [J]. Total Quality Management, 2002, 13 (8): 1051-1056.

[14] NONAKA I. The Knowledge-creation Company: How Japanese Companies Create the Dynamics of Innovation [J]. Harvard Business Review, 1991, 69 (6): 96-104.

[15] 向刚. 企业持续创新: 理论研究基础、定义、特性和基本类型 [J]. 科学学研究, 2005 (2): 134-138.

[16] POSTI. Europe's 21Centtlry Policies for Sustainable Technological in Innovation [EB/OL]. 1999-6-7. http://www.essst.uio.no/posti/.

[17] SHAPIRO S M, STFF A C. 24/7 innovation: a blueprint for surviving and thriving in an age of change [M]. New York: McGraw-Hill Companies, 2002.

[18] MCELROY M W. The New Knowledge Management: Complexity, Learning and Sustainable innovation [M]. Oxford: Butterworth-Heinemann Ltd, 2002.

[19] BOER H, GERTSEN F. From continuous improvement to continuous innovation: a (retro) perspective [J]. International Journal of Technology Management, 2003, 26 (8): 805-827.

[20] RODRIGUEZ. Achieving Continuous Innovation in today's Competitive Economy [R]. [S. L.]: Ren-aissance Executive Forum, 2003.

[21] GORGENSEN. Is Continuous Improvement Pass? [C]. [S. L.]: proceeding of 6th International CINet Conference, 2005: 293 - 304.

[22] DAVISON G, HYLAND P. Continuous innovation in a complex and dynamic environment: the case of the Australian health service [J]. International Journal of Technology Management and Sustainable Development, 2006, 5 (1): 41 - 59.

[23] KUHN B J, GERTSEN F. Continuous Innovation [R]. [S. L.]: CINet Working Paper Series, 2006.

[24] Lu L Y, Chen C B, Wang C H. Fuzzy multi-attribute analysis for evaluating firm technological innovation capabilities [J]. International Journal of Technology Management, 2007, 40 (2): 114 - 130.

[25] BOER H, CAFFYN S, CORSO M, et al. Knowledge and continuous innovation: The CIMA methodology [J]. International Journal of Operations & Production Management, 2001, 21 (4): 490 - 504.

[26] SOOSAY C A. An Empirical Study of Individual Competencies in Distribution Centres to Enable Continuous Innovation [J]. Creativity and Innovation Management, 2005, 14 (3): 299 - 310.

[27] HYLAND P, BOER H. A continuous innovation framework some thoughts for consideration, Proceedings of the 7th International CINet Conference - CI and sustainability: Designing the road ahead [C]. The Netherlands: Continuous Innovation Network, 2006: 389 - 400.

[28] MILES R E, MILES G T, CHARLES C S. Collaborative Entrepreneurship: A Business Model for Continuous Innovation [J]. Organizational Dynamics, 2006, 35 (1): 1 - 11.

[29] SHARI S C, SHANG, SE - HWA W, et al. A dynamic innovation model for managing capabilities of continuous innovation [J]. International Journal of Technology Management, 2010, 51 (3): 300 - 318.

[30] MCELROY M W. The New Knowledge: Complexity, Learning and

Sustainable Innovation [M]. [S. L. : s. n.], 2002.

[31] TONNESSEN T. Continuous innovation through company-wide employee participation [J]. The TQM Magazine, 2005, 17 (2): 195 - 207.

[32] KETCHEN JR D J, Duane Ireland R, Snow C C. Strategic Entrepreneurship, Collaborative Innovation, and Wealth Creation [J]. Strategic Entrepreneurship Journal, 2007, 1 (3/4): 371 - 385.

[33] SOOSAY C, HYLAND P. Exploration and exploitation the interplay between knowledge and continuous innovation [J]. International Journal of Technology Management, 2008, 42 (1/2): 20 - 34.

[34] MAGNUSSON M, MARTINI A. Dual organizational capabilities: from theory to practice-the next challenge for continuous innovation [J]. Int. J. Technology Management, 2008, 42 (1/2): 1 - 19.

[35] STEPHEN D. A leader's guide to radical management of continuous innovation [J]. Strategy & Leadership, 2010, 38 (4): 11 - 16.

[36] BJORK J, BOCCARDELLI P, MAGNUSSON M. Ideation Capabilities for Continuous Innovation [J]. Creativity and Innovation Management, 2010, 19 (4): 385 - 396.

[37] Stephen D. Reinventing management: the practices that enable continuous innovation [J]. Strategy & Leadership, 2011, 39 (3): 16 - 24.

[38] SOOSAY C A, Chapman R L. An Empirical Examination of Performance Measurement for Managing Continuous Innovation in Logistics [J]. Knowledge and Process Management, 2006, 13 (3): 192 - 205.

[39] CARPINETTI L C R, GEROLAMO M C, GALDAMEZ E V C. Continuous Innovation and Performance Management of SME Clusters [J]. Continuous Innovation and Performance Management, 2007, 16 (4): 376 - 385.

[40] 李京文, 黄鲁成. 关于我国制造业创新战略的思考 [J]. 中

国软科学，2003（1）：23-26.

[41] 张伟，刘仲谦，张纾，等. 绿色制造与再制造技术研究与发展 [J]. 中国表面工程. 2006，19（5）：76-81.

[42] 孙雅静. 我国装备制造业的发展亟需政策支持 [J]. 产业与科技论坛，2007（1）：34-36.

[43] 张奇. 中国装备制造业投资与技术进步 [M]. 北京：经济科学出版社，2009：42.

[44] 王玉荣，杨震宁. 我国制造业的创新环境及其动力：475个企业样本 [J]. 产业经济，2010（1）：45-54.

[45] 段一群，戴稳胜. 金融环境、政治关系与融资约束——基于装备制造业上市公司的经验证据 [J]. 科技进步与对策，2013，30（24）：74-79.

[46] 宦璐. 车市中考"喜忧参半"利润增长销量"不及格" [J]. 中国品牌，2010（8）：94-95.

[47] 陆燕荪. 高端装备制造产业是振兴装备制造业的突破口 [J]. 商务周刊，2010（5）：81-82.

[48] 叶猛，屈贤明. 装备制造业由大变强的重大举措 [J]. 高科技与产业化，2011（184）：39-41.

[49] 王千里. FDI、高端装备制造业与增长路径——基于在华FDI对我国装备制造业技术创新影响的实证分析 [J]. 亚太经济，2012（5）：85-90.

[50] 胡有成. 我国装备制造业企业科技创新存在的问题分析 [J]. 特区经济，2013（12）：215-217.

[51] 马亮，张清辉. R&3D视角的战略性新兴产业关键共性技术合作研发探讨 [J]. 生产力研究，2013（1）：148-150.

[52] 李坤，于渤，李清均. "躯干国家"制造向"头脑国家"制造转型的路径选择 [J]. 管理世界，2014（7）：1-11.

[53] 陈旭升，钟云. 高端装备制造业市场绩效影响研究 [J]. 工

业技术经济，2013（6）：25-32.

[54] 吴雷. 高端装备制造业原始创新中技术投资模式选择研究 [J]. 工业技术经济，2013（7）：60-67.

[55] 张云，王昕. ODI与我国制造业产业结构升级间关系的实证研究 [J]. 技术经济，2013，32（1）：40-50.

[56] 李鹏，林迎星. 高端装备制造业技术创新效率评价指标体系的构建 [J]. 科技和产业，2013，13（7）：66-68.

[57] 傅家骥. 技术创新学 [M]. 北京：清华大学出版社，1998：1-10.

[58] 向刚，李振国，李穗明. 企业持续创新：重要性与基本概念 [J]. 经济问题探索，1996（6）：4-7.

[59] 向刚，李振国，董建华，等. 持续创新：玉溪卷烟厂发展之路 [J]. 管理工程学报，1997（6）：45-51.

[60] 向刚. 论企业持续创新的重要性和理论基础 [J]. 昆明理工大学学报，2001（6）：7-11.

[61] 夏保华. 企业持续技术创新的结构 [M]. 辽宁：东北大学出版社，2001.

[62] 夏保华. 论企业持续技术创新的结构 [J]. 科学学研究，2002（5）：534-538.

[63] 夏保华. 企业持续技术创新：本质、动因和管理 [J]. 科学技术与辩证法，2003（2）：78-80.

[64] 段云龙. 企业绿色持续创新能力综合评价 [J]. 技术与创新管理，2007，28（3）：99-102.

[65] 段云龙，向刚. 企业持续创新动力的评价模型及应用 [J]. 统计与决策，2008（9）：184-185.

[66] 段云龙，刘春林，王荣党. 企业持续创新实现效能评价模型研究 [J]. 华东经济管理，2012（9）：149-152.

[67] 王大洲. 持续创新与企业成长——海尔集团公司的成长历程

及其启示 [J]. 科研管理, 1999 (1): 36-42.

[68] 殷建平. 大企业持续发展 [M]. 上海: 上海财经大学出版社, 1999.

[69] 郑勤朴. 浅谈定量评价企业持续创新能力 [J]. 理论与现代化, 2001 (5): 34-37.

[70] 王文平, 张燕. 知识型企业持续生存和发展的仿生学原理及其生命体模型分析 [J]. 中国管理科学, 2002 (2): 54-55.

[71] 汪应洛, 马亚男, 李泊溪. 培育我国中小企业持续创新能力的策略研究 [J]. 企业活力, 2002 (5): 26-27.

[72] 汪应洛, 向刚. 企业持续创新机遇分析 [J]. 昆明理工大学学报（理工版）, 2002, (6): 127-139.

[73] 孟庆伟, 胡丹丹. 持续创新与企业惯性形成的认知根源 [J]. 科学学研究, 2005 (6): 429-432.

[74] 王文亮, 冯军政. 企业持续创新能力内涵与特征分析 [J]. 技术经济, 2006, 25 (11): 70-73.

[75] 王文亮, 冯军政. 企业持续创新影响因素评述 [J]. 中国青年科技, 2007 (5): 38-43.

[76] 李支东. 企业持续创新：概念、内容与机理 [J]. 江苏商论, 2008 (6): 117-119.

[77] 吴炜炜. 企业持续创新能力及其评价 [J]. 商场现代化, 2008 (7): 36-37.

[78] 王文亮, 冯军政, 郭爱民. 企业持续创新能力评价指标体系的构建与模糊综合评价 [J]. 经济经纬, 2008 (1): 94-104.

[79] 索贵彬, 杨捷. 企业持续创新系统主导力的评价 [J]. 统计与决策, 2009 (1): 71-72.

[80] 索贵彬, 赵国杰. 基于可拓物元模型的企业持续创新系统主导力评价 [J]. 科技进步与对策, 2009 (2): 62-64.

[81] 杨栩, 周瑜. 基于和谐管理的企业持续创新实现模式研究

[J]. 中国科技论坛, 2011 (7): 64-68.

[82] 陈建军. 基于模块化和集群式创新融合的企业持续创新能力培育研究 [J]. 科技进步与对策, 2013, 30 (15): 88-92.

[83] 曹文才, 单汨源. 科技型中小企业持续创新能力影响因素 [J]. 北京理工大学学报 (社会科学版), 2013, 15 (6): 70-76.

[84] 李水蓝. 关于提升我国中小企业持续创新能力的对策思考——基于企业内部资源的视角 [J]. 经济论坛, 2013 (11): 64-67.

[85] 吕新业. 企业知识管理系统构建与实施研究 [D/OL]. 天津: 天津大学, 2004. http://kns.cnki.net/kns/brief/default_result.aspx.

[86] 肖蘅, 高庆昆. 基于和谐管理的企业创新主题辨识研究 [J]. 求是学刊, 2013 (2): 60-64. http://kns.cnki.net/kns/brief/default_result.aspx.

[87] 席酉民. 和谐理论与战略 [M]. 贵阳: 贵州人民出版社, 1989.

[88] 张兰. 高端装备制造业技能人才综合评价模型实证分析 [D/OL]. 河北: 河北大学, 2014. http://kns.cnki.net/kns/brief/default_result.aspx.

[89] 吕佳. 长三角地区高端装备制造业国际竞争力研究 [D/OL]. 浙江: 浙江工业大学, 2011. http://kns.cnki.net/kns/brief/default_result.aspx.

[90] 中航工业集团门户网站. 中航工业公司简介 [EB/OL]. 2011-1-24. http://www.avic.com.cn/.

[91] 中航工业集团门户网站. 中航工业集团子公司名称及分布 [EB/OL]. 2011-1-24. http://zhidao.baidu.com/question/143319597.html.

[92] 中国航天科技集团公司门户网站. 中国航天科技集团公司 [EB/OL]. 2015-3-22. http://www.spacechina.com/n25/index.html.

[93] 中国航天科工集团公司门户网站. 中国航天科工集团公司 [EB/OL]. 2015-3-22. http://www.casic.com.cn/.

［94］王耀伟．基于信息化的先进轨道交通装备制造企业发展路径与政策建议［D/OL］．辽宁：大连交通大学，2010. http：//kns. cnki. net/kns/brief/default_result. aspx.

［95］郭静．我国海洋工程装备制造业产业发展和布局研究［D/OL］．辽宁：辽宁师范大学，2011. http：//kns. cnki. net/kns/brief/default_result. aspx.

［96］徐欢．基于因子分析模型的航空航天上市公司资本运营评价研究［D/OL］．陕西：西北工业大学，2006. http：//kns. cnki. net/kns/brief/default_result. aspx.

［97］朱明灿．中国轨道交通装备制造业开放式自主创新能力提升战略［D/OL］．辽宁：大连交通大学，2013. http：//kns. cnki. net/kns/brief/default_result. aspx.

［98］杜利楠．我国海洋工程装备制造业的发展潜力研究［D/OL］．辽宁：大连海事大学，2012. http：//kns. cnki. net/kns/brief/default_result. aspx.

［99］向刚，汪应洛．企业持续创新实现制度模型与应用［J］．昆明理工大学学报（理工版），2004，29（6）：130－132.

［100］熊彼特．经济发展理论［M］．北京：商务印书馆，1990：244.

［101］SCHUMPETER J A. Capitalism Socialism and Democracy［M］. Bei Jing：The Commercial Press，1999：410.

［102］FREEMAN C. The Economics of Industrial Innovation［M］. Boston：The MIT press，1982：250.

［103］SCHMOOKLER J. Invention and Economic Growth［M］. Cambridge：Harvard University Press，1966：348.

［104］UTTERBACK J M. Innovation in industry and the diffusion of technology［J］. Science，1974，183（4125）：620－626.

［105］ROSENBERG N. Inside the Black Box：Technology and Economics [M]. New York: Cambridge University Press, 1982: 304.

[106] DOSI G. Technological paradigms and technological trajectories: A suggested interpretation of the determinants and directions of technical change [J]. Research Policy, 1982, 11 (3): 147-162.

[107] 斋藤优. 技术创新分析 [M]. 北京: 经济学丛译, 1989.

[108] 王大洲, 关士续. 技术知识与创新组织 [J]. 自然辩证法通讯, 1998, 20 (1): 31-39.

[109] 梁静. 我国企业技术创新动力不足问题的分析与对策 [J]. 大众科技, 2007 (12): 173-174.

[110] 肖广岭, 柳卸林. 我国技术创新的环境问题及其对策 [J]. 中国软科学, 2001 (1): 18-24.

[111] 陈晓阳. 中小企业技术创新的动力因素研究 [J]. 中国计量学院学报, 2002, 13 (4): 323-327.

[112] 魏江, 郭斌, 许庆瑞. 企业技术能力与技术创新能力的评价指标体系 [J]. 中国高科技企业评价, 1999 (5): 29-34.

[113] 孙冰. 企业自主创新动力机制研究 [J]. 软科学, 2007, 21 (3): 104-107.

[114] 向刚. 李兴宽, 章胜平. 创新型企业评价指标体系研究 [J]. 科技管理研究, 2009 (6): 122-124.

[115] 李刚, 迟国泰, 程砚秋. 基于熵权TOPSIS的人的全面发展评价模型及实证 [J]. 系统工程学报, 2011, 26 (3): 400-407.

[116] 迟国泰, 杨中原. 基于循环修正思路的科学发展评价模型 [J]. 系统工程理论与实践, 2009, 29 (11): 31-45.

[117] 李兴宽. 基于持续创新动力、能力、绩效的创新型企业评价研究 [D/OL]. 云南: 昆明理工大学, 2010. http://kns.cnki.net/kns/brief/default_result.aspx.

[118] 陆奇岸. 动态环境下企业可持续竞争优势的战略选择 [J]. 工业技术经济, 2004, 23 (5): 60-64.

[119] 向刚, 汪应洛. 企业持续创新能力: 要素构成与评价模型 [J]. 中国管理科学, 2004, 29 (6): 130-132.

[120] 刘海芳. 企业持续创新能力评价指标体系的分析与构建 [J]. 中小企业科技, 2007 (7): 33-35.

[121] 李支东, 章仁俊. 企业持续创新能力评价研究 [J]. 商业研究, 2009 (8): 8-10.

[122] 杨立生, 段云龙. 基于模糊综合评价的企业绿色持续创新能力研究——中小企业绿色持续创新能力评价及应用 [J]. 云南民族大学学报 (自然科学版), 2007, 16 (3): 197-201.

[123] 苏越良, 何海燕, 尹金龙. 企业绿色持续创新能力评价体系研究 [J]. 科技进步与对策, 2009, 26 (20): 139-142.

[124] 杨栩, 肖蘅, 廖姗. 基于MC-ZF-HD-DS的高端装备制造企业持续创新能力评价研究 [J]. 运筹与管理, 2015, 24 (1): 270-279.

[125] 吴凤平, 程铁军. 基于改进的灰色定权聚类分析的突发事件分级研究 [J]. 中国管理科学, 2013, 11 (21): 110-113.

[126] 刘思峰, 党耀国, 方志耕. 灰色系统理论及其应用 [M]. 北京: 科学出版社, 2004: 104-105.

[127] 段云龙. 企业持续性技术创新实现的制度结构作用机理研究 [D/OL]. 云南: 昆明理工大学, 2008. http://kns.cnki.net/kns/brief/default_result.aspx.

[128] 黄津孚. 机遇的价值分析 [J]. 企业管理, 1999 (5): 44.

[129] 单莹洁, 苏传华. 基于耦合协调度的区域创新系统绩效评价研究——以河北省为例 [J]. 科技管理研究, 2011 (22): 66-68.

[130] 郝生宾, 于渤. 企业技术能力与技术管理能力的耦合度模型及其应用研究 [J]. 预测, 2008, 27 (6): 12-15.

[131] 李支东, 章仁俊. 持续创新: 企业家领导下全员参与的系统工程 [J]. 科技管理研究, 2010 (3): 24-26.

[132] 向刚,刘昱. 企业持续创新过程形成的基本规律性特征 [J]. 经济问题探索, 2005 (11): 64-65.

[133] 陶瑞,张俊光,于敏. 企业持续创新的运行机制研究 [J]. 科技进步与对策, 2011, 28 (6): 73-77.

[134] 刘伟,向刚. 企业持续创新过程:从知识累积到持续学习的新视角 [J]. 经济问题探索, 2003 (8): 44-47.

[135] Boer H, CAFFYN S, CORSO M, et al. Knowledge and continuous innovation: the CIMA methodology [J]. International Journal of Operations & Production Management, 2001, 21 (4): 490-504.

[136] LIAO S, FEI W, LIU C. Relationships between knowledge inertia, organizational learning and organization innovation [J]. Technovation, 2008, 28 (4): 183-195.

[137] LOPEZ S P, PEON J M M, ORDAS C J V. Organizational learning as a determining factor in business performance [J]. Learning Organization, 2005, 12 (3): 227-245.

[138] WEERAWARDENA J, OCASS A, Julian C. Does industry matter? Examining the role of industry structure and organizational learning in innovation and brand performance [J]. Journal of Business Research, 2006, 59 (1): 37-45.

[139] GARCIA-MORALES V J, LLORENS-MONTES F J, VERDU-JOVER A J. Influence of personal mastery on organizational performance through organizational learning and innovation in large firms and SMEs [J]. Technovation, 2007, 27 (9): 547-568.

[140] SOOSAY C A. An empirical study of individual competencies in distribution centres to enable continuous innovation [J]. Creativity and Innovation Management, 2005, 14 (3): 299-310.

[141] Glaser B G, Strauss A L. The Discovery of Grounded Theory: Strategies for Qualitative Research [M]. Chicago: Aldine Publishing Compa-

ny, 1967.

[142] Pandit N R. The Creation of Theory: A Recent Application of the Grounded Theory Method [J]. The Qualitative Report, 1996, 2 (4): 1 – 13.

[143] 格拉泽巴. 扎根理论研究概论: 自然呈现与生硬促成 [M]. 费小冬, 译. 美国: 社会学出版社, 2009.

[144] FASSINGER R E. Paradigms, Praxis, Problems and Promise: Grounded Theory in Counseling Psychology Research [J]. Journal of Counseling Psychology, 2005, 52 (2): 156 – 166.

[145] 熊彼特. 经济发展理论 [M]. 北京: 商务印书馆, 1990.

[146] 周玉泉, 李垣. 组织学习、能力与创新方式选择关系研究 [J]. 科学学研究, 2005 (4): 525 – 530.

[147] VICTORIA L M. Knowledge integration and information technology project performance [J]. MIS Quarterly, 2006, 30 (4): 919 – 939.

[148] ALAVI M, TIWANA A. Knowledge integration in virtual teams: the potential role of KMS [J]. Journal of the American Society for Information Science and Technology, 2002, 53 (12): 1029 – 1037.

[149] THUROW L C. The future of capitalism [M]. London: Nicolas Brealey publishing, 1996.

[150] MALHOTRA F. Knowledge: Its creation distribution and economic significance [M]. Princeton: Princeton University Press, 1999.

[151] HACKBARTH G. The impact of organizational memory information systems: the case of product information management systems [C]. [S. L.]: Proceedings of the Americas Conference of AIS, 1998.

[152] WEERAWARDENA J, OCASS A, Julian C. Does industry matter? Examining the role of industry structure and organizational learning in innovation and brand performance [J]. Journal of Business Research, 2006, 59 (1): 37 – 45.

[153] CARROLL A B. The Pyramid of Corporate Social Responsibility: Toward the Moral Management of Organizational Stakeholders [J]. Business Horizons, 1991, 34 (4): 39 - 48.

[154] 杨帆. 基于中国企业社会责任导向的组织创新气氛与创新行为关系的实证研究 [D/OL]. 上海: 上海交通大学, 2008. http://kns.cnki.net/kns/brief/default_result.aspx.

[155] 马富萍, 郭晓川, 茶娜. 环境规制对技术创新绩效影响的研究——基于资源型企业的实证检验 [J]. 科学学与科学技术管理. 2011, 32 (8): 87 - 92.

[156] CLARKSON M B E. A Stake holder Framework for Analyzing and Evaluating Corporate Social Performance [J]. Academy of Management Review, 1995, 20 (1): 92 - 117.

[157] WADDOCK S A, GRAVES S B. Quality of Management and Quality of Stake holder Relations [J]. Business and Society, 1997, 36 (3): 250 - 279.

[158] JIMENEZ - JIMENEZ D, VALLE R S, HERNANDEZ - ESPALLARDO M. Fostering innovation: the role of market orientation and organizational learning [J]. European Journal of Innovation Management, 2008, 11 (3): 389 - 412.

[159] KOGUT U, ZANDER B. Knowledge of the firm, integration capabilities, and the replication of technology [J]. Organization Science, 1992 (3): 383 - 397.

[160] LICHENTHALER U. Absorptive capacity, environmental turbulence, and the complimentarily of organizational learning processes [J]. Academy of Management Journal, 2009, 52 (4): 822 - 846.

[161] 刘玮. 开放创新环境下技术密集型企业创新能力演化机理研究 [D/OL]. 北京: 中国地质大学, 2013. http://kns.cnki.net/kns/brief/default_result.aspx.

[162] 周瑜. 基于和谐管理的企业持续创新实现研究 [D/OL]. 黑龙江：哈尔滨工程大学，2009. http：//kns. cnki. net/kns/brief/default_result. aspx.

[163] 朱秋白，颜蕾. 现代企业核心机制分析——国有企业与民营企业激励约束机制比较分析 [M]. 成都：四川大学出版社，2002：5.

[164] 刘正周. 管理激励 [M]. 上海：上海财经大学出版社，1998：9.

[165] 刘根节. 开放式创新范式多视角研究——模式比较、福利分析、风险防范、案例研究 [D/OL]. 天津：南开大学，2013. http：//kns. cnki. net/kns/brief/default_result. aspx.

[166] OECD. Oslo Manual 3rd Edition [EB/OL]. 2005 - 11 - 10. http：//www. oecd. org/dataoecd/35/61/2367580. pdf.

[167] European Commission. European Innovation Scoreboard 2008：Comparative Analysis of Innovation Performance [R]. MERIT：The European Commission? Innovation/Smes Programme, 2008.

[168] JOSHUA G, HYES R. Assessing Australia's Innovative Capacity in the 21th Century [R]. Australia：IPRIA, 2009.

[169] 易朝辉，陈朝晖. 创新绩效评价指标体系演变的国际比较及其启示 [J]. 科技管理研究，2014 (6)：61 -65.

[170] DRIVA H, PAWAR K S, MENON U. Measuring Product Development Performance in Manufacturing Organizations [J]. International Journal of Production Economics, 2000 (63)：147 -159.

[171] PAUL H J, ALFONS P. Innovation Scoreboards：An Australian Perspective [M]. United Kingdom：Edward Elgar Publishing Limited, 2006：159 -178.

[172] JAMES A, C. Competitive innovation management [J]. London：macmilianpressltd, 2000：74 -75.

[173] LUNNAN R, HAUGLANDS A. Predicting and Measuring Alli-

ance Performance: a Multidimensional Analysis [J]. Strategic Management Journal, 2008, 29 (5): 545 – 556.

[174] 向刚, 龙江, 陆开文等. 基于持续创新动力、能力和绩效的创新型企业评价研究 [J]. 经济问题探索, 2010 (12): 122 – 125.

[175] 向刚, 熊觅, 李兴宽等. 创新型企业持续创新绩效评价研究 [J]. 科技进步与对策, 2011, 28 (8): 119 – 123.

[176] 李兴宽, 向刚, 章胜平. 基于粗糙集的企业持续创新绩效评价研究 [J]. 技术经济与管理研究, 2010 (3): 31 – 35.

[177] 单红梅. 企业技术创新绩效的综合模糊评价及其应用 [J]. 科研管理, 2002, 23 (6): 120 – 124.

[178] 裴潇, 陈俊领. 湖北省高技术产业技术创新绩效评价研究 [J]. 科技进步与对策, 2013, 30 (21): 128 – 132.

[179] 郭梅, 朱金福. 基于模糊粗糙集的物流服务供应链绩效评价 [J]. 系统工程, 2007, 25 (7): 48 – 52.

[180] 迟国泰, 王卫. 基于科学发展的综合评价理论、方法与应用 [M]. 北京: 科学出版社, 2009: 88 – 92.

[181] 郭亚军. 综合评价理论、方法与应用 [M]. 北京: 科学出版社, 2002: 44 – 51.

[182] 肖新平, 李福琴, 涂金忠. 基于离差最大化的灰色关联分析法在公路网综合评价中的应用 [J]. 公路, 2006 (8): 122 – 126.

[183] 王雪荣. 一种基于证据理论的动态综合绩效评价实用方法 [J]. 中国管理科学, 2006, 14 (4): 121 – 126.

[184] 段新生. 证据理论 [M]. 北京: 经济科学出版社, 1996: 20 – 51.

[185] SHAFER G A. Mathematical Theory of Evidence [M]. Princeton: Princeton University Press, 1976: 20 – 51.

[186] 睦凌, 罗本成, 邵东国. 基于 D – S 证据推理的投资综合决策模型与应用 [J]. 系统工程理论与实践, 2002, 20 (1): 71 – 76.

[187] 王育红, 党耀国. 基于 D-S 证据理论的灰色定权聚类综合后评价方法 [J]. 系统工程理论与实践, 2009, 29 (5): 123-128.

[188] 王育红, 党耀国. 基于灰色关联系数和 D-S 证据理论的区间数投资决策方法 [J]. 系统工程理论与实践, 2009, 29 (11): 128-134.

[189] JULIA O P, ELENA C M, PABLO D E. Knowledge Transfer Activities in Social Sciences and Humanities: Explaining the Interactions of Research Groups with Non-Academic Agents [J]. Research Policy, 2014, 43 (4): 696-706.

[190] CHEN C J, HSIAO Y C, CHU M A. Transfer Mechanisms and Knowledge Transfer: the Cooperative Competency Perspective [J]. Journal of Business Research, 2014 (3): 1-11.

[191] ZHAO Y S, MARILYN L. An Empirical Study of Knowledge Transfer in Working Relationships with Suppliers in New Product Development [J]. International Journal of Innovation Management, 2012, 16 (2): 1-26.

[192] KRISHNAVENI R, SUJATHA R. Communities of Practice: An Influencing Factor for Effective Knowledge Transfer in Organizations [J]. The IUP Journal of Knowledge Management, 2012, X (1): 26-40.

[193] GARDNER H, GINO F. Dynamically Integrating Knowledge in Teams: Transforming Resources into Performance [J]. Academy of Management Journal, 2012, 55 (4): 998-1022.

[194] YOUNG B C, GURBAXANI V. Information Technology Outsourcing, Knowledge Transfer and Firm Productivity: an Empirical Analysis [J]. MIS Quarterly, 2012, 36 (4): 1043-1063.

[195] 杨燕, 高山行. 企业合作创新中知识黏性与知识转移实证研究 [J]. 科学学研究, 2010, 28 (10): 1530-1539.

[196] 张光磊, 刘善仁, 申红艳. 组织结构、知识转移渠道与研发

团队创新绩效——基于高新技术企业的实证研究 [J]. 科学学研究, 2011, 29 (8): 1198-1206.

[197] BARTLETT C A, GHOSHAL S. Managing Across Borders: the Transnational Solution [M]. Boston Massachusetts: Harvard Business School Press, 1998.

[198] STRACH P, EVERETT A M. Knowledge Transfer within Japanese Multinationals: Building a Theory [J]. Journal of Knowledge Management, 2006, 10 (1): 55-68.

[199] 吴洁, 刘思峰, 施琴芬. 企业知识转移的熵模型 [J]. 统计与决策, 2007 (2): 141-143.

[200] 卢兵, 岳亮, 廖貅武. 组织通过外部学习进行隐性知识转移的模型研究 [J]. 系统工程理论与实践, 2006, 26 (10): 35-43.

[201] 张志勇, 刘益. 企业间知识转移的双网络模型 [J]. 科学学与科学技术管理, 2007, 28 (9): 94-97.

[202] Ray Reagans, Bill McEvily, Network Structure and Knowledge Transfer: The Effects of Cohesion and Range [J]. Administrative Science Quarterly, 2003, 48 (2): 240-267.

[203] B, BABI S, BEN L, et al. Cultural Variations in the Cross-border Transfer of Organizational Knowledge: an Integrative Framework [J]. Academy of Management Review, 2002, 27 (2): 204-221.

[204] 张莉. 知识黏性与技术转移绩效研究 [D/OL]. 天津: 天津大学, 2009. http://kns.cnki.net/kns/brief/default_result.aspx.

[205] 李柏洲, 徐广玉. 内部控制机制对知识粘滞与知识转移绩效关系的影响研究 [J]. 管理评论, 2013, 25 (7): 99-110.

[206] 杨栩, 肖薷, 廖姗. 知识转移渠道对知识转移的作用机制——知识黏性前因的中介作用和治理机制的调节作用 [J]. 管理评论, 2014, 26 (9): 89-99.

[207] ARGOTE L, MCEVILY B, REAGANS R. Managing Knowledge

in Organizations: an Integrative Framework and Review of Emerging Themes [J]. Management Science, 2003, 49 (4): 571 – 582.

[208] CANNON J P, ACHROL R S, GREGORY G. Contracts, Norms and Plural form Governance [J]. Academy of Marketing Science, 2000, 28 (2): 180 – 194.

[209] 刘芹. 粘滞知识形成的影响因素及对策研究 [J]. 情报科学, 2007, 25 (5): 776 – 779.

[210] LIU Y, LUO Y D, LIU T. Governing Buyer-supplier Relationships through Transactional and Relational Mechanisms: Evidence from China [J]. Journal of Operations Management, 2009, 27 (4): 294 – 309.

[211] BROWN J R, DEV C S, LEE D J. Managing Marketing Channel Opportunism: the Efficacy of Alternative Governance Mechanisms [J]. Journal of Marketing, 2000, 64 (2): 51 – 65.

[212] JAP S D, ANDERSON E. Safeguarding Interorganizational Performance and Continuity under Opportunism [J]. Management Science, 2003, 49 (12): 1684 – 1701.

[213] SAMMARRA A, BIGGIRO L. Heterogeneity and Specificity of Inter-firm Knowledge Flows in Innovation Networks [J]. Journal of Management Studies, 2008, 45 (4): 800 – 829.

[214] 刘益, 李纲. 信任对分销商知识转移的影响——基于中国家电行业的实证研究 [J]. 管理评论, 2010, 22 (11): 46 – 53.

[215] 冯帆, 廖飞. 知识的黏性、知识转移与管理对策 [J]. 科学学与科学技术管理, 2007, 28 (9): 89 – 93.

[216] 李瑶, 刘婷, 薛佳奇. 治理机制的使用与分销商知识转移 [J]. 科学学研究, 2011, 29 (12): 1845 – 1853.

[217] CANNON J P, ACHROL R, GREGORY G. Contracts, Norms, and Plural form Governance [J]. Academy of Marketing Science, 2000, 28 (2): 180 – 194.

[218] AIKEN L S, WEST S G. Multiple Regression: Testing and Interpreting Interactions [M]. Newbury Park, CA: Sage, 1991.

[219] ANDREA B, ANDREA P A, Theoretical Framework for the Evaluation of University Industry Relationships [J]. R&D Management, 1994, 24 (3): 229-247.

[220] HARDY C, PHILLIPS N, LAWRENCE T B, Resources Knowledge and Influence: The Organization Effects of Interorganizational Collaboration [J]. Journal of Management Studies, 2003, 40 (2): 321-347.

[221] HOLM D B, ERIKSSON K, JOHANSON J. Creating Value through Mutual Commitment to Business Network Relationships [J]. Strategic Management Journal, 1999, 20 (1): 467-486.

[222] 赵文红, 邵建春, 魏俊东. 参与度、信任与合作效果的关系——基于中国非营利组织与企业合作的实证分析 [J]. 南开管理评论, 2008, 11 (3): 51-57.

[223] 仇明全. 企业合作关系、供应链效应和企业绩效间关系实证研究 [D/OL]. 重庆: 重庆大学, 2007. http://kns.cnki.net/kns/brief/default_result.aspx.

[224] 吴雷. 黑龙江省装备制造业企业持续创新能力评价研究 [D/OL]. 黑龙江: 哈尔滨工程大学, 2010. http://kns.cnki.net/kns/brief/default_result.aspx.

[225] 练元坚. 发展装备制造业的分类思考 [J]. 机电产品开发与创新, 2001 (5): 4-9.

[226] 韩立民, 赵新华. 论企业自主创新环境建设——以青岛为例 [J]. 中国海洋大学学报 (社会科学版), 2006 (3): 25-29.

[227] 龚黎明. 中小企业持续创新和可持续发展的融资环境研究 [D/OL]. 云南: 昆明理工大学, 2007. http://kns.cnki.net/kns/brief/default_result.aspx.

[228] 邓立治. 我国企业自主品牌创新能力系统研究 [D/OL]. 黑

龙江：哈尔滨工程大学，2007. http：//kns. cnki. net/kns/brief/default_result. aspx.

［229］吴雷. 黑龙江省装备制造业持续创新能力对策研究［J］. 商业研究，2009（6）：109 – 111.

［230］王文亮，冯军政. 企业持续创新能力培育与提升策略［J］. 企业活力，2006（11）：69 – 71.

［231］曾德明，张运生，陈立勇. 高新技术企业内外部学习的契合机制研究［J］. 软科学，2003（6）：93 – 96.

［232］李牧原. 基于知识管理提升企业创新能力研究［D/OL］. 湖南：湘潭大学，2004. http：//kns. cnki. net/kns/brief/default_result. aspx.

后　　记

　　首先，我要衷心感谢我的导师杨栩教授。您把我引领到学术研究这块神圣的领域，一次次师门的学术讨论及交流催生了我投入科学研究的浓厚兴趣；您为我装上高飞的翅膀，每一次论文写作的耐心指导及疑难问题的详细解答都铺垫着我的科研道路；您给予了我自由翱翔的广阔天空，自由、宽松的管理方式和学术氛围培养了我发散、严谨、独立的思维方式。您的一言一行，细微点滴中的为人处世之道都深深影响着我的行为方式，帮助我树立了正确的人生观及价值观。要感激的事情太多太多，感激的情绪也无法用文字表述清楚，千言万语汇成一句话："老师，您辛苦了！"

　　其次，我要衷心感谢韩国元老师、康伟老师。两位是我学术生涯的启蒙老师，他们的思想、精神及为人通通都影响着我；他们知识渊博、学术造诣深厚，宽容、大度，有着很高的精神境界。在此书的形成过程中，两位老师给予了很多的指导、帮助，在此，深深地感谢两位老师。

　　再次，我要衷心感谢赵金楼教授、陈伟教授、孙冰教授在本书的撰写及拓展的过程中给予的指导、建议和帮助。三位教授治学严谨、知识渊博、学术造诣深。在此，深深感谢三位教授的无私教诲。

　　感谢成俊会、杨早立、曲小瑜、周文、徐晓菲等同窗好友，谢谢你们毫无保留地与我分享研究方法和研究心得；感谢郑立新、刘强、廖姗等师兄师妹，你们给予了我太多太多的帮助。

　　最后，要感谢我的父母和兄弟，感谢父母对我的养育之恩，父母含辛茹苦地培养我，父母善良、坚强、乐观和向上的美好品质深深地感染着我，指导着我；感谢弟弟对我的支持和关心；是你们让我没有后顾之忧的成长，此时此刻，我想对你们说，爸爸，妈妈，弟弟，你们辛苦了！我永远爱你们！

感谢我的丈夫崔保辉先生十年的陪伴、关心和鼓励，感谢你对我无条件地付出、对我任性的体谅和包容，因为你，使我的奋斗目标更加清晰，使我的坚持与努力更有意义。

需感谢的人太多太多，无法一一列明，谨在此对大家表示衷心的感谢，愿我们一起努力，百尺竿头，更进一步，共同拥有美好的人生。

肖 蔚

2018 年 11 月